高等学校工程管理专业规划教材

建筑企业管理

同济大学　尤建新　曹吉鸣　编著

中国建筑工业出版社

图书在版编目（CIP）数据

建筑企业管理/尤建新，曹吉鸣编著．—北京：中国建筑工业出版社，2008
高等学校工程管理专业规划教材
ISBN 978-7-112-09842-2

Ⅰ．建⋯ Ⅱ．①尤⋯②曹⋯ Ⅲ．建筑企业-工业企业管理-高等学校-教材 Ⅳ．F407.96

中国版本图书馆 CIP 数据核字（2008）第 037196 号

  建筑企业管理是以建筑企业的经营管理活动为研究对象的综合性的应用科学，它是工程管理及土木工程类专业的一门主干课程。由于建筑产品的特点，建筑企业管理比一般工业企业管理更复杂，具有一套相对独立的个性化管理思想、组织、方法和手段。本书在编写过程中，运用现代目标管理、供应链管理、组织论、市场营销理论、战略管理、人力资源管理、公司理财等最新管理理论，注意总结我国建筑业体制改革和建筑企业管理的实践经验，分别阐述了建筑的概念、产生发展和类型，分析了建筑企业管理的目标、职能、任务和组织结构与发展战略，介绍 ISO、OHSAS 等企业管理的标准化体系，讨论了建筑企业的人力资源、财务成本、建筑材料、信息等资源管理的方法，并讨论了现场文明施工、质量管理等专题，内容全面，体系合理。

  本书是高等学校工程管理及土木工程专业建筑企业管理课程的教材，也可供建筑企业管理人员学习参考。

* * *

责任编辑：牛　松　朱象清
责任设计：赵明霞
责任校对：王雪竹　刘　钰

高等学校工程管理专业规划教材
建筑企业管理
同济大学　尤建新　曹吉鸣　编著

*

中国建筑工业出版社出版、发行（北京西郊百万庄）
各地新华书店、建筑书店经销
北京红光制版公司制版
北京建筑工业印刷厂印刷

*

开本：787×1092毫米　1/16　印张：15¾　字数：378千字
2008年6月第一版　2017年3月第八次印刷
定价：**26.00元**
ISBN 978-7-112-09842-2
(16546)

版权所有　翻印必究
如有印装质量问题，可寄本社退换
（邮政编码 100037）

前　言

建筑业是以建筑产品为生产对象的物质生产部门，是从事建筑生产经营活动的行业。按照我国国民经济行业新分类标准，建筑业由房屋和土木建筑业、建筑安装业、建筑装饰业及其他建筑业组成。企业是国民经济的细胞。随着我国经济的飞速发展和改革开放的进一步深入，建筑企业的外部环境和内部机制都发生了根本性的变化，总体管理水平有了大幅度的提高，经济效益显著提高。

建筑企业管理是以建筑企业的经营管理活动为研究对象的综合性应用科学，它是工程管理及土木工程专业学生的一门专业主干课程。由于建筑产品的特点，建筑企业管理比一般工业企业管理更复杂，具有一套相对独立的个性化管理思想、组织、方法和手段。全书分为13章，运用现代目标管理、供应链管理、组织论、市场营销理论、战略管理、人力资源管理、公司理财等理论，总结我国建筑业体制改革和建筑企业管理的实践经验，分别阐述了建筑企业的概念、产生、发展和类型，分析了建筑企业管理的目标、职能、任务、组织结构和发展战略，介绍了ISO、OHSAS等企业管理的标准化体系，阐述了建筑企业的人力资源、财务成本、建筑材料、信息等资源管理的方法，并讨论了现场文明施工、质量管理等专题。

本书由同济大学尤建新、曹吉鸣编著，其中：第1、2、3、6、8、11章由尤建新执笔，曹吉鸣补充相应的建筑企业知识；第4、5、7、9、10、12、13章由曹吉鸣执笔。在本书编写过程中，得到了同济大学经济与管理学院和中国建筑工业出版社的大力支持，同济大学陈建国、贾广社、臧漫丹等专家、教授提出了许多有益的建议，同济大学侯剑勃、毛雪莲也为本书的数据收集和资料整理做了大量工作，在此一并表示感谢。

由于编写时间紧促，编者的理论水平和实践经验有限，书中错误、遗漏和不足之处在所难免，敬请有关专家、同行和读者批评指正。

目　录

1 企业与建筑企业 ·· 1
　1.1　企业的概念 ·· 1
　1.2　企业发展历史 ·· 3
　1.3　建筑企业的发展和特点 ·· 4
　1.4　企业法律形式 ·· 9
　1.5　建筑企业的分类 ··· 12
　本章小结 ·· 14
　复习思考题 ··· 14

2 企业管理的目标与职能 ·· 15
　2.1　管理的含义 ·· 15
　2.2　目标管理 ··· 16
　2.3　经典的管理理论 ··· 20
　本章小结 ·· 25
　复习思考题 ··· 26

3 建筑企业管理理论 ·· 27
　3.1　企业管理的概念与任务 ·· 27
　3.2　现代企业管理发展趋势 ·· 29
　3.3　企业管理者的素质与技能 ··· 34
　本章小结 ·· 39
　复习思考题 ··· 40

4 建筑企业组织结构 ·· 41
　4.1　企业组织的概述 ··· 41
　4.2　企业组织结构的基本形式 ··· 43
　4.3　企业组织结构设计中的基本问题 ··· 47
　4.4　企业组织结构的变革 ·· 50
　本章小结 ·· 52
　复习思考题 ··· 52

5 建筑企业战略管理 ·· 53
　5.1　企业战略与战略管理 ·· 53
　5.2　建筑企业战略内外环境分析 ·· 58
　5.3　建筑企业竞争战略选择 ·· 63
　本章小结 ·· 66
　复习思考题 ··· 66

6 建筑企业管理标准体系 ……………………………………………………………… 67
6.1 管理体系概述 ……………………………………………………………… 67
6.2 ISO 9000 质量管理体系系列标准 ……………………………………… 69
6.3 ISO 14000 环境管理体系系列标准 …………………………………… 76
6.4 OHSAS 18000 职业健康安全管理体系系列标准 …………………… 80
6.5 SA8000 社会责任管理体系 ……………………………………………… 82
6.6 一体化管理体系的内涵与实现要求 …………………………………… 88
本章小结 ………………………………………………………………………… 92
复习思考题 ……………………………………………………………………… 93

7 建筑企业人力资源管理 …………………………………………………………… 94
7.1 人力资源及其管理 ……………………………………………………… 94
7.2 人力资源开发 …………………………………………………………… 96
7.3 人力资源规划与评价 …………………………………………………… 100
7.4 施工现场劳动力组织和使用 …………………………………………… 106
本章小结 ………………………………………………………………………… 109
复习思考题 ……………………………………………………………………… 110

8 建筑企业理财 ……………………………………………………………………… 111
8.1 公司理财的有关基本概念 ……………………………………………… 111
8.2 企业财务分析 …………………………………………………………… 113
8.3 企业投资管理 …………………………………………………………… 118
8.4 融资管理 ………………………………………………………………… 122
8.5 建筑产品成本管理 ……………………………………………………… 123
本章小结 ………………………………………………………………………… 129
复习思考题 ……………………………………………………………………… 129

9 建筑企业供应链及物资设备管理 ……………………………………………… 131
9.1 供应链管理的一般概念 ………………………………………………… 131
9.2 建筑材料供应与管理 …………………………………………………… 135
9.3 建筑机械设备管理 ……………………………………………………… 141
本章小结 ………………………………………………………………………… 147
复习思考题 ……………………………………………………………………… 148

10 建筑企业信息管理 ……………………………………………………………… 149
10.1 企业信息管理概述 …………………………………………………… 149
10.2 企业管理信息系统 …………………………………………………… 152
10.3 项目管理的网络平台 ………………………………………………… 156
10.4 工程文档管理 ………………………………………………………… 162
本章小结 ………………………………………………………………………… 165
复习思考题 ……………………………………………………………………… 166

11 建筑市场与营销 ………………………………………………………………… 167
11.1 市场需求与市场研究 ………………………………………………… 167

11.2　建筑市场供求分析 ……………………………………………………… 171
　　11.3　营销策略与工程任务的获取 …………………………………………… 176
　　11.4　市场预测分类与技术方法 ……………………………………………… 186
　　本章小结 ……………………………………………………………………… 193
　　复习思考题 …………………………………………………………………… 193

12　建筑现场施工管理 …………………………………………………………… 194
　　12.1　建筑施工方案的策划 …………………………………………………… 194
　　12.2　建筑施工计划的编制 …………………………………………………… 199
　　12.3　建筑施工现场的布置 …………………………………………………… 205
　　12.4　建筑施工安全管理 ……………………………………………………… 209
　　12.5　施工现场文明施工 ……………………………………………………… 216
　　本章小结 ……………………………………………………………………… 219
　　复习思考题 …………………………………………………………………… 220

13　建筑企业质量管理 …………………………………………………………… 221
　　13.1　工程质量与质量管理概述 ……………………………………………… 221
　　13.2　施工生产过程的质量控制 ……………………………………………… 227
　　13.3　质量控制常用的工具 …………………………………………………… 235
　　本章小结 ……………………………………………………………………… 240
　　复习思考题 …………………………………………………………………… 241

参考文献 ………………………………………………………………………… 242

1 企业与建筑企业

企业有其共性，也有其特点。建筑企业有一般企业的共性，也有其自己的行业特色。在企业管理方面，建筑企业面临着一般企业共同的问题，但也存在行业内的特殊问题。为了更好地理解建筑企业及其管理，本章介绍了一般企业的概念、产生、发展的历史、法律形式，以及建筑企业的发展、特点和分类。

1.1 企业的概念

1.1.1 企业的含义

国外一些专家学者把企业定义为："是计划周密的有组织的经济单位。生产过程和销售过程就在这里进行。诸生产要素为了生产实物和提供劳务也是在这里组合起来的。"一些专家学者则把企业定义为："企业是人们组织起来为居民提供产品和服务的单位。人们通常为利润而这样做。"还有的人认为："企业的存在是为了创造并提供在价值上满足需要的东西，以赚取利润。"

关于企业的含义国内外至今还没有一个统一的表述。通常所说的企业，一般是指从事生产、流通或服务等活动，为满足社会需要进行自主经营、自负盈亏、承担风险、实行独立核算，具有法人资格的基本经济单位。按这个定义，企业可分为生产性企业和流通或服务性企业两大类。生产性企业是从事工业性生产的经济组织，它利用科学技术、合适的设备，将原材料加工，使其改变形状或性能，为社会提供需要的产品，同时获得利润。流通或服务性企业则是指从事流通或服务性行业的经济实体，它以盈利为目的，直接或间接向社会供应货物流通或服务，以满足顾客的需要。

作为一个企业，必须具备以下一些基本的要素：
(1) 拥有一定数量、一定技术水平的资金和生产设备；
(2) 具有开展一定生产规模和经营活动的场所；
(3) 具有一定技能、一定数量的生产者和经营管理者；
(4) 进行自主经营，独立核算，并具有法人地位；
(5) 生产经营活动的目的是获取利润。

任何企业都应具有这些基本要素，其中最本质的要素是企业的生产经营活动要获取利润。但企业在获取利润的同时又必须承担某些社会责任，为社会提供服务，否则企业就不可能取得生存和发展。企业组织是存在于社会组织当中，两者存在相互影响，相互制约的关系。而企业与企业社会责任也正是这样，一个国家的公民要对国家履行一定的社会责任，而企业作为一个国家的经济主体，更要承担起一份社会责任。

企业与企业社会责任两者的关系应该为"鱼水关系"，是不可分割的，企业建立和发展与社会环境休戚相关，社会是企业利润的来源，这就要求企业通过对社会履行社会责任，改善社会环境，使得这个社会整体环境更好地适合企业发展。企业的经济活动需要在社会环境中发生，企业应承担自己的经济活动所造成的社会后果。追求利润不是企业的唯一目的，利润只是为社会提供服务的合理报酬，是服务的结果，因此，企业要把为社会提供服务作为自己的宗旨。具有战略眼光的企业家，在追求利润的同时，更讲求企业生产经营之道符合社会经济环境要求，这代表了今后企业发展的趋势。

建筑企业是生产性企业的一种，即从事建筑商品生产或提供建筑劳务的企业，具体讲建筑企业是从事铁路、公路、隧道、桥梁、堤坝、电站、码头、机场、运动场、房屋（如厂房、剧院、旅馆、医院、商店、学校和住宅等）等土木工程建筑活动，从事电力、通信线路、石油、燃气、给水、排水、供热等管道系统和各类机械设备、装置的安装活动，从事对建筑物内、外装修和装饰的设计、施工和安装活动的企业。建筑企业又称建筑施工企业。它通常包括建筑公司、建筑安装公司、机械化施工公司、专业工程公司及其他专业性建设公司等。

建筑企业是为社会提供建筑产品或建筑劳务的经济组织。由于建筑产品及其生产的特点，因此，建筑企业有与其他企业不同的管理特点。

1.1.2 企业的产生

企业是社会生产力发展到一定水平的结果，是商品生产与商品交换的产物。在资本主义社会之前，虽也有一些手工作坊，但它们并未形成社会的基本经济单位，虽然有些手工作坊具有一定的生产规模和一定量的劳动者，但是生产的产品只是为部落、家族、奴隶主、封建皇室享用，不是为了进行商品交换，不发生经营活动，从严格意义上讲，不是企业。只是到了资本主义社会，随着社会生产力的提高和商品生产的发展，社会的基本经济单位才发生根本的变化，才产生严格意义上的企业。

科斯认为，由于市场价格机制配置资源是有成本的，通过签订一个契约，工人为获得一定的报酬，同意在一定限度内服从企业家的指挥。企业内资源的配置，由企业家的命令和指挥来协调，而不采用价格机制，既节约了发现相对价格的成本，又节约了为达成交易所需的谈判和签约费用（因为企业是用一个契约替代了一系列契约），这同样是交易成本的节约。因此，交易费用的节约是企业产生的唯一原因。

企业的初期形态，主要是由资本所有者雇佣较多工人，使用一定的生产手段，在分工协作的基础上从事商品的生产和商品的交换而形成的。由于企业这种组织形式能较好地应用当时社会的科学技术（主要是机器、设备），能显著提高劳动生产率，能大幅度降低成本而带来高额利润，能集中、大量地生产商品满足日益增长的社会需求，因而促进了社会生产力的长足发展。企业就是在这样一个漫长的演变过程中逐渐成为社会的基本经济单位的。

从手工作坊过渡到企业这一基本经济单位，其变化的根本原因在于：社会上出现大量自由民，形成产业的后备军队伍；生产中广泛采用机器、设备，为机械化大生产准备了必要的物质技术条件；私有财产制度确立，资本逐渐集中和垄断；货币制度建立，银行产生，使经济组织可以在自有资金之外再筹措所需资金；市场进一步扩大，商品经济不断发展。

正是由于社会基本经济单位的这些重大变化，封建社会的手工作坊向资本主义企业的进化，作为生产力发展到一定历史阶段的企业实体才真正出现，并进一步推动了社会经济的发展。

1.2 企业发展历史

企业既是社会生产力发展到一定历史阶段的产物,又是一个动态变化的经济单位,它随着人类社会的进步、生产力的发展、科学技术水平的提高而不断地发展、进步。纵观企业的发展历史,大致上经历了以下几个时期。

1.2.1 手工业生产时期

手工业生产时期主要是指从封建社会的家庭手工业到资本主义初期的工场手工业时期。此时生产者都属具有一技之长的专业劳动者。16~17世纪,西方一些国家的封建社会制度向资本主义制度转变,主要表现在资本主义原始积累加快,向海外殖民扩张,大规模地剥夺农民土地,使家庭手工业急剧瓦解,向资本主义工场手工业过渡。例如,英国16世纪以前的毛纺业主要是依靠半工半农的家庭手工业进行。而到16世纪以后,特别是进入17世纪以后,原来半工半农的家庭手工业者由于土地丧失,脱去半农性,沦为雇佣劳动者,由包买商建立的工场手工业迅速发展起来。工场手工业比起家庭手工业,一是规模扩大,到17世纪,英国有的工场手工业雇佣几百工人,成为大型工场;二是产业结构变化,在采矿、冶金、金属加工、制盐、造纸等行业,普遍建立起工业工场;三是采用机器,1736年英国一家大型呢绒工场竟拥有600台织布机;四是工场内部形成分工,按某一产品生产要求,分解成若干个作业阶段。此时的工场手工业实际上已具有企业的雏形。

1.2.2 工厂生产时期

随着资本主义制度的发展,西方各国相继进入工业革命时期,工场手工业逐步发展到建立工厂制度,作为真正意义上的企业到这时才诞生。以英国和德国为例,英国到18世纪60年代,资产阶级政权确立,当时圈地运动的发展实现了对农民土地的彻底剥夺,进一步加强了殖民扩张,积累了大量的原始资本,这一切都为工业革命准备了历史前提。在工业革命过程中,一系列新技术的出现,大机器的普遍采用,特别是动力机的使用,为工厂制度的建立奠定了基础。到1717年,英国阿克莱特在克隆福特创立了第一家棉纱工厂,从此集中生产的工厂迅速增加。到19世纪30年代,机器棉纺织代替手工棉纺织的过程基本完成,工厂制度在英国普遍建立。18世纪德国手工业就有了初步发展,到了19世纪30~40年代,建立了工厂制度。在19世纪50~60年代,由于资产阶级革命完成,出现了工业化高潮,工厂大工业迅速发展,工厂制度在采掘、煤炭、机器制造、运输、冶金等行业相继建立。工厂制度的建立,是工场手工业发展的质的飞跃,它标志着企业的真正形成。

归纳这一时期的特征主要是:工厂资本雄厚,小型生产者不易与之抗争;机械生产,节省人力,生产效率与效益显著提高;手工业者失业,或沦为雇工,形成了一批掌握生产技术和工艺的产业队伍;工厂内部劳动分工深化,生产走向社会化。

1.2.3 企业生产时期

从工厂生产时期过渡到企业生产时期,是企业作为一个基本经济单位的最后确立和形成。在资本主义经济发展中,工厂制度的建立,顺应了商品经济发展的潮流,促进了生产力的大发展。特别是19世纪末至20世纪初期,随着自由资本主义向垄断资本主义过渡,工厂的发展十分迅猛，并产生了一系列变化，这一系列变化正是工厂生产时期过渡到企业生产时期的主要特征，其表现如下：

（1）生产规模空前扩大，产生了垄断企业组织。美国1904年在工业部门中就有318个托拉斯，各个重要工业部门一般都被一两个或几个大托拉斯所垄断，形成了各行业的所谓"大王"，如汽车大王福特，石油大王洛克菲勒，钢铁大王摩根，同时一些世界闻名的大托拉斯，如美国钢铁公司、福特汽车公司、杜邦火药公司、通用电气公司、美国电报电话公司等都已形成。

（2）不断采用新技术、新设备，不断地进行技术革新，使生产技术有了迅速发展。

（3）建立了一系列科学管理制度，并产生一系列科学管理理论。1911年美国工程师泰勒的代表作《科学管理原理》一书的出版，标志着企业从传统经验型管理进入到科学管理阶段。

（4）管理权与所有权分离，企业里形成了一支专门的工程技术队伍和管理队伍。同时，随着职工队伍技术水平的提高，整个企业素质也有了明显提高。

（5）企业的社会责任改变，不仅在整个社会经济生活中的作用越来越大，同时渗透到政治、经济、军事、外交、文化等各个方面。

制约和推动企业发展的因素是多方面的，如社会发展的客观需要，市场发展变化对企业提出的新要求，经济发展带来的文化、观念、道德等方面的变化等。但是，推动和制约企业发展的根本因素是技术革命。

自从人类社会经济生活中产生企业以后的300多年来，至少经历了三次技术革命：第一次技术革命是300年前的产业革命，以大机器为中心；第二次技术革命是100多年前以重工业技术为中心的革命；第三次技术革命是二次世界大战后到现在的一系列技术革命。也有人将当前世人关注的生命科学、信息工程、材料科学等高新技术称之为第四次技术革命。从企业发展的角度来看，每次技术革命都是促进企业发展的根本因素。每次技术革命后，必然伴随着一场空前规模的产业结构调整，一大批适应社会经济发展需要的全新企业群体崛起，开拓出一系列新的生产领域。而传统企业在技术、设备、工艺乃至管理等方面进行的一系列根本性改革，使之脱胎换骨，也使社会生产力产生一次次质的飞跃。

1.3 建筑企业的发展和特点

1.3.1 建筑业的概念和范围

建筑业是以建筑产品生产为对象的物质生产部门，是从事建筑生产经营活动的行业。按照我国国民经济行业新分类标准，建筑业由房屋和土木建筑业、建筑安装业、建筑装饰业及其他建筑业组成。

我国《辞海》中解释："建筑业是国民经济的一个物质生产部门。包括从事矿山、铁路、公路等土木工程和房屋建筑活动的土木工程建筑业，从事各种线路、管道和各类机械设备、装置安装活动的线路、管道和设备安装业；从事建筑物和车、船等装修和装饰的装修装饰业三大类。建筑业的生产活动主要由相应的专门企业以总包、分包或其他形式承包进行。

从国际文献看，德国《迈依尔斯百科全书》解释建筑业是：指从事建筑工程的行业，其任务是使建造的房屋和建筑物,尽可能符合用途并纳入规划,其包括的范围有:城市建设、道路、铁路、桥梁、隧道、堤坝、水电站的建设等。日本建筑大辞典记载:建筑业是以建造建筑物为目的的企业或集团。

由此可见,建筑业从事的建筑产品的生产,是一种物质生产活动,已是世界各国公认的。在联合国《经济活动的国际标准产业分类》中,也把它列入物质生产部门。

1.3.2 建筑企业的特点

由于建筑产品及其生产的特点,因此,建筑企业具有与其他企业不同的管理特点:

1. 生产经营业务不稳定

由于建筑产品的多样性,不同时期和不同用户对建筑产品的种类需求是不同的,对一个建筑企业来说,其生产经营的对象和业务将是不固定和不稳定的。因此,要求建筑企业善于预测社会经济发展趋势,以及固定资产投资规模、方向和产品种类构成比例的变化,具有适应社会需求的应变能力。

2. 管理环境多变

建筑产品的固定性和生产的流动性,导致企业管理环境变化大,可变因素多。管理环境可分为自然环境(包括地形、地质、水文、气候等)和社会环境(包括市场竞争、劳动力供应、物资供应、运输和配套协作条件等),这些环境是经常变化的。在大城市承包施工,组织分包、劳务、材料、运输等比较方便,而在边远地区或新开发地区就有许多不便。如果承包海外工程,面对的环境更为复杂、更为特殊。因此,建筑企业生产经营的预见性、可控性比较差,许多工作要因地因时因环境而宜。

3. 特定的投标承包方式

建筑产品生产多是预约生产,以合同形式承包的。建筑企业首先需要通过投标竞争获得承包工程任务,并通过工程承包合同与用户建立经济法律关系。在招标投标中,往往是一家用户多家竞争,而且十分激烈,因此,必须讲究竞争策略。建筑企业要根据用户的委托,按合同要求完成预定的任务,并在工程进行过程中接受用户的监督。

4. 基层组织人员变动大

由于产品多样、生产地点不断流动、任务不稳定、环境多变等原因,直接领导生产经营活动的企业基层组织结构和人员,必须随工程对象的规模、性质、地理分布不同而适时变化和调整。在建设过程中,不同工程、不同季节,职工的需要量波动很大,工种的配合比例也会有较大的差异。因此,建筑企业内部的管理组织结构适宜项目管理制,在劳动用工方面,建筑企业不宜保持庞大的固定工队伍,只宜拥有精干的经营管理人员、工程技术人员和适量的技术工人骨干,工程需要时,再雇用合同工和临时工。

5. 其他

在计划管理方面,建筑企业的计划包括两类,一类是以企业为对象编制的生产经营计划,一类是以工程项目为对象编制的工程施工组织设计。这两类计划是相互依托、密切联系的,一般前一类计划由后一类计划去落实,而后一类计划受前一类计划的指导。

在建筑产品价值确定方面,有其特殊的计价方法,即应根据工程而异,分别编制其预算文件,作为投标报价的基础或结算的依据。

在资金占用方面,由于建筑产品生产周期长、占用资金多,所支付的贷款利息也大。

上述这些特点,说明建筑企业管理比一般工业企业管理更复杂,要研究和认识建筑企业生产经营管理的这些特点，运用企业管理的基本原理，有针对性地采取措施，解决建筑企业管理中的上述问题。

1.3.3 我国建筑企业的发展

新中国成立后，随着大规模经济建设的开展，建筑业蓬勃发展起来。国营建筑施工企业开始组建，并很快成为我国建筑业的主要力量。1952年，中央成立了建筑工程部，29个省、自治区、直辖市相应成立了主管部门。但是，在新中国成立后很长一段时期里，在思想认识和政策规定上都没有把建筑业作为国民经济的独立物资生产部门来对待，而是把建筑业看作是固定资产投资的消费部门。在"一五"时期，实行的是高度统一的管理，大部分项目都由中央直接安排投资和建设。"二五"时期，曾按"统一计划，分级管理"的原则，对管理体制实行变革，扩大了省、自治区、直辖市经济管理权限。而到1958年，又实行了"边勘察、边设计、边施工"的做法，破坏了基本建设程序，同时又取消了包工包料，取消了甲乙方和施工企业的法定利润，不讲经济核算，实行实报实销，使施工企业管理混乱。"文革"期间，建筑业受到更为严重的破坏，施工企业不讲管理、不讲核算、工程不计成本、工程质量差、造价不断上升。改革开放以来，建筑业得到迅猛的发展，初步形成工程总承包、施工承包、专业分包和劳务三个层次相互结合、协调发展的格局，国有建筑企业初步建立起适应社会主义市场经济的现代企业制度，成为自主经营、自负盈亏、自我约束、自我发展的商品生产者和经营者。初步建立起统一、开放、竞争、有序的建筑市场体系。

我国建筑业企业改革开放的历史回顾：

第一阶段：放权让利（1978～1982年）

1978年党的十一届三中全会以后，我国开始了改革开放。在经济问题上，提出了"计划经济为主、市场调节为辅"的理论和政策，决定对经济体制进行全面改革，下放企业经营自主权，并且引入价值规律，使其发挥一定的调节作用。建筑业从1979年起，一改过去无偿调拨国营建筑企业固定资产的做法，开始局部实行有偿调拨，从而最低限度地确认企业的独立利益。当年7月，国务院下发了《关于扩大国营企业经营管理自主权的若干规定》等五个扩权文件，从多个方面下放建筑企业自主权。1980年，政府调整了企业利润留成方法，改全额利润留成为基数利润留成加增长利润留成的办法，使建筑企业获得更多的留利，刺激了企业的生产积极性。1980年出台了允许价格浮动和禁止封锁建筑市场的政策。1981年建筑企业开始试行合同工、临时工制度。1981年，颁布了《经济合同法》，建筑业企业的交易行为开始纳入法制化轨道，1982年开始重视建筑企业负担。

放权让利的一系列措施，扩大了建筑企业的经营自主权，激发了企业的创造性和活力。但作为改革的启动措施，放权让利必然存在许多不足之处，主要表现为建筑企业负盈不负亏；建筑行业价格结构的不合理使留利水平与资产状况密切相关而造成企业间的苦乐不均；企业地位不明确；政企不分开、行政干预仍然严重；放权不到位等等。在此基础上就有了下一步的利改税。

第二阶段：利改税（1983～1984年）

1983年4月，国务院颁布了《关于国营企业利改税试行办法》，将所有大中型国营企业从以往上缴利润的制度改为按实现利润的55%向国家缴纳企业所得税，税后余利较大的企业与主管部门再实行利润分成。国营小企业按八级超额累进税率缴纳所得税。这是第一步利改税的主要内容。但是这一步还没有解决建筑企业之间苦乐不均的问题。1984年10月，政府推行了第二步利改税，将第一步利改税所实行的税后留利改为调节税，与此同时，税种、税率作了一定的调整，开征了资源税和地方税种，对建筑企业的收入调节起了积极作用。

利改税促进了建筑业企业政企分开，促进了企业管理，提高了经济效益，并且从外部创造了一个有利于企业进行公平竞争的市场环境。但是，在实际推行中，由于体制不配套，政府与企业之间利益关系的调整尚难以规范，尤其是调节税鞭打快牛的做法，使部分建筑企业实际税负有所增加，利改税政策尚难以真正解决建筑企业的激励和创造新的环境，它的效应很有限。

第三阶段：市场深化（1984~1986年）

建筑企业自主权的扩大，业主与建筑企业间交易的日益增多，必然对行政控制和计划体制产生削减作用，从而进一步扩大参与市场的范围，增强市场化的力度。1984年10月，《关于进一步改进计划体制的若干规定》中提出了自觉运用价值规律，发展商品经济，建立合理的价格体系，并且提出要实行政企分开。1985年又决定允许建筑业生产资料部分进入市场。从1984年起，这一阶段开始重视市场体制建设，对建筑业市场的价格管理体制和比价体系进行局部改革，建筑业市场范围逐步扩大。

此间，仍然贯穿着1978年以来对建筑企业的放权思路，增强企业活力一直是建筑业企业推进改革的中心任务。对于搞活无望的建筑企业，则通过立法规定其破产的一切事项（1986年12月颁布了《企业破产法》）。

在市场深化的过程中，由于建筑市场价格体制改革采取了局部推进和循序渐进的方式，避免了价格改革对经济发展的冲击。但是，这也造成了价格"双轨制"，带来了一定的消极影响。如不公平竞争、利用计划和市场的价差，一些建筑企业甚至把精力放在"倒腾"物资，赚取计划外差价上面。影响了经济秩序的稳定，致使许多改革措施无法顺利和及时出台。

第四阶段：承包制的全面推广与完善（1987~1991年）

1986年12月国务院《关于深化企业改革，增强企业活力的若干规定》出台以后，改革围绕经营机制转换这一中心进行。在租赁制、资产经营责任制、承包制、股份制等多种经营形式（企业制度）之中，最受到重视的是承包制。在中央政府的推动下，从1987年开始到1990年，在全国范围的国有建筑企业中普遍推广了承包制。

承包制的选择是从现实出发的。它没有改变所有权属性，却实现了两权分离，这在思想上较易为各方面接受。它不否定前期改革中的利改税乃至扩权让利的成果，并与它们进行衔接。它不对财政体制改革起推动作用，却保证了国家税收的实现。另一方面，承包制调动了企业负责人和职工的积极性，激发了企业的活力，效应明显提高。甚至有些人提出"一包就灵"的论断，全面肯定承包制的作用。

然而，伴随着承包制的普遍推行，它的弊端也逐渐显现。首先，它只是一种管理体制，可以适用于一切所有制企业，因而不是一种制度创造，没有改变企业的产权属性。其次，建筑业企业行为追求短期效应明显，国有企业财产损失严重。企业领导与职工过度关心即期收益，不注意企业的长远利益与发展后劲。第三，承包合同的确定在行政构架下谈判确定，政企关系不规范，一些建筑企业又退回利改税以前的状态，向政府缴纳固定或递增的税后利润。并且,承包合同随意性较大,具有很强的不稳定性。最后,承包制与风险经营抵押不结合,无法控制经营者行为。建筑企业盈余时,经营者可以得到好处;而建筑企业亏损时,损失无人过问。因此,承包制必然只是一个过渡形式,必须有制度创新来代替它。

第五阶段:明确社会主义市场经济改革目标,转换企业经营机制(1992~1993年)

1992年春天邓小平同志的南巡谈话冲破了关于市场和计划争论的框框,为中共十四大提出建立社会主义市场经济体制奠定了理论基础,解放了思想。此后,1992年10月召开的中共十四大提出了建立社会主义市场经济体制的目标,要求完善市场环境,转换建筑企业的经营机制,使建筑企业成为真正以市场为导向的资源配置主体。由于认识上的不足,尚未提出系统的现代企业制度理论,收缩以后的"强劲反弹",使建筑企业卷入全国性的"公司热"、"房地产热"、"股票热"之中,金融秩序处于失控状态,通货膨胀重新抬头。在此情况下,中央一方面整顿金融纪律和金融秩序;另一方面开始按照市场经济体制和现代企业制度的要求,改造国有建筑企业,十四届三中全会提出的"产权清晰、权责明确、政企分开、管理科学"的现代企业制度成为建设社会主义市场经济的微观基础,作为国有建筑企业改革的目标模式,同时也从根本上消除建筑企业预算软约束和争贷款可能带来的金融秩序的失调。通胀势头受到遏制,改革迈向新的阶段,经济发展正是在建设社会主义市场经济体制的系统理论指引下,保持了良好的增长势头,金融秩序好转,建筑企业的转制工作逐步展开。

第六阶段:全面创新,协调配套,构建社会主义市场经济的微观基础(1993年10月以来)

根据党的十四届三中全会通过的《中共中央关于建立社会主义市场经济体制若干问题的决定》所提出的目标体制框架,1993年末颁布、1994年7月1日开始实施的《公司法》标志着国有企业制度按照十四届三中全会精神在制度层面上把国有企业目标模式具体化,从而实现国有企业制度的全面创新。按照《公司法》规定,公司法人、股东、债权人的合法权益受到保护,从微观层次维护了社会主义市场经济的秩序,促进了市场经济的发展。随后于1994年起的财政、金融、投资、外汇、外贸等五大配套改革措施的出台,1998年3月1日开始实施的《建筑法》为加强建筑活动的监督管理,维护建筑市场秩序,促进建筑业的健康发展提供了法律保护,为建筑企业创造公平竞争的市场环境作出了协同配套改革推进的努力,此后建筑企业的外部环境建设得到进一步的深化,相关措施包括:优化国有建筑企业资本结构试点工作、通过《劳动法》规范企业和劳动者的正当权益、对国有企业进行增资减债、职工的失业和医疗保险制度改革、抓大放小、清理建筑行业三角债、建立安全责任制以及资产重组、产品结构优化等。

总之,在此阶段中,一方面建筑企业制度改革在深化,小建筑企业的"放活"工作大规模展开,大中型建筑企业公司制改造和现代企业制度建设不断推进;另一方面通过剥离建筑企业的历史负担和优化市场环境,使得国有建筑企业的市场竞争环境更加公平,更加有序。这一阶段还在继续,并且逐步扩大改革的范围,加深改革的力度。只有这样,通过建筑企业制度的整体创新,规范市场中各主体的行为,使之与市场机制在社会资源配置中起基础性作用的原则相吻合,才能构建出社会主义建筑市场经济的微观基础,为社会主义建筑经济的发育和成熟打下坚实的基石。

1.4 企业法律形式

在市场经济条件下,企业是法律上和经济上独立自主的实体,它拥有一定法律形式下自主经营和发展所必需的各种权利。因此,无论是新建企业,还是老企业改制,都会面临企业的法律形式选择问题。企业的法律形式有许多种,各有其法律和经济上的特点。

1.4.1 个体企业

个体企业是由业主个人出资兴办,由业主自己直接经营的企业。业主享有企业的全部经营所得,同时对企业的债务负有完全责任,如果经营失败,出现资不抵债的情况,业主要用自己的家财来抵偿。

个人业主制企业一般规模较小,内部管理机构简单。它的长处是:建立和歇业的程序十分简单易行,产权能够比较自由地转让,经营者与所有者合一,经营方式灵活,决策迅速,利润独享,保密性强。它的弱点在于:多数个体企业本身财力有限,而且由于受到偿债能力的限制,取得贷款的能力较差,难于从事需要大量投资的大规模工商业活动;企业的生命力弱,如果业主无意经营或因健康状况不佳无力经营,企业的业务就要中断;企业完全依赖于业主个人的素质,素质低的业主,也难于由外部人员替换。

在市场经济国家,个人业主制企业通常存在于零售商业、"自由职业"、个体农业等领域,由零售商店、注册医师、注册建筑师、注册律师、注册会计师、家庭农场等组成。虽然这种企业形式数量庞大,占到企业总数的大多数,但由于规模小而且发展余地有限,在整个经济中并不占据支配地位。

1.4.2 合伙制企业

合伙制企业是由两个或两个以上的个人联合经营的企业,合伙人分享企业所得,并对营业亏损共同承担责任。它可以由部分合伙人经营,其他合伙人仅出资并共负盈亏,也可以由所有合伙人共同经营。

合伙制企业与个体企业相比有很多优点。主要的优点是可以从众多的合伙人处筹集资本,合伙人共同偿还责任减少了银行贷款的风险,使企业的筹资能力有所提高。同时,合伙人对企业盈亏负有完全责任,这意味着所有合伙人都以自己的全部家产为企业担保,因而有助于提高企业的信誉。

合伙制企业也有其明显缺点。首先,合伙制企业是根据合伙人之间的契约建立的,每当一位原有的合伙人离开,或者接纳一位新的合伙人,都必须重新确立一种新的合伙关系,从而造成法律上的复杂性,通过接纳新的合伙人增加资金的能力也就受到限制。其次,由于所有的合伙人都有权代表企业从事经济活动,重大决策都需要得到所有合伙人的同意,因而很容易造成决策上的延误和差错。再次,所有合伙人对于企业债务都负有连带无限清偿责任,这就使那些并不能控制企业的合伙人面临很大的风险。正是考虑到这些情况,英、美等国家不承认合伙企业为法人组织。而在法、德、日等国家,以无限公司形式出现的合伙制企业仍被承认是法人组织。

由于合伙制企业的特点,一般来说,规模较小、资本需要量较少、而合伙人个人信誉有明显重要性的企业,如律师事务所、建筑师事务所、会计师事务所、诊疗所等,常常采取这种组织形式。

1.4.3 合作制企业

合作制企业是以本企业或合作经济实体内的劳动者平等持股、合作经营、股本和劳动共同分红为特征的企业制度。合作制企业是劳动者自愿、自助、自治的经济组织。

实行合作制的企业，外部人员不能入股。这是合作制与股份制的区别。如果在企业内外都发行股票或股权证，那就不是合作制而是股份制了，应当按照股份制的有关法律和规则进行运营。

合作制企业的产权分属于企业职工或合作社社员所有。实行合作制企业的股本金是跟着劳动者走的，有的还同社员的交易量挂钩，例如，社员需按委托合作社加工的农产品数量投入资金。这些股本金因而具有劳动者自有资金的性质。所以，合作制企业的税后利润，一部分应该用于企业内部的按劳分配，另外一部分则应按股本进行分红。在一些供销服务行业，合作社的税后收入则应按社员交易量和按股本金进行分配。这样的合作制企业，可以说是实现了两个结合：一是按劳分配与按股本金分配相结合；一是劳动者与所有者相结合。企业职工既是劳动者，又是本企业生产资料的所有者，是企业的主人和"老板"。

合作制适用于我国城乡的小型工商企业及各种服务性企业。这些企业，一般都以劳动出资型为主，本小利微，工资收入比较低。

1.4.4 无限责任公司

无限责任公司，是指由两个或两个以上的股东所组成，股东对公司的债务承担连带无限清偿责任的公司。所谓连带无限清偿责任，是指股东不论出资多少，对公司债权人以全部个人财产承担共同或单独清偿全部债务的责任。无限责任公司是典型的人合公司，其信用基础建立在股东个人的信用之上。

一般的，如果在公司章程中没有特殊规定，每个股东都有权利和义务处理公司的业务，对外都有代表公司的权利。公司的自有资本来自于股东的投资和公司的盈利。公司的盈余分派一般分为两个部分，一部分是按股东的投资额，以资本的利息形式分派，另一部分则按合伙的平分原则处理。

无限责任公司是否具有独立的法人地位，在各个国家的公司法中规定不一。如德国法律规定所有的人合公司都不是法人，因此，国家不是对公司征税，而是对股东征收个人所得税。尽管利润有时并没有实际分派到各个股东，而是留在公司的账目上，但这些利润仍然被看作股东的收入。

对股东而言，无限责任公司的风险是很大的，因为他们承担的是无限连带责任。由于无限公司这种形式股东所负责任太大，筹资能力有限，在国内外都没有得到大的发展。

1.4.5 有限责任公司

有限责任公司又称有限公司，在英、美称为封闭公司或私人公司，是指由两个以上股东共同出资，每个股东以其认缴的出资额对公司行为承担有限责任，公司以其全部资产对其债务承担责任的企业法人。这种公司不对外公开发行股票，股东的出资额由股东协商确定。股东之间并不要求等额，可以有多有少。股东交付股本金后，公司出具股权证书，作为股东在公司中所拥有的权益凭证，这种凭证不同于股票，不能自由流通，须在其他股东同意的条件下才能转让，并要优先转让给公司原有股东。

公司股东所负责任仅以其出资额为限，即把股东投入公司的财产与他们个人的其他财产脱钩,这就是所谓"有限责任"的含义。与无限责任股东相比,有限责任股东所承担的风险大为降低。

公司的股东人数通常有最低和最高限额的规定。如英国、法国、日本等国都规定有限责任公司的股东人数必须在 2～50 人之间。当股东人数超过上限时,须向法院申请特许或转为股份有限公司。我国《公司法》第二十条规定:"有限责任公司由二个以上五十个以下股东共同出资设立,国家授权投资的机构或者国家授权的部门可以单独投资设立国有独资的有限责任公司"。有限责任公司的优点是设立程序比较简单,不必发布公告,也不必公开账目,尤其是公司的资产负债表一般不予公开,公司内部机构设置灵活。其缺点是由于不能公开发行股票,筹集资金的范围和规模一般都较小,难以适应大规模生产经营活动的需要。因此,有限责任公司这种形式一般适合于中小企业。

1.4.6 股份有限公司

股份有限公司又称股份公司,在英、美称为公开公司或公众公司,是指注册资本由等额股份构成,并通过发行股票(或股权证)筹集资本,公司以其全部资产对公司债务承担有限责任的企业法人。

股份有限公司是典型的资合公司,各国法律都把它视为独立的法人。公司股东的身份、地位、信誉不再具有重要意义,任何愿出资的人都可以成为股东,不受资格限制。股东成为单纯的股票持有者,他们的权益主要体现在股票上,并随股票的转移而转移。公司股东人数有法律上的最低限额。法国、日本的法律规定不得少于 7 人,德国商法规定不得少于 5 人。我国《公司法》第七十五条规定:"设立股份有限公司,应当有五人以上为发起人,其中须有过半数的发起人在中国境内有住所,国有企业改建为股份有限公司的,发起人可以少于五人,但应当采取募集设立方式"。

股份有限公司的资本总额均分为每股金额相等的股份,以便于根据股票数量计算每个股东所拥有的权益。在交易所上市的股份有限公司,其股票可在社会上公开发行,并可以自由转让。

股份有限公司的股东不论大小,只以其认购的股份对公司承担责任。一旦公司破产,或公司解散进行清盘,公司债权人只能对公司的资产提出还债要求,而无权直接向股东讨债。

为了保护股东和债权人的利益,各国法律都要求股份有限公司的账目必须公开,在每个财政年度终了时要公布公司的年度报告和资产负债表,以供众多的股东和债权人查询。

股份有限公司的所有权与经营权分离。公司的最高权力机构是股东大会,由股东大会委托董事会负责处理公司重大经营管理事宜。董事会聘任总经理,负责公司的日常经营。此外,公司往往还设立监事会,对董事会和经理的工作情况进行监督。

股份有限公司有许多突出的优点。除了股东承担有限责任,从而减小了股东投资风险外,最显著的一个优点是有可能获准在交易所上市。股份有限公司上市后,由于面向社会发行股票,具有大规模的筹资能力,能迅速扩展企业规模,增强企业在市场上的竞争力。此外,由于股票易于迅速转让,提高了资本的流动性。

当然,股份有限公司也有缺点,如公司设立程序复杂,组建和歇业不像其他类型公司那样方便;公司营业情况和财务状况向社会公开,保密性不强;股东购买股票,主要是为取得股利和从股票升值中取利,缺少对企业长远发展的关心;所有权与经营权的分离,会产生复杂的委托—代理关系，等等。

在市场经济国家，大中型企业通常都采取股份有限公司形式，尽管这些公司在企业总数中的比例并不大，但它们的营业额、利润和使用的劳动力都占有很大比例，从而在国民经济中占据主导地位。

1.5 建筑企业的分类

根据企业的经营范围、专业分工程度、组织规模大小、所处地位和作用不同，可从不同角度进行分类。但建筑企业综合性强，因而一个建筑企业往往同时具有几种分类条件。为了按企业的自然属性和社会属性进行科学管理，这就必须研究企业分类类型。建筑企业类型划分有以下几种：

1.5.1 按专业类别分类

按专业类别分类，可分为对象专业化企业，如冶金、电力、化工、铁路、石油等建筑企业；建筑制品和构配件生产专业化企业，如混凝土预制厂、金属结构厂、构件预制厂、木材加工厂等；辅助、服务生产专业化企，比如建筑材料公司、运输和机修厂、机械租赁公司等；施工工艺专业化企业，如油漆、粉刷装修、水电安装、屋面防水、混凝土搅拌、升板、滑模等企业。

1.5.2 按资质条件分类

企业资质是指企业的建设业绩、人员素质、管理水平、资金数量和技术装备等。建设部2007年开始制定的《建筑企业资质管理规定》重新划分企业等级的具体标准，并规定了不同等级企业的承包工程范围。

房屋建筑工程施工总承包企业资质等级标准分为特级、一级、二级和三级，其具体划分标准及承包工程范围如表1-1所示。

建筑企业资质等级标准及承包工程范围　　　　表1-1

	特级	一级	二级	三级
近5年承担过的施工总承包或主体工程承包，且工程质量合格	下列6项中的4项以上 (1) 25层以上的房屋建筑工程； (2) 高度100米以上的构筑物或建筑物； (3) 单体建筑面积3万平方米以上的房屋建筑工程； (4) 单跨跨度30米以上的房屋建筑工程； (5) 建筑面积10万平方米以上的住宅小区或建筑群体； (6) 单项建安合同额1亿元以上的房屋建筑工程	下列6项中的4项以上 (1) 25层以上的房屋建筑工程； (2) 高度100米以上的构筑物或建筑物； (3) 单体建筑面积3万平方米以上的房屋建筑工程； (4) 单跨跨度30米以上的房屋建筑工程； (5) 建筑面积10万平方米以上的住宅小区或建筑群体； (6) 单项建安合同额1亿元以上的房屋建筑工程	下列6项中的4项以上 (1) 12层以上的房屋建筑工程； (2) 高度50米以上的构筑物或建筑物； (3) 单体建筑面积1万平方米以上的房屋建筑工程； (4) 单跨跨度21米以上的房屋建筑工程； (5) 建筑面积5万平方米以上的住宅小区或建筑群体； (6) 单项建安合同额3000万元以上的房屋建筑工程	下列5项中的3项以上 (1) 6层以上的房屋建筑工程； (2) 高度25米以上的构筑物或建筑物； (3) 单体建筑面积5000平方米以上的房屋建筑工程； (4) 单跨跨度15米以上的房屋建筑工程； (5) 单项建安合同额500万元以上的房屋建筑工程

续表

		特级	一级	二级	三级
主要负责人资历	经理从事施工管理工作的经历	>10年，或具有高级职称	>10年，或具有高级职称	>8年，或具有中级职称	>5年
	技术负责人从事建筑施工技术工作的经历及专业技术职称、职务	>10年并具有本专业高级职称	>10年，并具有本专业高级职称	>8年，并具有本专业高级职称	>5年，并具有本专业中级以上职称
	财务负责人专业技术职称、职务	高级职称的总会计师	高级职称的总会计师	中级以上会计职称	初级以上会计职称
	经济负责人专业技术职称、职务	高级职称的总经济师	高级职称的总经济师		
有职称的工程技术和经济管理人员		≥300人	≥300人	≥150人	≥50人
有工程系列职称人员		≥200人	≥200人	≥100人	≥30人
高级职称人员的数量		≥10人	≥10人	≥2人	
中级职称的人员		≥60人	≥60人	≥20人	≥10人
项目经理资质等级及人数		一级≥12人	一级≥12人	二级以上≥12人	三级以上≥10人
注册资本金及净资产		≥3亿 ≥3.6亿	≥5000万 ≥6000万	2000万 ≥2500万	≥600万 ≥700万
近三年工程结算收入		平均 ≥15亿元	最高年 ≥2亿	最高年 ≥8000万	最高年 ≥2400万
施工机械设备与质量检验测试手段		有相应的			
承包工程范围:		可承担各类房屋建筑工程的施工	可承担单项建安合同额不超过企业注册资本金5倍的下列房屋建筑工程的施工。(1) 40层及以下、各类跨度的房屋建筑工程；(2) 高度240米及以下的构筑物；(3) 建筑面积20万平方米及以下的住宅小区或建筑群体	承担单项建安合同额不超过企业注册资本金5倍的下列房屋建筑工程的施工。(1) 28层及以下、单跨跨度36米及以下的房屋建筑工程；(2) 高度120米及以下的构筑物；(3) 建筑面积12万平方米及以下的住宅小区或建筑群体	可承担单项建安合同额不超过企业注册资本金5倍的下列房屋建筑工程的施工：(1) 14层及以下、单跨跨度24米及以下的房屋建筑工程；(2) 高度70米及以下的构筑物；(3) 建筑面积6万平方米及以下的住宅小区或建筑群体

1.5.3 按规模等级分类

根据《统计上大中小型企业划分办法》（国统字［2003］17号），建筑企业以从业人员数、销售额和资产总额三项指标为划分依据,可以分为大、中、小三类,具体划分标准见附表 1-2。

建筑企业大、中、小型划分标准表　　　　表 1-2

类别	指标	单位	大型	中型	小型
建筑企业	从业人数	人	3000 及以上	600～3000 以下	600 以下
	年工程结算收入	(万元)	30000 及以上	3000～30000 以下	3000 以下
	资产总额	人	40000 及以上	4000～40000 以下	4000 以下

本 章 小 结

企业是商品生产与商品交换的产物,又是一个动态变化的经济单位,它随着人类社会的进步,生产力的发展,科学技术水平的提高而不断地发展、进步。纵观企业的发展历史,从手工作坊演变到企业这一基本经济单位,是一个漫长的过程,大致上经历了手工业生产、工厂生产和企业生产三个时期,各个时期都表现出一些明显的特征,了解这些特征对从事企业管理理论的学习和研究大有帮助。

建造企业作为企业的一种,其企业管理理论大部分都是适用于建筑企业,但由于建筑产品及其生产的特点,因此,建筑企业也有其他企业不同的管理特点,明确建筑企业的这些特点,有利于充分发挥管理理论在建筑企业中的应用。

企业在其数百年的发展过程中逐步形成了一些基本的企业制度,且以法律的形式确定了下来。每一个新建企业或改制企业,都有一个企业的法律形式的选择问题。目前企业形式主要有个体企业、合伙制企业、合作制企业、无限责任公司、有限责任公司和股份有限公司六种。

建筑企业按专利类别、资质条件和规模等级分类,可以增加对建筑企业的自然属性和社会属性的了解,更好地进行管理。

复 习 思 考 题

1. 何谓企业?企业应具备哪些要素?
2. 从家庭手工业过渡到企业的主要原因有哪些?
3. 企业发展经历了哪几个时期?各个时期有何特征?
4. 建筑企业有什么管理特点?
5. 目前企业的法律形式主要有哪些?
6. 建筑企业按资质条件可以分为几类?

2 企业管理的目标与职能

关于"管理"的概念，有人认为管理是一门科学，也有人认为管理是一种艺术；有人把"管理"看成是一种职业，也有人把管理看成是实践活动。可以说，对于管理的概念是众说纷纭。管理可以说是科学与艺术的结合，也可以说是实践活动，难以统一为一个精确的标准解释。本章在明确管理的任务、职能、目标管理原理的基础上，介绍了国际上一些经典的管理理论和方法。

2.1 管理的含义

管理是人类组织社会活动的一个最基本的手段。人类之所以组成群体，是为了能生存下去，并在此基础上改善生活，使生活丰富多彩、更有意义。这样，人们就不得不放弃各自为政的行为方式，通过协同行动来达到这一目的，这就是管理。

2.1.1 管理的定义

管理不是一次性任务，不可能一次完成，必须自始至终贯穿在组织实现其目标的全过程中，只要组织存在，并为其目标而活动，就一定存在着管理。因此，管理（Management）的定义是，优化配置组织所拥有的资源，有效实现组织既定目标的过程。这一定义有四层含义：第一，管理是一个过程。因此，管理是动态的。第二，管理的核心是达到组织既定的目标。第三，管理达到目标的手段是运用组织拥有的各种资源。由于资源是有限的，所以必须优化配置资源。第四，管理的本质是协调。过程中的矛盾和不协调会成为组织实现既定目标的阻碍，管理就是要努力使成员能够协同行动而消除组织实现既定目标的阻碍。

随着社会的发展，人们共同活动的规模越来越大，社会分工越来越细，管理的四层含义变复杂了，从而也使管理成为人力、物力、财力之后的第四种资源——管理资源。管理资源具有无形的和潜在的特点。当一个组织在不增加人力、物力、财力等有形资源的投入情况下，通过加强管理，合理地配置现有资源，也可以增加其产出，甚至在减少人力、物力、财力等资源的投入后，其产出仍有增长。

2.1.2 管理的任务

人们组成一个群体的最初和最基本的目的是为了更好地改善生活，为此他们在群体中迫使自己放弃各自为政的行为方式，通过群体的协同行动和群体目标的实现来达到个人的目的。在群体中协调个人的行为，就需要管理。随着群体中人员的职责、权限和相互关系逐步得到有序安排，形成了组织。显然，一个组织（Organization）的存在肯定有其目标，管理的任务就在于引导和协调组织成员的行为达到组织的目标。具体讲，就是把组织所拥有的人力、物力、财力等资源加以合理的组合和运用，保证组织目标的实现。

2.1.3 管理的职能

管理是一个过程，这一过程中管理职能（Management functions）可以划分为计划（Planning）、组织（Organizing）、领导（Leading）、控制（Controlling）四个方面。

1. 计划职能

计划是管理过程中的首要职能。计划的含义可从两个角度讨论。第一，从名词的角度（静态的）理解，计划是指实现组织目标的行动方案。第二，从动词的角度（动态的）理解，计划是拟订实现组织目标和行动方案的过程。后者就是管理的计划职能。通常实现组织目标的途径不会只有一条，因而会存在多种行动方案可供选择。从有效性和高效率的观点出发，对两种或两种以上的可择行动方案进行比较分析，从中作出一个选择的过程，即为决策过程。最后抉择的行动方案，即为决策。

2. 组织职能

关于组织的含义也可以从两个方面来解释。第一方面是以静态结构来解释组织的含义，这是指为达成某些目标而设计并建立的具有明确职责、权限和相互关系的管理系统。这一管理系统有如下特点：①开放系统，不断地与外部环境进行各种资源的交换；②技术系统，不断地进行由投入转化为产出的过程；③整合系统，不断地与环境相互作用，并与其各子系统（或系统元素）相互依存。第二方面是从动态活动来解释组织的含义，这是指对管理系统拥有的资源的职责、权限和相互关系进行有序安排的活动过程。这就是管理的组织职能。这一动态的过程具有如下作用：明确管理系统的哪些资源用于哪项活动或哪项活动使用哪些资源，这些资源何时使用、何地使用、由谁使用、如何使用等，使得管理系统内的全部资源之间建立起合理的关系。

3. 领导职能

领导，静态地讲是能够影响他人行为的个人或集体；从动词和组织的管理活动来讲是指管理者的一种行为和影响力，这种行为和影响力用于引导和激励组织成员去实现组织目标。所以，领导职能的内容是激励、指导、引导、促进和鼓励，一个组织的目标能够实现，是靠组织的全体成员的共同努力。管理的重要职能，就是通过领导的作用引导和激励组织成员去实现既定的组织目标。

4. 控制职能

控制是促使组织的活动按照计划规定的要求展开的过程。控制职能意味着去主动发现计划实施中出现的（或潜在的）偏差，并加以纠正（或预防）。

一个组织，在实现目标的过程中会受到来自组织内部或外部各种因素的影响，其运营计划的执行会因种种干扰的出现而或多或少地发生偏离既定目标的情况。控制职能是以组织运营的作业标准和目标实现情况来测定实际的作业，通过将标准、计划目标与实际结果的比较来决定是否需要采取纠正行动或进行改进。所以控制职能是组织的一切职能活动按计划进行并实现组织目标的重要保证。

2.2 目标管理

组织的存在是为了实现组织的目标，而目标的实现必须依靠良好的管理。因此，管理者必须对管理的目标有非常清楚的认识。

2.2.1 目标管理的原理

设置目标,在管理过程中对这些目标进行运用,并以这些目标鉴定组织及组织成员的工作,这一切即为目标管理,简称 MBO(Management by Objective)。

在 1945 年出版的《管理实践》一书中,彼得·德鲁克(P. Drucker)首先提出了"目标管理与自我控制"的主张,他认为组织的各级管理人员必须以"目标"来领导其下级,并衡量下级的贡献,以实现组织的总目标。如果没有计划好的并且方向一致的目标来指导每个成员工作,则组织的规模越大,人员越多,发生冲突和浪费的可能性就越大。所以,德鲁克指出,各级管理人员必须清楚地知道组织总目标对其个人有什么要求,他的上级领导也必须知道他对总目标的贡献能力如何,对他有什么期望并且确定如何鉴定他的成就。当组织的每个层次都能这样做的时候,组织的总目标才有希望实现。

德鲁克提出的"目标管理"在理论上有所建树。他认为,古典管理学派以工作为中心忽视了人的一面,而行为科学又以人为中心忽视了同工作结合的一面,目标管理则综合了这两个方面,弥补了不足。在管理实践上,有助于纠正三种"错误观点"。第一种"错误观点"是"过分强调个人技能",以至于组织成员都只关注自己的专业技能,而忽略了组织录用他们的目的,使组织整体变成了一堆散沙;第二种"错误观点"是"过分强调集中",以至于组织成员尽力顺从上级的所言所行,忘却了工作的真正要求,使整个组织成为几个领导者喜怒哀乐的应声筒;第三种"错误观点"是"不同层次的见仁见智",以至于上下意见不沟通,赏罚不一,是非没有一定标准,从而使组织变成了争吵、抱怨、赌气的场合。德鲁克认为,组织必须以"目标"来贯穿各阶层努力的方向、程度及奖惩标准,并且从组织的最高管理者到最基层的管理人员都必须向组织的目标集中力量。当组织的所有成员都拥有自己的努力目标后,他就能进行自我控制,以求个人的行为符合组织整体的目标。

2.2.2 目标的定义和目标原则

所谓目标,就是管理活动努力的方向。组织的目标决定了组织存在的理由。确立组织的目标,需要做大量的调查研究工作。

1. 目标原则

目标决定了组织的存在,因而被称为目标原则。美国管理学家约翰·F. 米尔(John F. Mee)曾在他的文章《职业经理的管理哲理》中对目标原则作了精辟的叙述:在开始任何行动过程之前,必须清楚地确定追求的目标,使人人理解它而且必须表达透彻。

目标原则强调了目标的三个特点:

第一,目标的突出特性。这一特点就是要求目标必须预先确定,并同用以达到目标的过程分离开来。

第二,目标能公开说明。一般来说,目标大都是采用书面形式做出说明的。

第三,目标具有两重性。确定的目标必须在这个组织力所能及的范围内,但目标的达到又要求有一定的难度。

2. 目标的作用

对组织目标的明确说明有四点好处:

(1) 指明管理方向。目标的必要性是因为它是管理活动的最终方向,即方向的需要。一个组织不仅要有总的目标,其内部各个部门或个人都应有明确的分目标。所谓明确,即有书面的说明。

（2）激发成员潜力。目标还是激发组织内每一个成员潜力的激励因素。目标的实现反映了组织及其成员努力的成功，这不仅体现在收益上有所获得，而且在精神上或心理上能获得满足，从而激发完成下一个目标任务的信心和愿望，这就是目标的激励作用。

（3）促进管理成效。目标可以促进管理活动取得成效，因为它是衡量管理活动成效的尺度。如果没有一个明确说明的目标，那么管理的职能都将难以开展。

（4）完善管理基础。如果组织没有明确的目标，就难区别于以"应急计划"或"特殊政策"而进行的管理，就会导致出现一系列短期计划或短期行为，使组织的目标具有随意性，不利于组织的长期发展。

2.2.3 目标管理的内容

目标管理的基本内容是动员组织的全体成员参与制定组织的和个人的目标，并保证这些目标的实现。目标管理的具体内容包括三个方面：目标体系的制定、目标的实施和目标成果的评价。

1. 目标体系的制定

首先由组织的领导者根据其上级组织和服务对象的要求，结合组织的发展听取组织内各层人员的意见后确定组织的总体目标。其次是组织内各部门根据其职能，为完成组织的总体目标而提出部门目标。再次是部门内各小组为完成所在部门的目标而制定小组的目标。最后，由小组中各岗位人员根据小组的目标和岗位职能制定各岗位个人的目标。这样，自上而下把组织的总体目标层层展开，最后落实到组织的每个成员，形成一个完整的目标连锁体系。图2-1为目标体系示意图。

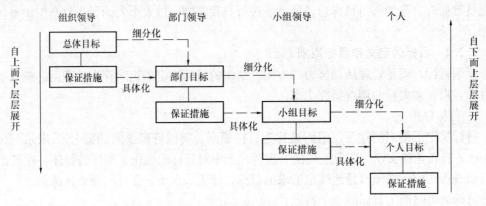

图2-1 目标体系示意图

2. 目标的实施

目标的实施包括三方面的工作：一是通过对下级人员委任权限，使每个组织成员都能明确在实现组织总目标中自己的责任；二是加强与下级人员的意见交流和进行必要的指导，由下级人员自行选择实现目标的方法和手段；三是各级目标的实施者都必须严格按照"目标实施计划"的要求开展工作。

3. 成果的评价

对目标成果的评价目的是促进各级管理工作的改善。

目标成果的评价有以下几个步骤：

第一,目标实施者自我评定个人成果。各级目标的具体实施人员应根据预定的目标值和自己的实际工作情况进行自我评定,要求自我检查一下在目标的实施过程中原定的措施手段是否合适、自己的适变能力和努力程度如何以及怎样改进等。

第二,上级对评定工作的指导。各级管理者应对下级的自我评定进行指导,使各级人员能恰当评价个人成果。

第三,考核评定小组的综合评议。各级考评小组应根据各部门、各岗位的目标实施计划和自我评定情况,对各项目标逐一进行考核评定。

第四,奖励与总结。目标成果的评价应与组织的人事制度和奖惩制度相结合,目标的达成要有利于个人的发展,并与个人的经济利益挂起钩来,从而充分体现出目标管理的激励作用。

总之,目标管理是一个不间断的、反复出现的循环过程,每一循环都是在前一循环的基础上提出新的目标体系,使新一循环的目标管理活动有更新的内容,从而使组织的管理活动达到更高的水平。

2.2.4 企业的目标范畴

由于一个组织存在着内部的和外部的两种可能互相有冲突的目标,所以,企业只设置单一的目标去表达组织的多个宗旨是不可取的,也是不现实的。美国管理学家德鲁克认为,企业的目标设置应从下述八个领域中考虑:

(1) 市场地位。企业的目标应能反映其产品和服务在市场所占的份额,以及与竞争对手相比所处的地位。这是可以定量分析的目标。

(2) 技术革新。企业的目标应包含有发展新产品、新工艺、新设备、新方法等技术革新的内容。技术上的目标也是可以量化的。

(3) 生产率和生产能力。生产率和生产能力是企业竞争能力的主要内容之一,可以定量设置目标。

(4) 资源。人力、物力、财力等资源是企业开展生产经营活动必须的条件,所以,企业必须对有限的资源如何获得、如何使用、如何维护等方面设置其努力目标。

(5) 获得利润。赢利是企业存在的根本目标。就一个企业而言,应伴随着社会、市场和企业自身的发展设置其适当的获利目标。

(6) 管理者的成就和发展。企业应对管理者设置目标,指明管理水平、管理效率和行为成果方面的努力方向。

(7) 职工的成就和态度。企业应设置反映职工工作业绩和工作态度的目标,以便最大可能地发挥出企业的潜力。

(8) 社会责任。一个组织必须对社会承担其应尽的责任,只有承认这一点并使组织的目标得到社会的赞同和认可,组织才能生存下去。

这八个方面都是企业组织建立其目标的领域。前五个方面必须得到后三个方面的支持,否则就会毫无意义。因为,企业组织是由人组成的,而社会责任又是企业组织存在的基础。总之,从企业组织发展的观点来看,这些方面的目标都是不可缺少的。

2.2.5 企业的外部和内部目标

对于一个组织来讲,往往不只存在一个目标。企业的有些目标是考虑本企业以外的组织或个人的利益,而有些目标则是与本企业的成员或其所有者(如企业的投资者)休戚相关。

1. 企业的外部目标

一个组织之所以能够存在，是因为有一部分组织或个人愿意成为它的服务对象，即顾客。为了争取顾客，企业必须使它的服务和产品在价格、质量等方面能与其他企业竞争，并获得足够的利润继续发展。因此，企业的基本目标就是服务目标，即服务于顾客的需要。只有当人们接受了企业的服务，也就自然接受了这个企业。

另外，组织的目标还必须同社会的意愿相一致。否则，这一组织就不能被允许继续存在。比如，有些组织是非法建立的，是法律所禁止的。

由法律和条例所表达的社会价值观，以及顾客对企业的产品或服务的接受程度都是企业的外部目标。如果想让企业继续存在，就必须承认并满足这些目标。

2. 企业的内部目标

企业组织的内部目标有三类：

第一类，同竞争者的关系。企业组织总希望能成为同行中最大的、利润最多的、发展最快的和新产品最多的龙头。

第二类，同职工的关系。企业组织一般都是录用表现较好的应聘者，或只录用具有起码条件的应聘者，并满足录用者的利益要求。

第三类，同所有者的关系。企业组织必须以利润满足投资者的投资欲望，坚定投资信心，吸引更多的投资者和资金。

总之，企业组织的外部目标是服务目标，企业的生存和发展取决于它给顾客提供愿意接受的并为社会认可的产品和服务。企业组织的内部目标则决定它同竞争者抗衡的地位和满足其成员及投资者利益的程度。

2.3 经典的管理理论

管理理论是随着人类社会的进步而不断发展的，18世纪的工业革命导致了"工厂制度"的产生，对现代管理理论的发展产生了重要作用。以泰勒（F. Taylor）、法约尔（H. Fayol）为代表的古典管理学派，最早把管理实践上升到管理理论。梅奥（E. Mayo）的"非正式组织论"、马斯洛（A. Maslow）的"需要层系理论"、麦格雷戈（D. McGregor）的"X-Y理论"、莱温（K. Lewin）的"团体力学理论"、布莱克（R. Blake）和莫顿（J. Mouton）的"管理方格图"等，都是这一时代管理理论的著名代表人物。在古典管理理论和人际关系理论基础上发展起来的现代管理理论包括了社会系统、决策理论、系统管理、经验主义、权变理论、管理科学等众多学派、以巴纳德（C. Barnard）、西蒙（H. Simon）、德鲁尼（P. Drucker）等人为代表的这些学派从思想、体制、方法和手段上推进了管理的现代化进程。

2.3.1 泰勒的科学管理

泰勒是古典管理学派的代表。1911年他的著作《科学管理原理》问世，奠定了科学管理理论基础，因而在管理理论界称他为"科学管理之父"。以他为首研究和创导的管理思想和工厂管理制度，被称为"泰勒制度"。这一制度形成的开始，就引起了劳资双方的不满：工人认为泰勒的管理制度是迫使他们为了获得多一点的工资而付出更多的劳动，并导致了一部分工人失业；资本家则认为泰勒制度是要他们向工人付出更多的工资，从而导致资本家的收入减少。由于海军兵工厂举行罢工反对泰勒制度，引起美国国会的重视，于 1912 年召开了"泰勒制度和其工厂管理制度"的听证会。这次会议为泰勒提供了一次阐明他的科学管理思想的机会，他的长篇证词对于科学管理理论广泛传播和应用起了很大作用。

泰勒的科学管理思想主要包括以下三个方面：

1. 管理职能与作业职能的分离

泰勒认为，要提高生产效率，必须实行管理职能与作业职能的分离。管理职能主要任务是：①进行调查研究，为定额和操作方法提供科学的依据；②制定有科学依据的工作定额和标准化的操作方法、工具；③拟订计划并下令实施；④对标准和实际情况进行比较，以便进行有效的控制。而工人不能自己选择工作内容和工作方法，他必须服从管理人员的命令和安排。

为进一步落实管理职能，泰勒认为管理人员也应进行分工，即所谓的"职能工长制"。这样，泰勒第一个确立了管理人员的专业化和管理部门的职责。

2. 实行管理科学化

泰勒认为，要用科学的方法来代替粗略的行为估计，即用精确的科学研究和科学知识来代替过去的个人判断，一切管理问题都应当而且可以用科学的方法来加以研究和解决。泰勒主张实行各方面的标准化，使个人的经验上升为理论，而不是单凭个人一时一事的经验去办事。为此，他提出了一系列管理制度：①工作定额制度；②"第一流工人"制度；③刺激性付酬制度；④标准化制度；⑤例外管理制度。

3. 管理的实质是发展生产力

泰勒在听证会上指出，动作研究、时间研究、工时定额、计件工资制、职能工长制等，仅仅是一些提高工作效率的措施，如果把这些认为就是科学管理则只能是一种误解。科学管理的实质是一次思想革命。过去，企业中劳资双方的兴趣焦点在于如何分配劳资双方共同努力所取得的盈利，资方总是想尽可能地多得到盈余，而劳方也想尽可能多地得到工资。泰勒认为，必须让工人和资本家两方面都认识到提高劳动生产率对双方都有利，由此使劳资双方能相互协作，共同为提高劳动生产率而努力。科学管理就是要在劳资双方的思想上来一次大革命，使双方不再把盈余的分配看作是头等大事，而把注意力转到增加盈余量上来，使盈余量增大到双方不再为如何分配而争吵。这一管理思想的实质，就是发展生产力。

2.3.2 法约尔的 14 条管理原则

法约尔担任过工程师、执行董事和总经理，他最著名的力作是 1916 年发表的著作《工业管理和一般管理》。书中的 14 条管理原则具有普遍适用的意义，对以后的管理理论发展一直有着重大影响。法约尔的 14 条管理原则中，1 条是强调生产效率的，5 条是强调人际关系的，其余 8 条则是针对行政管理的。

1. 强调生产效率的原则

法约尔提出的第一个原则就是分工，这是关于提高生产效率的原则。分工是专业化的基础，是人力资源充分发挥作用的重要因素。法约尔认为，分工的原则不仅适用于工人，同样也适用于各级管理人员。

2. 强调人际关系的原则

用于解决人际关系方面问题的5条原则是：个体利益服从整体利益；公平；人事稳定；首创精神和团结。

（1）个体利益服从整体利益。法约尔认为，在一个组织里，组织的利益应高于组织内个人或少数人的利益；而组织所处的社会的利益应高于组织的利益。利益的服从可以通过监督来达到，同时要求监督人员或组织树立起良好的榜样。

（2）公平。法约尔认为，组织的政策制定及其实施必须对所有成员一视同仁，讲求信用、平等。

（3）人事稳定。人事稳定有两层作用：一是使各级人员有一种安全、稳定的感觉，以利于他钻研业务而把工作做得更好；二是每个人对一个新的工作岗位都需要时间去适应，如果经常更换工作岗位，就难以适应和做好工作。

（4）首创精神。法约尔认为，人们发表建议和投入工作的积极性、自觉性是组织的巨大财富，要充分利用每个成员的智慧和能力去解决组织中的问题，并让他们看到自己建议的成功结果，从而进一步激励他们的创造精神。

（5）团结。团结就是力量，管理的任务不是清除持不同意见的人，而是要团结所有持不同意见的群体和个人共同去实现组织的目标。

3. 强调行政管理的原则

涉及行政管理和组织的8条原则是：权力与责任；纪律；统一命令；统一指挥；集权与分权；等级层次；报酬和秩序。

（1）权力与责任。权力是指挥和要求别人服从的权利，责任是使用权力时应尽的义务。

（2）纪律。纪律的实质是组织对其成员的约束和成员对组织的尊重态度。没有严格的纪律，组织将名存实亡、一事无成。

（3）统一命令。这是指一个成员只能接受一个上级的命令。

（4）统一指挥。为达到组织的目标，其成员必须在一个计划的统一指挥下，向同一个方向努力和协同行动。

（5）集权与分权。集权与分权的程度取决于组织的环境和组织内部的具体情况，因而也有人称之为"集权与分权的弹性原则"。

（6）等级层次。也称为等级链原则，要求权力与责任的界限必须从一个组织的最上层直到基层都明确地建立起来，使各级层次之间的权责界限清楚明了。

（7）报酬。支付报酬应与完成的工作挂钩，因而报酬的金额必须让成员和组织双方都感到满意和公正。

（8）秩序。法约尔的这一原则是指组织中的人与物应该"人尽其才，物尽其用"。对于人事管理来讲，可以通过绘制一张组织图表来表示组织中每一个成员所处的岗位以及各岗位之间相互的关系。

2.3.3 梅奥和霍桑实验

梅奥是公认的以人际关系作为管理方法研究的创始人，使他出名的是著名的霍桑实验。1924年美国科学院全国学术研究委员会在西方电气公司芝加哥霍桑工厂进行了一系列开拓性的研究。研究的最初目的是想通过实验找出继电器装配车间的照明强度与装配女工的劳动效率之间的关系。虽然实验的结果与原先的假设存在距离，但却为管理学者揭示了一个很重要的研究方向：组织中人的因素可能产生积极作用，但也可能相反。梅奥等人认为，工人的积极性主要决定于社会因素、心理因素，决定于工人与管理人员以及工人之间是否关系融洽；而物理环境（如照明等）、物质刺激只有次要意义。在心理学研究的历史上，霍桑实验第一次把工业中的人际关系问题提到首要位置，并且提醒人们在处理管理问题时要注意人际关系的因素，这无疑对管理学理论的发展产生了重大促进作用。

梅奥通过霍桑实验提出了几点新见解：

1. 工人是"社会人"

以前的管理理论把工人看成是单纯的"经济人"，认为金钱是刺激工人积极性的唯一动力。霍桑实验则证明了人是"社会人"，作为复杂的社会系统的成员，金钱并不是刺激积极性的唯一的动力，社会和心理因素等方面构成的动力，如安全感、归属感、相互尊重和友情，对劳动生产率有极大的影响。

2. 存在"非正式组织"

以前的管理理论只注意到正式组织结构的作用。霍桑实验发现，除了正式组织之外，工人中还存在着无形的非正式组织，具有特殊的感情倾向和领袖人物，以一种默契左右着工人们的行为。

3. 提倡新型的领导风格

以前的管理理论认为生产效率的提高主要依靠生产作业的安排和科学技术的应用。霍桑实验则认为提高生产效率的关键在于提高工人的"士气"。新型的领导风格就是通过满足工人的合理需要，加强正式组织内部的真诚合作，改善人与人之间的关系，注意维护正式组织的经济需要与非正式组织的社会需求之间的平衡，从而鼓舞工人的"士气"，达到提高生产效率的目的。

4. 关心工人

以前的管理理论认为生产效率的高低主要取决于工作方法和工作条件。霍桑实验证明生产效率的高低还受到工人的态度和积极性，以及工人的家庭、社会生活、组织中人与人的关系等社会影响，因而管理人员要设身处地地关心下属，沟通感情，让工人能心情舒畅地工作，提高生产效率。

2.3.4 马斯洛与"需要层次理论"

研究人的需要、动机和激励问题的代表人物是马斯洛，他在《人类动机的理论》、《激励与个人》等著作中提出了著名的"需要层次理论"。马斯洛认为，人都有一系列复杂的需要，按其优先次序，可排成阶梯式的层次。他把人的需要按其重要性和发生的先后次序排成5个层次：生理需要、安全需要、社交需要、尊重需要和自我实现需要。"需要层次理论"有四点基本假定：第一，已经满足的需要，不再是激励因素。一种需要已经满足，另一种需要会取而代之，所以人们总在力图满足某种需要。第二，大多数人的需要网络是很复杂的，在任何时刻都有许多需要在影响着每个人的行为。第三，一般情况下，有较高的需要。第四，满足较高层需要的途径，要比满足较低层需要的途径多。

1. 生理需要

生理需要是人类维护自身生存的最基本要求，如对食物、水、空气和住房的需要都属于生理上的要求。这类需要处于层次的最低层。

2. 安全需要

当一个人的生理需要得到基本满足后,就希望满足安全需要。如希望解除对生病、失业、意外灾难、养老等经济生活的担忧。具体讲,安全需要包括心理、劳动、职业、环境、经济等方面的安全。

3. 社交需要

一个人在基本满足前两种需要后,社交需要开始成为强烈的动机。它包括社交的欲望,希望得到别人的安慰和支持,离群独居会感到痛苦,希望伙伴之间、同事之间关系融洽,保持友谊与忠诚,希望得到信任和互爱。它还有一个重要内容是归属感。马斯洛认为,每个人都有一种归属于一个团体或群体的感情,希望成为其中的一员并得到相互关心和照顾,不感到孤独,因此有社会交往的需要。

4. 尊重需要

尊重需要包括对成就或自我价值的个人感情;也包括别人对自己的赏识或尊重。在满足社交需要后,人们开始关心成就、声望、地位和晋升机会,以及别人对自己的重视和赏识,这些愿望就是对尊重的需要。

5. 自我实现的需要

自我实现的需要是最高层次的需要。自我实现需要的目标是自我价值的实现。一个达到自我实现境界的人,会体验到接受自己也接受别人,体验到更多的解决问题的能力,更多的自发性,更多的不偏不倚的态度,以及一种要求独具匠心,不受干扰的愿望。

马斯洛需要层次理论假定,人被激励起来满足其一生中的一项或多项重要的需要。此外,任何特定的需要,其强烈程度都取决于其在需要层次中的地位以及其他较低级需要已被满足的程度。这一理论预示:激励是一种动态的、逐步的、因果性的过程,在此过程中,行为受到一套不断变化着的"重要"需要所控制。

2.3.5 西蒙与决策理论学派

决策理论学派是从巴纳德创始的社会系统学派中独立出来的。这一学派的主要代表人物是西蒙,由于他在决策论的研究上作出了杰出贡献,曾获得1978年度的诺贝尔经济学奖。西蒙的主要贡献有三个方面:

1. 突出决策工作在管理活动中的地位

西蒙认为,决策工作贯彻于管理的全部过程,决定着管理活动的成败,从这意义上讲,管理过程就是决策的制定和贯彻过程。

2. 系统阐述决策原理

西蒙对决策的过程、决策的准则、程序化决策和非程序化决策的异同及其决策技术、决策的组织结构等作了分析,并提出用"满意标准"来代替传统决策理论的"最优化标准"。

3. 强调决策者的作用

西蒙认为,组织是由决策制定者个人所组成的系统。因此,不仅要注意在决策制定过程中应用定量的方法和新的计算技术、手段,还要重视心理因素、人际关系等社会因素在决策制定中的作用。

西蒙还指出,一个组织机构的建立,必须同决策过程联系起来考察。

2.3.6 权变理论学派

权变理论学派是 20 世纪 70 年代在西方风行一时的管理学派别。所谓权变，是指权宜应变。权变理论学派认为，在管理中要根据环境和内外条件随机应变，没有一成不变、普遍适用的"最好的"管理理论和方法。权变理论学派企图通过大量实例的研究和概括，把各种各样的情况归纳为几个基本类型，并给每一个类型找一种模式。因而，权变理论强调的权变关系是两个或更多个变数之间的函数关系。那么，权变管理就是依据环境自变数和管理思想及管理技术因变数之间的函数关系来确定的一种有效的管理方式。

由于 20 世纪 70 年代以来，世界科技、经济、政治的发展变化很快，企业职工队伍的构成及其文化技术水平有了很大的变化，使得权变理论具有很强的实用价值，至今仍被人们津津乐道。权变理论学派的主要代表人物有卢桑斯（Fred Luthans）和伍德沃德（J·Woodward）等人。

2.3.7 伯法（E. Buffa）与管理科学学派

管理科学学派是近代在西方管理学界形成的，其代表人物是美国的伯法。也有人称之为管理数量学派或运筹学派等。管理科学学派认为，管理就是制定和运用数学模式与程序系统，用数学模式与程序来表示计划、组织、控制、决策等合乎逻辑的程序，求出最优的解答，以达到企业的目标。因此，所谓管理科学就是制定用于管理决策的数学模式与统计模式，并把这种模式通过电子计算机应用于管理之中。

管理科学学派的主要内容包括以下几个方面：

1. 关于组织的基本看法

该学派认为，组织是由"经济人"组成的一个追求经济利益的系统，同时又是由物质技术和决策网络组成的系统。

2. 关于管理科学的目的、应用范围、解决问题的步骤

该学派认为，强调科学的目的就是通过科学原理、方法和工具应用于管理的各种活动之中。应用范围着重在管理程序中的计划和控制这两项职能。解决问题的步骤分：①提出问题；②建立数学模型；③得出解决方案；④对方案进行验证；⑤建立对解决方案的控制；⑥把解决的方案付诸实施。

3. 关于管理科学应用的科学方法

这里主要有线性规划、决策树、计划评审法和关键路线法、模拟、对策论、排队论等管理数学的方法，也称运筹学。

4. 关于管理科学应用的先进工具

这里主要指计算机。

管理科学强调了管理中应用的先进工具和科学方法，不够注意管理中人的作用，这是这一学派的不足之处。

本 章 小 结

管理（Management）的定义是，优化配置组织所拥有的资源，有效实现组织既定目标的过程。管理的任务在于引导和协调组织成员的行为达到组织的目标。具体讲，就是把组织所拥有的人力、物力、财力等资源加以合理的组合和运用，保证组织目标的实现。管理的职能是计划、组织、领导和控制。这四种职能的简单陈述，不仅说明了管理是要干什

么的问题，而且还揭示了组织的目标是如何达到的。

目标决定了组织的存在，目标是管理活动努力的方向。目标为企业指明管理方向，激发成员潜力，促进管理成效，完善管理基础。

目标管理的基本内容是动员组织的全体成员参与制定组织和个人的目标，并保证这些目标的实现。目标管理的具体内容包括三个方面：目标体系的制定、目标的实施和目标成果的评价。

企业的目标分为内部目标和外部目标。企业组织的外部目标是服务目标，企业的生存和发展取决于它给顾客提供愿意接受的并为社会认可的产品和服务。企业组织的内部目标则决定它同竞争者抗衡的地位和满足其成员及投资者利益的程度。

经典的管理理论有助于我们认识管理实践和理论的发展，为学习和掌握管理知识提供良好的基础。

复习思考题

1. 什么是管理？如何理解管理定义的四层含义？
2. 管理的任务是什么？
3. 举例说明管理四大职能（即计划、组织、领导、控制）相互间的关系。
4. 什么是目标原则？
5. 目标的三个特点是什么？
6. 目标的作用是什么？
7. 企业组织的外部目标是什么？内部目标是什么？它们相互间有什么关系？
8. 企业组织设置目标时考虑的八大领域是指什么？
9. 什么是目标管理？
10. 德鲁克（P. Drucker）提出目标管理，在理论和实践上有哪些突出贡献？
11. 目标管理的具体内容包括哪些方面？
12. 开展目标管理对组织有何益处？
13. 泰勒（F. Taylor）的科学管理理论主要包括哪些内容？
14. 简述法约尔（H. Fayol）的14条管理原则。

3 建筑企业管理理论

只要存在企业，就有企业生存和发展的需要，就有企业管理。对于任何组织，管理的一般理论是通用的。企业管理也是如此，具有企业的共同需求。所以，要认识一般企业管理的概念与任务，把握企业管理的发展，进而才能更加深刻地认识建筑企业管理。管理者是企业管理的主角，学习企业管理就必须认识管理者的素质和能力要求。建筑企业的管理者，还必须认识建筑企业的管理特点和任务。只要具备良好的管理素质和技能的人，才能够把握企业未来的发展趋势，才是优秀的企业管理者。

3.1 企业管理的概念与任务

3.1.1 企业管理的概念

所谓企业管理，就是由企业经理人员或经理机构对企业的经济活动过程进行计划、组织、指挥、协调、控制，以及对职工的领导和激励等一系列工作活动的总称。其目的是不断提高生产和工作效率，保证企业生产经营活动正常进行。企业管理一般又可分为两类范畴，其一是企业经营管理，以市场为目标，运用现代战略思想和营销手段，满足用户产品需求；其二是企业生产管理，以生产为对象，其活动范围主要是企业内部的生产领域，其工作内容主要包括：施工生产、技术、质量、安全、机械设备、劳动、材料、财务等具体管理业务，其关系如图3-1所示。

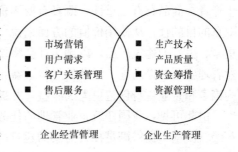

图 3-1 企业经营管理与企业生产管理的关系

3.1.2 企业管理的任务

企业管理的任务取决于企业管理的性质，服从于企业的任务。企业任务的完成是通过管理任务的完成来实现的。企业管理的任务主要包括以下几个方面：

1. 树立正确的经营思想

经营思想是指企业在整个生产经营活动中的指导思想。它反映了人们对在生产经营全过程中发生的各种关系的认识和态度的总和。它决定着企业的经营目标、方针和经营战略。企业管理的首要任务，就是要确立企业的正确的经营思想，其核心就是为社会、用户、职工、出资者服务，提高整个社会经济效益。为此，企业必须遵守国家的方针、政策、法律、法规，讲求社会主义经营道德，反对生产经营中的违法乱纪、唯利是图、投机取巧、损人利己、破坏国家经济、妨碍社会发展的各种不正当行为。

2. 制定发展目标、经营方针和经营战略

企业的发展目标或经营目标是企业在一定时期内，在生产、技术和经济等方面应达到的规模、水平和发展速度。它是按照企业经营思想，在分析经营环境和经营要素的基础上确定的。

企业的经营方针是指导企业生产经营活动的行动纲领。它是按照企业的经营思想，为达到企业的经营目标而确定的，它反映了企业在一定时期的经营方向。

企业的经营战略或发展战略，是为实现其经营目标，通过对外部环境和内部条件的全面估量和分析，从企业全局出发而作出的较长期的总体性的谋划和活动纲领。它涉及企业发展中带有全面性、长远性和根本性的问题，是企业经营思想、经营方针的集中表现，是确定规划、计划的基础。

3. 合理组织生产力

合理组织生产力，就是要使劳动力、劳动手段、劳动对象达到优化配置和充分利用，以取得企业的综合经济效益。

要合理组织生产力，必须正确处理生产力诸要素同生产工艺技术的关系。只有把劳动力、劳动手段、劳动对象与严格的工艺规程和熟练的操作技术结合起来，才能形成既定的生产力。此外，合理组织生产力，还必须做好一系列的生产组织工作，包括生产计划工作、生产准备工作、技术工作、物资供应、劳动力组织和经济核算等工作。只有全面做好这些工作，并且使它们密切配合，才能保证企业的生产顺利进行。

3.1.3 建筑企业管理的任务

我国建筑企业管理的任务是由建筑企业的性质决定的。我国建筑企业是有计划的商品生产者。商品具有二重性，既具有使用价值，又具有价值。因此建筑企业的生产，也具有双重的目的性：从使用价值的方面来说，建筑企业管理就是应根据社会的实际需要，建造更多、更好的建筑产品，以满足社会物质文化日益增长的需要；从价值方面来说，建筑企业管理应不断提高施工活动的经济效益，不但要为社会提供物质产品，而且要保证赢利，为国家和企业自身创造更大的收益，并提高企业职工的生活福利水平。

由此可见，我国建筑企业管理的任务是：在国家宏观计划的指导下，从事建筑产品生产经营活动，提供满足社会需要的建筑产品，实现赢利，为国家提供积累，为企业自身创造经济收益。这是我国建筑企业管理的根本任务，也是企业的全部生产经营活动的目的。企业的各项工作（政治、技术、业务等）都是为了实现这个目的。

根据上述我国建筑企业管理的根本任务，它的具体任务又可细分为：

1. 缩短建设周期

由于建筑产品体积庞大，生产周期长，在长时间内要投入大量的人、财、物，但不会在这个时间内提供有用的产品；并且建筑产品停留在生产领域的时间越长，占用的资金也就越多。为了降低工程造价，加快投资的回收，建筑企业就必须科学地组织施工，加快施工进度，加快投资的回收，在短时间内为社会提供更多、更好的建筑产品，推动社会经济发展作出贡献。

2. 确保工程质量

建筑产品有的是生活资料（民用住宅等），有的是劳动手段（厂房等），能够使用数十年以至上百年，因此建筑企业必须重视建筑产品的质量，要把"百年大计，质量第一"作为建筑企业施工生产的指导方针，要在高质量中求速度，在高质量中求节约，在高质量中求数量。这是社会主义市场经济规律所决定的，也是关系列国家和人民长远利益的一件大事。

3. 提高劳动生产率

提高劳动生产率是节约人力，降低成本，增加生产的最有效途径。"效率就是生命"，只有不断提高劳动生产率，才能创造更多的财富。因此，必须积极开展技术革新和技术革命，尽量采用新技术、新工艺、新材料和先进的操作方法，挖潜、革新、改造，并努力采用先进的科学管理方法和手段，以改善劳动条件，不断提高劳动生产率。

4. 讲究经济效益

建筑企业完成一项施工生产任务时，要消耗大量人力、物力、财力。因此，要加强经济核算，用最少的物化劳动和活劳动的消耗，取得最大的经济效益。这就要求企业不仅要高速度高质量地完成任务，而且要努力降低成本，增加利润，为国家提供积累，为企业自身创造收益。

5. 加强队伍建设

企业的发展，一方面靠先进的技术、设备，另一方面，更重要的是依靠掌握先进技术和先进管理方法的广大职工群众。因此，在企业中，必须树立人是企业主体的思想，把培养、训练建筑队伍的工作认真抓好。通过文化教育、技术培训，结合政治思想工作，正确实行精神鼓励和物质鼓励相结合的原则，充分调动广大职工的积极性，建设一支强大的既有优良的政治素质，又有优良的技术业务素质的建筑大军，这是建筑企业现代化进程中的一项战略措施。

6. 保证施工安全

建筑安装工作工种繁多，流动性大，许多工种常年处于露天作业，而且有大量的高空、地下、立体交叉作业以及小面积多工种作业，笨重的劳动密集型重体力劳动等，因此建筑企业较一般工业企业更易出安全问题。建筑企业的安全关系到企业职工幸福和经济利益，还涉及许多社会问题，建筑企业必须建立完善的安全保证，这也是建筑企业管理的一项重要职责。

上述六个方面是保证完成建筑企业根本任务的具体要求，它们之间是相互联系、相互制约的关系。只有全面地完成了这些任务，才能使企业又好又快地全面发展。在实际工作中，某些时候，针对当时的具体情况和薄弱环节，着重强调其中某一方面的任务是完全必要的。但是，这样做的目的，是为了更好地、更全面地完成建筑企业的根本任务。因此，任何时候，在考虑到完成企业某一方面任务的时候，必须同时考虑到它对其他方面的影响，片面地追求某一个方面，忽视其他方面的做法，都会给企业带来不利的影响。

3.2 现代企业管理发展趋势

企业管理是随着经济和社会的发展、企业的不断进步而不断发展的，已经经历了几个不同的历史阶段。在世界性新技术革命不断发展的今天，现代企业管理较之于传统管理，有了巨大变化，已经表现出许多新的特点，形成了一系列新的发展趋势。

3.2.1 以人为核心的管理

从传统管理发展到现代管理的一个重要标志，就是如何认识人在管理中的地位和作用。现代企业管理的重心已经从过去对物的管理转移到对人的管理。世界各国企业管理在新技术革命发展过程中，都有许多相同之处，并形成一种新的发展趋势。

美国是行为科学的起源地，经过几十年的理论研究和管理实践。现代企业的管理者越来越认识到，最成功企业里的管理都是真正面向人、重视人的管理。管理者要相信人、尊重人，尊重每个人的人格，承认每个人的贡献。让员工们控制自己的命运，表现和发展自己的才干，了解公司的经营情况，感到工作有意义，有保障，把公司当作大家庭。管理者要依靠共同的信念来激励大家，而不是靠行政命令搞管、卡、压。美国许多优秀的企业在对人的管理上取得了许多成功的经验，值得人们借鉴。

日本的企业管理更是以人为核心。例如，松下电器提出的"企业七精神"，即产业报国、光明正大、和亲一致、力争向上、礼貌谦让、顺应同化、感谢报恩。这种在长期的管理实践中培育起来的企业精神，是增强企业员工凝聚力、活力和动力的意识形态的总结，它渗透在企业的一切领域和场所，对从业人员的行为起着无形的指导作用。

日本企业面对人的管理，很重要的方面就是注重对人的培养和训练。他们认为，"事业即人"，始终把人才开发作为事业发展的重要内容之一。松下幸之助有句名言："出产品之前出人才"。在日本企业管理现代化的过程中，成功地培养了一大批具有现代经营观念、经得起各种变化考验的决策人才，培训了一代懂技术、懂管理的优秀职工。

3.2.2 管理组织的扁平化

一般认为直线式的等级制度最有效，命令可以畅行无阻地层层下达，这是工业时代典型的企业管理形式。不过，这种管理系统依赖的条件是：现场要有大量精确的反馈，决策的性质大致相同。如果决策者面临的问题是重复性的，种类又不多，经理人员就能够收集到与它们有关的大量信息，而且能从以往的成败中积累有用的经验。

今天，森严的垂直等级制度正逐渐失效，因为它所依靠的两大根本条件已难以为继了。由于要求、机会和压力日益变化无常，从时间上讲，有关的信息更难逐级上达；或者说，最上层的领导更难以在任何一类问题上积累起大量的经验。上下之间的距离不单纯是层次过大或过多，还在于需要处理的数据种类越来越多了。

这样一来，就企业内部而言，决策的层次应该越来越低，才能见效。因此，公众参与势在必行。也就是说，企业管理权是从集中走向分散，企业的组织结构是从金字塔型走向大森林型（也有人称之为扁平型或网络结构）。所谓金字塔型组织结构，就是企业管理组织从结构上层层向上，逐渐缩小，权力逐级扩大，有严格的等级制度，形成一种纵向体系。大森林型组织结构则是减少管理层次，形成同一层次的管理组织之间相互平等，横向联系密切，像一棵棵大树组成大森林那样形成横向体系。

从国内外企业发展的情况分析，大森林型组织结构大体上有以下几种类型：

（1）分厂制代替总厂制。即把规模庞大、产品众多的企业，或按产品、或按生产工艺、或按销售方式，分解成若干个各自相对独立的分厂，享有相应的权力，总厂对分厂进行目标、计划等管理。分厂之间是平等的、横向联系的关系。

（2）分层决策制代替集中决策制。即各分厂或各独立经营的单位享有决策权，在总厂的整体目标指导下，按照自身的条件和特点进行决策，而不是由总厂进行包揽，改变过去那种集中统一的决策形式。

（3）以产品或项目事业部代替职能事业部。实行事业部制，是从金字塔型向大森林型发展的一种重要形式。国外许多企业实行按产品划分，建立产品事业部。实行按产品来划分事业部,不仅让各产品事业部去管生产,而且管产品规划、研究开发、市场销售,并且加强事业部的独立核算,这就使得各事业部具有更大的自主权。

(4) 分散的利润中心制代替集中利润制。许多国家的企业把内部各部门按生产、销售特点划分为若干个利润中心,这种利润中心除承担一定利润任务外,可以依据自身情况进行独立的经营活动,成为一个相对独立的经营单位。

(5) 研究开发人员的平等制代替森严的等级制。大森林型的组织结构还表现在企业内部研究开发人员与各级经营决策人员建立平等关系,可以在一起进行平等的、自由的讨论,而不是像金字塔型结构中等级森严,"官大一级压死人。"

随着现代企业管理组织结构的改革,还将出现许多不同形式的大森林型结构。我国的经济体制改革,从纵向管理体制上,就是要减少层次,改变政府包得太多、统得太死的现象,让企业在市场上成为独立的商品生产者和经营者,企业之间是平等的商品交换关系,形成网络型管理。在企业内部,权力下放,建立分厂或成立事业部,划小核算单位,实行层层经济责任制,等等,这实际上也在改金字塔型结构为大森林型组织结构,有不少企业内部已形成了大森林型组织结构。

3.2.3 企业管理发展中的其他变化

除上述以人的核心作用推动的扁平化的组织结构以外,现代企业管理方法还有其他变化趋势。

1. 企业创新管理将越来越受到重视

在跨世纪的年代,满足现状就意味着落后。企业要生存和发展,就要不断地创新。现代企业家精神,说到底就是要树立市场竞争观念和风险经营观念,善于将企业资源转化为经营优势,提高企业的创新应变能力,以在急剧的外部环境变化中,把握开拓市场的主动权。

2. 企业"软件"管理将更加系统化

现代企业管理的系统模式是由战略、结构、制度、技巧、人员、作风及共同价值观七方面组成的,简称"7S"模式。在此模式中,战略、结构和制度是管理的"硬件",它适用于一切企业的管理;而人员、作风、技巧、共同价值观则是管理的"软件",不同的企业,有不同的"软件"。未来企业管理的重点,就是要提高"软件"管理企业的水平。

3. 企业战略管理将强调目标的创新

现代企业经营管理是一种实现企业预期经营目标的管理,主要是谋求企业发展目标、企业动态发展与外部环境的适应性。而战略管理是一种面向未来的、以强调创新为目标的管理,它谋求的是,既要适应外部环境变化,又要改造和创造外部经营环境,并努力用企业的创新目标来引导社会消费,促进企业不断地成长和发展。

4. 企业权变管理将更加灵活和精细

在现代管理中,X理论过分强调对人的行为的控制,结果形成家长式管理,严重束缚了职工的创造性和积极性;Y理论过分强调人的行为的自主性,结果形成放任式管理,缺乏统一的协调和组织。未来企业管理的发展将是实行一种宽严相济的权变管理,能因人、因时、因地随机采用各种各样的方式进行管理,使企业管理中一方面控制得很严,另一方面又允许甚至坚持从最下级的普通职工起,都应享有自主权,且富于企业家精神和创新精神。

5. 开放式面对面的感情管理

面对面管理,是以走动管理为主的直接亲近职工的一种开放式的有效管理。它是指管理人员深入基层,自由接触职工,在企业内部建立起广泛的、非正式的、公开的信息沟通网络,以便体察下情、沟通意见,共同为企业目标奋斗。这种走动管理充溢着浓厚的人情味。其内容外延广阔,内涵丰富,富于应变性、创造性,以因人因地因时制宜取胜。实践证明,高技术企业竞争激烈,风险大,更需要这种"高感情"管理。它是医治企业官僚主义顽症的"良药",也是减少内耗、理顺人际关系的"润滑剂"。

6. 未来企业管理的"三中心"、"两方向"

虽然现在还很难描述"将来"的企业管理模式,但从发达国家现代经营管理的"三个中心"和"两个基本方向",可以洞悉"将来"的管理模式。"三个中心"是:以市场为中心的明确的目标和策略,以人为中心的价值观和企业文化,以效率和效益为中心的一整套不断变化的制度和措施。两个基本方向是:开放与合作。

7. 企业管理将更善于借用外脑

未来企业的经营管理,在面对外部环境剧烈变化的挑战下,已不能完全依靠企业内的管理人员作出正确的决策,而必须借助外部力量,特别是借助于对企业的生产、技术、经营、法律等方面有专长的专家和顾问,为企业提供经营管理方面的咨询服务,在企业界形成以咨询为主的企业智囊团。

3.2.4 建筑企业管理的发展趋势

随着企业管理理论的完善和创新,建筑企业管理也有了进一步的发展,其主要表现在以下几个方面:

1. 经营理念现代化

企业的经营管理思想逐步适应现代化大生产和市场经济的客观要求,按照社会主义市场经济的客观要求树立以下观念:

(1) 投入产出观念。企业从事生产经营活动,就要讲究经济效益,力争以尽可能少的人力、物力、财力和时间的投入,获得尽可能多的产出。克服盲目追求速度、规模,轻视效率、效益的思想。

(2) 市场观念。市场经济的实质就是充分尊重价值规律的作用。在建筑市场上,建筑工程施工项目的多少决定着市场竞争程度的大小,也决定着投标企业中标率的高低,同时也决定着承包价格的高低。

(3) 竞争观念。作为建筑施工企业,在竞争中要树立志在必得的信心和勇气。以优质的产品、优质的服务、良好的信誉满足用户和顾客的需求,才能在市场中立于不败之地。

(4) 金融观念。要有利息和资金周转的概念,善于筹措资金和运用资金,加速资金周转。

(5) 人才开发观念。市场竞争,归根到底是人才的竞争,要善于发现人才,合理使用人才,积极吸引人才并用最有效的办法激励人才成长,注重人才培训,全面提高员工素质。

2. 人员配置合理化

人员配置是对企业各类人员进行恰当而有效的选择、使用、考评和培养,以合适的人员去充实组织结构中所规定的各项职务,从而保证企业正常运转并实现预定目标的职能活动。在企业管理过程中合理配置人员对促进整个经营管理的有效运行具有极为重要的作用。为使各类人员适应企业发展的需求，得到合理的配置，应坚持以下几个原则：

(1) 选贤任能。在根据企业内部所确立的职务岗位安排相应人员时，应坚持选贤任能，任人唯贤的原则。特别是担负管理职能的各级管理人员的选拔，应当务求唯贤不唯亲，用客观的、科学的标准和方法准确地考察与选择。

(2) 适才适能。一方面要根据企业组织各个职务岗位的性质配备有关人员，即人员的数量和结构要与职位的多寡和类型相适应，人员的素质和能力要与其所担负职责的需要吻合；另一方面，要按照人员的能力水平及特长分配适当的工作，使每个人既能胜任现有的职务，又能充分发挥内在的潜力。

(3) 扬长避短。着眼于人的长处，用其所长。企业领导者必须全面了解每个员工的能力构成，善于识别人的长处，不以人之所短否定其所长；同时要大胆启用有缺点，但具备某方面突出才能的人，不拘一格，放手使用，为最大限度地发挥他们的能力优势创造条件。

(4) 群体相容。在人员配置中不仅强调人员与工作的相互匹配，而且要注重群体成员之间的结构合理和心理相容。群体的相容度对群体的士气、人际关系、群体行为的一致性和工作效率都有直接影响。彼此间高度相容，有助于充分发挥全体成员的积极性，收到群体绩效大于个体绩效之和的效果。

3. 经营方法科学化

(1) 建立计算机管理信息系统，全面搜集企业进行生产经营决策及实施决策所必须的资料数据。搜集信息的标准是及时、正确、来源可信。要建立起不同水平的计算机管理信息系统，静态的信息靠日常的搜集整理，动态的信息靠及时的搜集处理。

(2) 及时掌握信息、把握机遇。即及时发现工程发包的信息来源，及时报名参加投标活动，及时利用一切条件宣传自己企业的实力形象，及时总结自己的以及别人的中标和参与开标活动的资料，从中找出可以借鉴的东西。不能放过一切可以利用的机遇。

(3) 学会利用计算机应用技术。随着计算机技术的发展和普及，企业内部的管理手段和设施也就不可避免地和计算机网络联系到一起。管理者要掌握数据库的一般知识、预测分析的一般方法、电子信息搜集传输打印的应用技巧和网络技术运用，才能提高管理水平和管理效率。

(4) 懂得经营决策方法。经营决策对企业的生存发展起着至关重要的作用，正确的经营决策是企业成长与发展的保证。在实际经营活动中，最重要的是要学习和掌握一般经营预测、决策、控制的方法。这些方法在工程投标过程中是经常运用的。

4. 经营目标的可持续化

可持续发展就是既考虑当前发展的需要，又要考虑未来发展的需要，不以牺牲后代人的利益为代价来满足当代人的利益。其具体内容，涉及作为基础的经济的持续发展，作为条件的生态的持续发展和作为目的的人和社会的持续发展以及这三个方面的协调统一，它要求人类在发展中讲究效率，关注生态和谐，追求社会公平，最终达到人类自身的全面协调发展。它要求企业实现两个根本性转变：一是由数量增长向提高质量转变，在经济增长方式上体现为由粗放型向集约型转换。二是由满足当前发展成果的积累向注重持续发展，关注未来发展的可能、能力和发展机会的转变。

3.3 企业管理者的素质与技能

3.3.1 管理者的分类

管理是管理者所从事的活动,为了更深刻地理解管理的含义,就要了解管理者以及管理者所从事的工作。在任何组织中,所有的工作都可以分成两类:

一类是完成具体任务的工作,例如,工人制造产品,教师讲授课程,医生治疗疾病,秘书处理信件,会计核算成本等等。这类工作是具体的业务或操作,是非管理性的工作。

另一类工作则以指挥他人完成具体任务为特征,如工厂中厂长、车间主任的工作,学校中校长、系主任的工作,机关里局长、处长、科长的工作,医院里院长、主任医生的工作。他们虽然有时也完成某些具体工作,但更多的时间则是在制定工作计划,设计组织结构,安排人力、物力、财力,指导和协调并检查他人去完成各项具体工作。这些工作叫做管理性工作。从事管理性工作的人就是管理者。管理者是组织和利用各种资源去实现组织目标的指挥者、组织者。

一个组织内有各种各样的管理者,由于他们的责任和权限不同,因此他们所处的层次,所起的作用也不同。

1. 按管理者在组织中所处的层次分类

(1) 基层管理者。主要是指企业里的班组长,学校里的教研室主任,机关里的科、股长,医院里的室主任等。他们领导下属或者进行生产,或者完成教学,或者开展业务工作。虽然基层管理者要接受上级的领导并完成上级下达的任务,但是他们的工作内容却是丰富多彩的。他们几乎每天都要与下级打交道,组织下属开展工作,协调他们的行动,解决他们的困难,反映他们的要求。

(2) 中层管理者。指企业里的部门经理,学校里的系主任,机关里的处长等。中层管理者要管理几十个人,乃至上百人。他们的主要管理对象是基层管理者。他们通常是根据上级的计划,把具体任务分配给各个基层单位,了解基层管理者的要求,解决他们的困难,协调他们的行动,检查他们的工作,并通过他们的努力带动第一线的人员去完成各项任务。

(3) 高层管理者。如公司的经理,学校的校长,医院的院长,机关的局长,研究所的所长等。他们对整个组织的成功负主要责任,他们在对外的交往中,往往以组织的身份出面。同时,他们对组织的发展战略、组织的总体行动计划、各种资源的统筹安排等拥有充分的权力。

管理者在管理工作中能否取得成功,与他所掌握和成功地运用管理技巧有关。所谓管理技巧,国外有人将其分成三个方面的内容,即工艺技巧、处世技巧和理性技巧。工艺技巧是指企业在进行生产中与工艺和流程有关的专门性知识。例如化学反应、机械加工、计算机操作和会计等方面的技巧。工艺技巧是与有形的东西紧密相联的。处世技巧是指与所领导的下属建立合作关系,包括态度、交流、个人与集体等,简言之,就是与人相处。理性技巧是指以整体来看待组织的能力。具有理性的管理者能够理解组织的各种功能是如何互补的,组织是如何与其所处环境相联系的,以及组织中某部分的变化对其他部分产生的影响。

一般说来，当管理从低级转向高级时，理性技巧将变得越来越重要，而工艺技巧则相反，如图 3-2 所示。

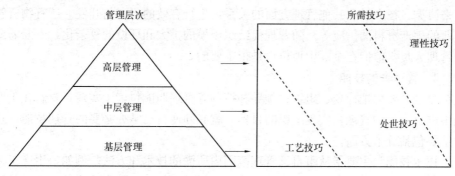

图 3-2　管理层次与所需技巧关系图

2. 按管理者在组织中所做的工作分类

一个组织要正常运行，需要从事各方面工作的管理者。这里以建筑企业组织为例，大体需要以下几类管理者。

（1）市场管理者。他们主要从事市场信息的收集，提出符合市场需要的投标计划，开展行之有效的宣传和广告，分析市场需求的变化趋势，以及组织投标、承揽工程任务。市场对企业的重要性，决定了市场管理者在组织中地位的重要性。尤其是市场竞争激烈的企业，他们的地位更为突出。据对美国最大的董事长联合会的调查，该会成员中有 13.1% 的董事长以前都曾做过市场管理者。这就清楚地说明，从事市场管理是通向高级管理层的有效途径。

（2）生产业务管理者。这方面人员的基本工作是建立能为组织施工和提供服务的系统，负责计划和控制组织内的日常生产活动。他们的主要工作包括：生产规划、质量控制、安全控制、资源调度以及现场的平面布置等。受技术进步和资源短缺的影响，生产业务经理在企业中的作用不可低估，在美国董事长联合会中有 10.7% 的董事长有过业务经理的经历。

（3）财务管理者。企业运行的基础是资金的有效运作。作为企业的整体活动来说，不能缺少对资金运作的管理。在企业中，财务管理者主要从事资金的筹集、预算、核算和投资等各项管理及与之有关的其他活动。在西方，财务管理人员历来是很重要的。在美国董事长联合会中，有 20% 的董事长原来都从事过财务管理工作。可见，财务管理也是培养企业高级管理人员的很好途径。

（4）人事管理者。他们主要从事组织内的人力资源管理，如人力资源的计划、招聘和选择组织所需要的合格人才，并对各类人员进行经常的和有效的培训及合理使用，建立合理而有效的业绩评估、晋升、奖励和惩罚等。随着市场竞争的日益激烈，企业开始重视人力资源的开发，人事部门的作用显得越来越重要。

（5）行政管理者。行政管理人员或一般管理人员似乎与特别的专门化的管理没有多大关系。但是，任何组织都少不了行政管理人员，没有他们，其他专业管理人员就不能专心致志地工作。比起某些专业管理人员来说，行政管理者从事的工作更具综合性，他们管理所涉及的面更广，更需要管理实践经验的积累。

(6) 其他管理者。随着企业组织结构的变革与发展，国内外不少企业现在都设立了专职的公共关系管理人员，来处理公共关系方面的事务。有的企业还有研究与开发方面的管理员，来协调科技人员和其他管理方面的关系，进行有效的研究与开发。还有物资管理员负责企业的生产资料的供应等。随着现代组织规模的扩大和环境的复杂化，不断需要各种专门的管理人员，他们在企业中地位也是很重要的。

3.3.2 管理者的技能

一个管理者要想把计划、组织、领导和控制等管理职能付诸于实践，要想在千变万化的环境中进行有效的管理，实现组织的目标，就必须使自己掌握必要的管理技能，这些管理技能主要包括五个方面。

(1) 技术技能。主要指从事自己管理范围内所需的技术和方法。例如，生产工艺流程和操作技术。相对来说，管理层次越低的管理者，越需要具有技术技能，特别是基层管理者，技术技能尤为重要。因为他们大部分时间都是训练下属或回答下属工作中的问题。因此，他们必须知道如何去做，才能成为下属所尊重的上司。

(2) 人际关系技能。一个管理者的大部分时间和活动都是与人打交道。他们对外要与各种有关的组织进行联系、接触，对内要了解下属，协调下属的行为，还要善于诱导下属的积极性。管理的实践证明，人际关系技能是管理者必须具有的技能中最重要的一种技能。这种技能对各层次的管理者都具有同等重要的意义。在一般的情况下，一个具有良好人际关系技能的管理者肯定要比其他同事更能取得管理工作的成功。

(3) 概念形成技能。这是指一个管理者进行抽象思考，形成概念的能力。现代组织的高节奏使得管理者需要快速敏捷地从复杂多变的环境中分清各种因素的相互联系，能抓住问题的实质，并根据形势和问题果断地做出正确的决策。这种技能对于高层管理者的重要性比基层和中层管理者更突出。

(4) 诊断技能。成功的管理者必须具有诊断的技能。一位医生根据病人的一系列病情进行诊断。一个管理者也应根据组织内部各种现象来分析和研究问题的本质，并提出解决问题的方案。有诊断能力的管理者，不仅可以使企业在顺利发展时看到隐患，及时处理，还可使企业在遇到挫折时，能及时发现，及时纠正，挽回损失。

(5) 分析技能。指管理者在某一形势下鉴别各种问题的能力。分析技能为正确运用相关技能提供条件和保证。管理者具有分析技能，在分析问题时，就能从问题的表象出发，由表及里，去粗取精，去伪存真，从而抓住问题的本质。

总之，一个成功的管理者必须具备上述五个方面的管理技能。但是，不同层次的管理者在这些方面的要求有所不同。例如，高层管理者的技术技能要求就要比基层管理者低一些；而概念形成技能、诊断和分析的技能，对高层管理者来说，要求就要高得多。这一点也可从图 3-2 上看出。

3.3.3 项目经理的业务素质

建筑企业项目经理是指受企业法定代表人委托，对工程项目施工过程全面负责的项目管理者，是建筑施工企业法定代表人在工程项目上的全权负责人。建筑企业管理的好坏，管理的目标是否能够实现主要取决于各个项目经理的业务素质。

项目经理的业务素质，是各种能力的综合。这些能力包括核心能力、必要能力和增效能力 3 个层次。其中，核心能力是创新能力；必要能力是决策能力、组织能力和指挥能力；增效能力是控制能力和协调能力。这些能力是项目经理有效地行使职责，充分发挥领导作用所应具备的主观条件。

1. 创新能力

创新能力是项目经理在项目管理活动中，善于敏锐地察觉旧事物的缺陷，准确地发现新事物的萌芽，提出大胆而新颖的推测和设想，继而进行科学周密的论证，拿出可行的解决方案的能力。

由于科学技术的迅速发展，新工艺、新材料等不断涌现，建筑产品的用户不断提出新的要求，同时，建筑市场改革的深入发展，大量新的问题需要探讨和解决。这就要求项目经理只有解放思想，以创新的精神、创新的思维方法和工作方法来开展工作，才能实现施工项目的总目标。因此，创新能力是项目经理业务能力的核心，关系到承包经营的成败和项目投资效益的好坏。

2. 决策能力

决策能力，是指项目经理根据外部经营条件和内部经营实力，从多种方案中确定工程项目建设的方向、目标和战略的能力。

项目经理是项目管理组织的当家人，统一指挥、全权负责项目的管理工作，所以，要求他必须具备较强的决策能力。同时，项目经理的决策能力是保证其所在单位生命机制旺盛的重要因素，也是检验其领导水平的一个重要标志。因此，决策能力是项目经理必要能力的关键。

3. 组织能力

项目经理的组织能力关系到项目管理工作的效率，因此，有人把项目经理的组织能力比喻为效率的设计师。

组织能力，是指项目经理为了有效地实现项目目标，运用组织理论，把项目建设活动的各个要素、各个环节，从纵横交错的相互关系上，从时间和空间的相互关系上，有效地、合理地组织起来的能力。如果项目经理具有高度的组织能力，并能充分发挥，就能使整个项目的建设活动形成一个有机的整体，保证其高效率地运转。

组织能力主要包括组织分析能力、组织设计能力和组织变革能力。

组织分析能力，是指项目经理依据组织理论和原则，对项目建设的现有组织进行系统分析的能力。主要是分析现有组织的效能，对其利弊进行正确评价，并找出存在的主要问题。

组织设计能力，是指项目经理从项目管理的实际出发，以提高组织管理效能为目标，对项目建设的组织机构进行基本框架的设计，提出建立哪些系统，分哪几个层次，明确各主要部门的上下左右关系等。

组织变革能力，是指项目经理执行组织变革方案的能力和评价组织变革方案实施成效的能力。执行组织变革方案的能力，就是在贯彻组织变革设计方案时，引导有关人员自觉行动的能力；评价组织变革方案实施成效的能力，是指项目经理对组织变革方案实施后的利弊，具有作出正确评价的能力，以利于组织日趋完善，使组织的效能不断增强。

4. 指挥能力

项目经理是工程项目建设活动的最高指挥者，担负着有效地指挥项目建设经营活动的职责。因此，项目经理必须具有高度的指挥能力。

项目经理的指挥能力，表现在正确下达命令的能力和正确指导下级的能力两个方面。项目经理正确下达命令的能力，是强调其指挥能力中的单一性作用；而正确指导下级的能力，则是强调其指挥能力中的多样性作用。因为项目经理面对的是不同类型的下级，他们年龄不同、学历不同，修养不同、性格、习惯也不同，有各自的特点，所以，必须采取因人而异的方式和方法，从而使每一个下级对同一命令有统一的认识和行动。

可以说，坚持命令的单一性和指导的多样性的统一，是项目经理的指挥能力的基本内容。而要使项目经理的指挥能力有效地发挥，还必须制定一系列有关的规章制度，做到赏罚分明，令行禁止。

5. 控制能力

控制能力，是指项目经理运用各种手段（包括经济的、行政的、法律的、教育的等等），保证工程项目的正常实施，保证项目总目标如期实现的能力。

一个工程项目的建设，如果缺乏有效的控制，其管理效果一定不佳。而对工程项目的建设实行全面而有效的控制，则取决于项目经理的控制能力及其有效地发挥。

项目经理的控制能力，体现在自我控制能力、差异发现能力和目标设定能力等方面。自我控制能力，是指本人通过检查自己的工作，进行自我调整的能力；差异发现能力，是对执行结果与预期目标之间产生的差异能及时测定和评议的能力，如果没有这种能力，就无法控制局面。目标设定能力，是指项目经理应善于规定以数量表示出来的接近客观实际的明确的工作目标，这样才便于与实际结果进行比较，找出差异，以利于采取措施进行控制。

6. 协调能力

协调能力，是指项目经理解决各方面的矛盾，使各单位、各部门乃至全体职工，为实现项目目标密切配合、统一行动的能力。

项目经理对协调能力掌握和运用得当，就可以充分调动职工的积极性、主动性和创造性，收到良好的工作效果，以至超过设定的工作目标。

现代大型工程项目，牵涉到很多单位、部门和众多的劳动者。要使各单位、各部门、各环节、各类人员的活动，能在时间上、数量上、质量上达到和谐统一，除了依靠科学的管理方法、严密的管理制度之外，很大程度上要靠项目经理的协调能力。协调主要是协调人与人之间的关系，协调能力具体表现在以下几个方面。

（1）善于解决矛盾的能力。由于人与人之间在职责分工上、工作衔接上、收益分配上的差异和认识水平上的不同，不可避免地会出现各种矛盾；如果处理不当，还会激化。项目经理应善于分析产生矛盾的根源，掌握矛盾的主要方面，提出解决矛盾的良方。

（2）善于沟通情况的能力。在项目管理中出现不协调的现象，往往是由于信息闭塞，情况没有沟通。为此，项目经理应具有及时沟通情况、善于交流思想的能力。

（3）善于鼓动和说服的能力。项目经理应有谈话技巧，既要在理论上和实践上讲清道理，又要以真挚的激情打动别人的心，给人以激励和鼓舞，催人向上。

当然，项目经理业务能力的高低，在很大程度上取决于其知识水平的高低。因此，他应具有广博的知识。这些知识包括社会科学、自然科学和哲学方面的知识（如价值规律、按劳分配规律、心理学、人才学等）和业务知识（包括项目管理学、企业管理学、领导科学及电子计算机及其应用等）。除了要具备上述理论知识外，还必须具有相应的实践知识。

3.3.4 未来管理者应具备的能力

未来管理者不仅需要具备一些基本能力，而且还要提高某些特殊能力，其中最重要的是：机敏应变的能力，激励后进职工的能力，处理和综合信息的能力，承诺终生学习的意愿和能力等。

1. 机敏应变的能力

在将来的经济、政治、社会和技术领域中，变化会时常发生，而这种变化往往是根本性的。作为未来的高级管理人员，必须善于观察出那些对他的公司有显著影响的变化，并针对新的情况调整公司的战略。对付变化和两可性的能力意味着管理者应具有灵活性和开放的新观念，唯一地依赖于任何一种管理战略或领导风格的做法将是不适当的。

2. 激励后进职工的能力

随着生活节奏的加快，许多职工对工作产生了厌倦感。尤其在服务领域工作的经理，将不得不想出更多的措施去激发对工作有厌烦情绪的职工。当然并不是所有的职工都有这种情绪，有些人会继续为公司的目标竭尽全力，有些人还会感到他们从事的工作满足了他们个人的需要。然而，具有这种思想的人似乎正在减少，今后的经理们将不得不采取有效措施去鼓励一大批对公司漠不关心或具有矛盾心理的职工。

3. 处理和综合信息的能力

今后的管理人员在处理信息方面应有非凡的能力，他们处理信息数量之多，速度之快，是我们现在所想象不到的。他们将根据自己的经验和大量信息在极短的时间内作出决策。人们预计，从本世纪开始，管理方法和管理系统将发生根本性的变化，电子革命将是推动这种变化的动力。

未来的管理者将是信息的综合者，他们必须能吸收从环境中接收到的大量信息，以及关于组织内部运行的大量信息，并将有关信息和关系不大的信息区分开来。这将对有关信息系统的知识提出一定要求，以及如何在组织中最好地组成和使用这个系统知识。

4. 承诺终生学习的意愿和能力

未来的管理人员在毕生工作中不可能只从事一种工作或研究一种学科。一名工程师可能要当人事管理人员，一名受过财务训练的人，也可能要用一部分时间从事销售工作。总之，管理人员将来必须学会更有效地利用自己的技能，成为工作中的多面手。

为了成为有效率的信息综合者，同时适应不断变化的环境，管理者需要承诺进行终生的学习。管理学以及相关领域的知识爆炸，要求管理者能跟得上最新的理论、研究和实践。这种对终生学习的承诺，能通过参加专业协会、行业会议，遵循一种有结构的阅读计划，以及参加由咨询组织和大学发起的管理人员发展计划等来实现。也可通过形式多样的正式教育，如被允许在职攻读学位，或者参加一段时间脱产的管理人员培训班等来达到。

总之，随着管理环境的变化，管理人员将从过去的技术型向开拓型转变。企业要生存发展下去，必须有这种新的意义的企业家精神和具有开拓型的企业家。

本 章 小 结

本章介绍了企业管理的概念与任务；企业管理发展趋势；企业管理者的素质与技能等内容。

所谓企业管理，就是由企业管理人员（或机构）对企业的生产经营活动进行计划、组织、指挥、协调、控制,以提高经济效益,实现企业目标的活动总称。企业管理的任务:一是合理组织生产力;二是维护并不断改善生产关系。

企业管理发展趋势:一是管理重心的转移,即由物到人;二是管理组织的变化,即由金字塔型朝着大森林型方向发展;三是企业管理发展中的其他变化。

正是由于企业管理发展中的一些新的趋势和变化,对企业管理者的素质与技能提出了新的要求。了解这些素质和技能,对于培养管理者的综合能力大有好处。

复 习 思 考 题

1. 何谓企业管理?
2. 企业管理的主要任务是什么?
3. 建筑企业管理的主要任务是什么?
4. 建筑企业管理有哪些新的发展趋势?
5. 何谓管理者?管理者必须具备哪些技能?
6. 项目经理需要哪些业务素质?
7. 未来管理者应具备哪些条件?
8. 如何锻炼和提高自己作为管理者的综合素质?

4 建筑企业组织结构

企业组织结构是表明企业内各部分（组织角色）的排列顺序、空间位置、聚散状态、联系方式以及各部分相互关系的一种模式或体系。它是企业的框架，在很大程度上决定了企业目标能否顺利实现。企业从管理的各要素来看，经营目标和生产计划是企业的灵魂，而组织结构是企业的身躯，它是经营管理活动实现的组织保证，是领导和指挥得以贯彻，沟通、协调、控制得以实施的载体和渠道。

企业组织结构设计体现了管理者的管理理念，决定了企业的运行方式和管理方法。因此，它在企业管理活动中起着统帅作用。研究企业组织结构的目的是为了追求企业内部整体大于部分之和的系统效应，降低组织内耗，提高工作效率。另外，企业组织作为外部环境的一个子系统，必须及时调整和改革组织结构，以适应不断变化的形势。

4.1 企业组织的概述

4.1.1 组织的含义

一般说来，关于组织通常有静态和动态两个方面的含义。(1) 组织是按照管理目标和任务的要求，对管理要素和管理环节进行配置和协调的有机整体。也就是说组织是一个由两个或更多的人在相互影响和作用的情况下，为达成共同目标而组合起来的人群结合体。这是从静态意义上来理解组织，组织就是一个单位。如企业、学校、医院等。(2) 组织是按照管理目标和任务的要求，对管理要素和管理环节进行配置和协调的活动。也就是说组织是按共同目标的要求，建立组织机构，确定职位，明确职责，交流信息，协调关系，在实现既定目标中获得最大效率的组合工作。这是从动态意义上来理解的组织，即组织是一种工作。

4.1.2 组织论和组织的内容

组织论是一门学科，它主要研究系统的组织结构模式、组织分工和工作流程组织（图 4-1），它是与项目管理学相关的一门非常重要的基础理论学科。

组织结构模式反映了一个组织系统中各子系统之间或各元素（各工作部门或各管理人员）之间的指令关系。

指令关系指的是哪一个工作部门或哪一位管理人员可以对哪一个工作部门或哪一位管理人员下达工作指令。

组织分工反映了一个组织系统中

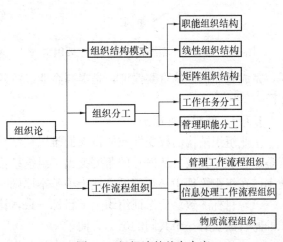

图 4-1 组织论的基本内容

各子系统或各元素的工作任务分工和管理职能分工。

组织结构模式和组织分工都是一种相对静态的组织关系。

工作流程组织则可反映一个组织系统中各项工作之间的逻辑关系,是一种动态关系。图 4-1 中的物质流程组织对于建设工程项目而言,指的是项目实施任务的工作流程组织,如:设计的工作流程组织可以是方案设计、初步设计、技术设计、施工图设计,也可以是方案设计、初步设计(扩大初步设计)、施工图设计;施工作业也有多个可能的工作流程。

组织的具体内容是通过合理设计和职权关系结构来使各方面的工作协同一致,组织内容包括五个方面:

组织设计。包括选定一个合理的组织系统,划分各部门的权限和职责,确立各种基本的规章制度。包括生产指挥系统组织设计、职能部门组织设计等等。

组织联系。就是规定组织机构中各部门的相互关系,明确信息流通和信息反馈的渠道,以及它们之间的协调原则和方法。

组织运行。就是按分担的责任完成各自的工作,规定各组织体的工作顺序和业务管理活动的运行过程。组织运行要抓好三个关键性问题:一是人员配置,二是工作接口关系,三是信息反馈。

组织行为。就是指应用行为科学、社会学及社会心理学原理来研究、理解和影响组织中人们的行为、言语、组织过程、管理风格以及组织变更等。

组织调整。组织调整是指根据工作的需要,环境的变化,分析原有的组织系统的缺陷、适应性和效率性,对原组织系统进行调整和重新组合,包括组织形式的变化、人员的变动、规章制度的修订或废止、责任系统的调整以及信息流通系统的调整等。

4.1.3 组织与目标的关系

企业的目标决定了企业的组织,而组织是目标能否实现的决定性因素,这是组织论的一个重要结论。在现代企业中,由于生产经营活动的规模庞大,与环境的关系日益复杂,获取经营成果需要更复杂的协同工作和劳动,因此,组织的作用是巨大的和不可替代的。现代企业管理组织是合理组织生产力,顺利进行生产经营活动的必要手段,是维护和发展生产关系的必要工具,是实现企业使命和目标,完成企业任务的重要保证,是提高企业经济效益的有力手段。组织与企业目标的关系如图 4-2 所示。

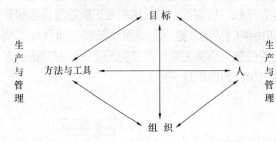

图 4-2 影响一个系统目标实现的主要因素

4.1.4 组织设计原则

企业组织结构的权变性质使得人们难以从结构本身评价多个组织结构之间的优劣性。于是,管理研究人员从另外的角度突出了组织结构的评价标准。一般认为,为了提高组织效率,在组织管理中必须遵循下述十项基本原则。

(1) 目标一致。要保证组织上下目标一致,让组织目标为每个成员所了解,从而使组织的所有成员有一个共同的努力方向。

(2) 集权与分权。重要的权力集中在最上层,一般的权力要适当下放,以便发挥各层人员的自主性、灵活性和积极性。

(3) 命令统一。命令要统一，不能令出多门，造成下层无所适从。

(4) 职权相称。有职无权，无从尽职；有权无职，滥用权力；职高于权，难以尽职，权高于职，干涉他人。权职相称，才能以权尽职。

(5) 绝对责任。委权使得下级负有对上级的责任，但任何时候上级都负有绝对的责任。

(6) 专业化。工作要精益求精，提高效率。所以，要提倡专业化与分工协作。

(7) 机构精简。减少层次和人员，保证信息沟通良好。

(8) 管理幅度合理。直接的下级不宜过多，以免降低指挥和协调的效率。

(9) 具有弹性。组织机构（管理系统）应具有弹性，以便适应环境的各种变化。

(10) 经济性。以一定的投入获得最大的产出，或保证一定的产出使投入最小。

4.2 企业组织结构的基本形式

组织结构（Organization structure）是描述组织的框架体系。就像人类由骨骼确定体形一样，自从有了企业就有企业的组织结构问题，企业的组织结构也经历了一个发展和不断演进的过程。到目前为止，企业尝试的组织结构主要形式有：直线制、职能制、直线参谋制、事业部制、模拟分权制、矩阵制和多维结构等。

4.2.1 直线制

直线制是一种最先出现也是最简单的组织形式。它的特点是企业各级行政单位从上到下实行垂直领导，下属部门只接受一个上级的指令，各级主管负责人对所属单位的一切问题负责。厂部不另设职能机构（可设职能人员协助主管人工作），一切管理职能基本上都由行政主管自己执行。其结构如图 4-3 所示。

直线制组织结构的优点是：结构比较简单，责任分明，命令统一。缺点是：它要求行政负责人通晓多种知识和技能，亲自处理各种业务。在业务比较复杂、企业规模比较大的情况下，把所有的管理职能都集中到最高主管一人身上，显然是难以胜任的。因此，直线制适用于那些没有必要按职能实行专业化管理的小型组织或者是现场的管理。

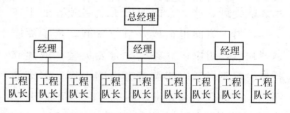

图 4-3　直线制组织结构简图

4.2.2 职能制

职能制组织结构，是各级行政单位除主管负责人外，还相应地设立一些职能机构。如在企业经理下面设职能机构和人员，协助企业经理从事职能管理工作，像设立计划科负责计划工作，设立财务科负责财务工作等。这种机构要求行政主管把相应的管理职责和权力交给相关的职能机构，各职能机构就有权在自己业务范围内向下级行政单位发号施令。因此，下级行政负责人除接受上级行政主管人指挥外，还必须接受上级各职能机构的领导。其结构形式如图 4-4 所示。

职能制的优点是能够适应组织技术比较复杂和管理分工较细的情况，能够发挥职能机

4 建筑企业组织结构

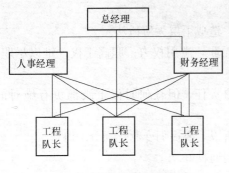

图 4-4 职能制组织结构

构专业管理作用，减轻直线领导人员的工作负担。但缺点也很明显：它妨碍了必要的集中领导和统一指挥，形成了多头领导，不利于建立和健全各级行政负责人和职能科室的责任制，在中间管理层往往会出现有功大家抢，有过大家推的现象。另外，在上级行政领导和职能机构的指导和命令发生矛盾时，下级就无所适从，影响工作的正常进行，容易造成纪律松弛，生产管理秩序混乱。由于这种组织结构形式的明显缺陷，现代建筑企业一般都不采用职能制。

4.2.3 直线参谋制

直线参谋制是在直线制和职能制的基础上，取长补短而建立起来的。目前，很多生产企业都采用这种组织结构形式。这种组织结构形式是把企业管理机构和人员分为两大类，一类是直线领导机构和人员，按命令统一原则对组织各级行使指挥权；另一类是职能机构和人员，按专业化原则，从事组织的各项职能管理工作。直线领导机构和人员在自己的职责范围内有一定的决定权和对所属下级的指挥权，并对自己部门的工作负全部责任。而职能机构和人员，则是直线指挥人员的参谋，不能直接对部门发号施令，只能进行业务指导。直线参谋制组织结构如图 4-5 所示。

直线参谋制的优点是：既保证了企业管理体系的集中统一，又可以在各级行政负责人的领导下，充分发挥各专业管理机构的作用。其缺点是：职能部门之间的协作和配合性较差，职能部门的许多工作要直接向上层领导报告请示才能处理，这一方面加重了上层领导的工作负担，另一方面也造成办事效率低。为了克服这些缺点，可以设立各种综合委员会，或建立各种会议制度，以协调各方面的工作，起沟通

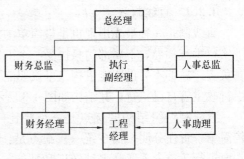

图 4-5 直线参谋制组织结构

作用，帮助高层领导出谋划策。也有企业根据自身的实际情况，授予职能科室在自己业务范围内部分的向下级行政单位的指挥权力，此种组织形式被称为"直线职能参谋制"。

4.2.4 事业部制

事业部制最早是由美国通用汽车公司总裁 Alfred P. Jr. Sloan 于 1924 年提出的。它是一种高度（层）集权下的分权管理体制。它适用于规模庞大、品种繁多、技术复杂的大型企业，是国外较大的联合公司所采用的一种组织形式。近几年我国一些大型企业集团或公司也引进了这种组织结构形式。

事业部制是分级管理、分级核算、自负盈亏的一种形式，即一个公司按地区或按产品类别分成若干个事业部，从产品的设计、原材料采购、成本核算、产品制造，一直到产品销售，均由事业部及所属工厂负责，实行单独核算，独立经营，公司总部只保留人事决策、预算控制和监督大权，并通过利润等指标对事业部进行控制，也有的事业部只负责指挥和组织生产，不负责采购和销售，实行生产和供销分立，但这种事业部正被产品事业部

所取代。还有的事业部则按区域来划分。一个典型的事业部制组织可分为三个层次，即企业管理层次（指总经理和各职能部门）、事业部及生产单位。事业部制组织结构的例子见图 4-6。

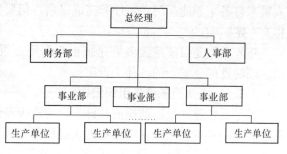

图 4-6 事业部制组织结构

事业部制的优点是：总公司领导可以摆脱日常事务，集中精力考虑全局问题；事业部实行独立核算，更能发挥经营管理的积极性，更便于组织专业化生产和实现企业的内部协作；各事业部之间有比较，有竞争，这种比较和竞争有利于企业的发展；事业部内部的供、产、销之间容易协调，不像在直线职能制下需要高层管理部门过问；事业部经理要从事业部整体来考虑问题，这有利于培养和训练管理人才。

事业部制的缺点是：公司与事业部的职能机构重叠，构成管理人员浪费；事业部实行独立核算，各事业部只考虑自身的利益，影响事业部之间的协作，一些业务联系与沟通往往也被经济关系所替代，甚至连总部的职能机构为事业部提供决策咨询服务时，也要事业部支付咨询服务费。

4.2.5 矩阵制

在组织结构上，把既有按职能划分的垂直领导系统，又有按项目划分的横向领导关系的结构，称为矩阵制组织结构，如图 4-7 所示。

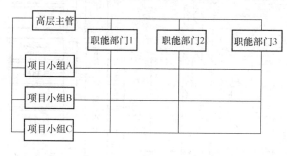

图 4-7 矩阵制组织结构

矩阵制组织是为了改进直线职能制横向联系差，缺乏弹性的缺点而形成的一种组织形式。它的特点表现在围绕某项专门任务成立跨职能部门的专门机构上，例如组成一个专门的项目部去从事某一重点工程项目的施工，由有关部门派人参加，力图做到条块结合，以协调各有关部门的活动，保证任务的完成。这种组织结构形式是固定的，人员却是变动的，需要谁，谁就来，任务完成后就可以离开。项目部和项目经理也是临时组织和委任的，任务完成后就解散，有关人员回原单位工作。因此，这种组织结构非常适用于横向协作和攻关项目。

矩阵结构的优点是：机动、灵活，可随项目的开发与结束进行组织或解散。由于这种结构是根据项目进行组织的，任务清楚，目的明确，各方面有专长的人都是有备而来的，因而更适合以项目管理为主体的企业单位。由于从各方面抽调来的人员有信任感、荣誉感，使他们增加了责任感，激发了工作热情，促进了项目的实现。它还加强了不同部门之间的配合和信息交流，克服了直线参谋组织结构中各部门互相脱节的现象。

矩阵结构的缺点是：项目经理的责任大于权力，因为参加项目的成员都来自不同部门，隶属关系仍在原部门，只是为"会战"而来，所以项目负责人对他们管理困难，没有足够的激励手段与惩治手段，这种人员上的双重管理是矩阵制的先天缺陷；由于项目组成人员来自各个职能部门，当任务完成以后，仍要回原单位，因而容易产生临时观念，对工作有一定影响。

矩阵结构是目前绝大多数建筑企业采用的组织机构，建筑企业可用来完成涉及面广的、临时性的、复杂的各种工程项目。

4.2.6 立体的多维式组织结构

这是在矩阵式组织结构的基础上，为适应新形势的发展需要而产生的一种新的组织结构形式。企业组织采用这种结构形式时往往划为三维（图4-8）：

1. 按产品划分的事业部，是产品利润中心；
2. 按职能划分的参谋职能部门，是专业成本中心；
3. 按地区划分的管理部门，是地区利润中心。而对各类产品的产销进行领导的是由上述三方面人员共同组成的产品事业委员会。

大成建设是日本大型的建设公司，其集团的规模在建筑界属顶尖地位，从1959年开始，公司在海外扩展分支机构，目前在亚洲、欧洲、北美的30多个国家共有35个分支机构。公司业务与产品包括：土建、房地产开发、水电设施、石化项目和核工程。它为了适应庞大的业务，以及在全球范围的拓展，目前实行的就是立体多维的组织结构，其组织机构如图4-9所示。

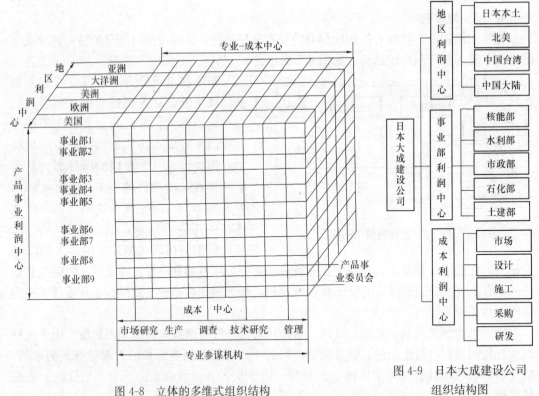

图4-8 立体的多维式组织结构　　图4-9 日本大成建设公司组织结构图

除了上述基本的组织结构形式外，管理者还在进行一些新组织形式的探索。如以团队为基础的组织结构（team-based structure）、网络结构（network structure）、无边界组织（boundaryless organization）、学习型组织（learning organization）等。由于这些组织结构构造的思考维度与传统的组织结构形式不同，而且尚未得到普遍认可，所以不加以详细介绍。

4.3 企业组织结构设计中的基本问题

对企业组织结构有了初步了解之后，可以进一步分析在建筑企业组织设计中总会碰到的基本问题，主要包括三个方面：1. 怎么设置部门，依据什么标准设置部门？2. 组织管理幅度为多少比较合适？3. 职权在组织中如何进行分配比较好？

4.3.1 部门设置

经济学的常识告诉我们，分工提高效率，企业组织内也一定要进行分工的。劳动分工形成了专家，专家队伍的形成对协调提出了要求，而将专家们归并到一个部门中，在一个管理者指导下工作，可以促进这种协调。上述的工作就是部门化工作。准确地说，所谓部门化，就是将组织中的工作和人员组编成可管理的单位，部门化是建立组织结构的首要环节和基本途径，其根本目的在于有效地分工。

企业部门划分方法有多种，企业可以根据组织目标和单位目标选择有利的部门化方法。一般来讲，组织部门化依据的基础有下述几个方面。

1. 人数

由于组织中的人数较多，为便于管理，将人员划分成几个部分，其标志为人数，工作内容几乎完全相同。

2. 职能

职能是分工的基础，因此也是部门化依据的重要基础。每个职能部门完成某项特定的工作，各个部门都负有不同的义务和责任。以职能为基础进行部门化的优点在于：提高了各职能部门的专业化程度，有利于节约人力和提高工作效率，减少培训工作，可以说是简单易行效果好。

3. 产品

按照产品和产品系列组织业务活动，在经营多品种产品的大型建筑企业中早已显得日益重要。产品部门化主要是以企业所生产的产品为基础，例如市政、房建、水利、公路和桥梁等，将生产某一产品的有关活动，完全置于同一产品部门内，再在产品部门内细分职能部门，进行生产该产品的工作。产品部门化的特点是：（1）有利于采用专业化设备，并能使个人的技术和专业知识得到最大限度的发挥；（2）每一个产品都是一个利润中心，部门经理承担利润责任，这有利于评价各部门的政绩；（3）在同一产品部门内有关的职能活动协调比较容易；（4）容易适应企业扩展与业务多元化要求。

4. 地区

对于地理上分散的企业来说，按地区划分部门是一种比较普遍的方法。其原则是把某个地区或区域内的业务工作集中起来，委派一位经理来主管其事。随着建筑企业市场范围拓展和兼并重组的资本运作开展，不少企业实施跨地区经营，某一区域往往组建一个分公司来具体负责。按地区划分部门，特别适用于规模大的公司，尤其是跨国公司。这种组织结构形态，在设计上往往设有中央服务部门，如采购、人事、财务、广告等，向各区域提供专业性的服务。区域部门化的特点是：（1）责任到区域，每个区域都是一个利润中心，每个区域部门的主管都要负责该地区的业务盈亏；（2）放权到区域，每个区域都有其特殊的市场需求和问题，总部放手让区域人员处理，会比较妥善、实际；（3）由于总部与各区域天各一方，难以维持集中的经济服务工作。

5. 过程

这是按产品的形成过程各阶段进行部门化。这样做，有利于各过程的专业化，从而提高工作效率。如建筑企业按基础工程、机构工程、装饰工程、设备安装工程等设立专业性过程部门等。

4.3.2 管理幅度

当确定了部门化依据的基础之后，又会产生另一个问题：一个人究竟能领导多少个部门或直接的下级？这个问题被称为"管理幅度"。管理幅度的大小还直接影响到组织结构上的另一个问题——组织层次。管理幅度增大，组织层次减少；管理幅度减小，则组织层次增多。因此，确定适宜的管理幅度对组织结构有很大的影响，在很大程度上制约了组织层次的多少。

1. 管理幅度和组织层次的限制

从充分利用人力资源的角度来讲，管理幅度越大越好。但是，管理幅度的增大带来了另一个问题是人际关系复杂化，难以实行有效的管理。比如上级 A 只管辖一个下级 B，只存在一个关系 AB。如果上级 A 同时管辖两个下级 B 和 C，则构成了 6 种结构关系：AB 关系、AC 关系、BC 关系、A（C）B 关系、A（B）C 关系和 B（A）C 关系。法国管理咨询专家 V. A. Graicunas 在 1933 年的研究报告《Relationship in Organization》中推出了一个有趣的公式：

$$N = n(2^{n-1} + n - 1) \tag{4-1}$$

式 4-1 中 n 表示直接管辖的人数，N 为人员之间的结构关系数。于是可以推断有 3 个直接下级会产生 18 组关系，有 4 个直接下级会产生 44 组关系，等等。由此可见，由于管理幅度的增大，人际关系的复杂化必须引起足够的重视。

2. 影响管理幅度的因素

除了人际关系因素之外，管理幅度的大小还受到其他一些因素的影响。

（1）领导的能力

这是影响管理幅度的首要因素。如果一个领导具有较强的工作能力、组织能力、理解能力、表达能力，能与下级融洽相处，得到下级的信任、尊重和拥护，善断各类问题，则管理幅度可以大一些。

（2）员工的素质

如果员工个个训练有素，具有独立的工作能力和丰富的工作经验，则可大大减轻其领导的负担，管理幅度也可增大。

（3）授权的明确

管理人员的有些负担是由于组织结构设计不善和组织关系不明确造成的。其一是任务不明确，导致太多的请示；其二是权限不明确，导致事事需批示；其三是授权与下级的能力不符，使其无法胜任，迫使领导事必躬亲。这些问题导致管理幅度不断减小，否则管理人员将不堪负担。

（4）计划的周全

如果制定的计划方案考虑比较周全，执行就会很顺利，从而减少了协调和控制工作，可以适当地增大管理幅度。反之，事事需随机应变、临时对策，加重管理人员的负担，则管理幅度只能减小。

(5) 政策的稳定

政策的稳定能减少对工作的指导，可以适当增大管理幅度。反之，政策不稳定会使下级的工作经常需要指导，管理幅度只好相应减小。

(6) 信息的畅通

上下级之间的信息沟通是否灵敏和快捷，也是影响管理幅度的重要因素。信息畅通，管理幅度可以增大；反之，只能减小管理幅度。

(7) 复杂的程度

管理问题越是复杂，其管理幅度越小；反之，则可增大。比如，越是上层领导，面临的决策问题以及对下级的指导越复杂，其管理幅度也就越小。

(8) 组织的内聚力

组织的内聚力越强，相互配合就越默契，工作效率就越高，管理幅度就越大。反之，内聚越弱，协调越困难，管理幅度将不得不减小。

4.3.3 组织权力

由于组织结构中各岗位被授予的权力不同，从而构成了组织中各岗位之间的上下级组织关系。所谓权力，是指为了达到组织的目标而进行行动或指挥他人行动的权利。权力的运用只有与组织目标的实现相一致，并发挥出有助于组织目标实现的作用，才能实现有效的管理。

所谓分权，就是上级把其决策权分配给下级组织机构和部门的负责人，以便他们能行使这些权力，支配组织的某些资源，自主解决某些问题，完成其工作职责。与分权相对应的是集权。所谓集权，是指把决策权集中在组织领导层，下级部门和机构只能依据上级的决定、法令和指示办事，一切行动听上级指挥。

影响集权与分权的因素可能来自主观方面，也可能来自客观方面。从主观方面来讲，组织的最高领导的个人性格、爱好、能力、价值观等都会影响职权的分散程度。客观因素的作用往往比主观因素更大，主要表现在下述几个方面：

1. 组织的规模

对管理幅度的认识已使人们懂得，组织规模越大，分权越有必要，对组织效率的提高越为有利。对于一个庞大的组织来讲，其最高领导要从事多方面的工作，担负多方面的责任。他必须把职权适当地委任给他的下级，发挥下级的积极作用，才能提高组织管理工作的效率。

2. 决策的性质

事事由最高领导进行决策，将会严重影响组织的决策效率和效果。下放制定决策的权力应考虑两点：①风险程度。风险大，集权较好；风险小，可以下放职权。②缓急程度。政策性的、常规性的工作侧重集权；而某些需要迅速做出反应，有时还需要临场发挥的创造性工作，则侧重于放权，以便下级把握时机，充分发挥其才能。

3. 员工的素质

缺乏训练有素的下级也是集权化的一个重要因素，但其原因可能并不如此简单。其一可能是领导者自己夸大了个人在组织中的作用，没有注意培养下级，待不得不分权时却找不到合适的人选；其二是存在能人，但熟视无睹或装糊涂，使下级"英雄无用武之地"；其三是组织凝聚力较差，人才流失严重，人员素质每况愈下。

4. 服务的要求

服务的种类越多，则分权的必要性越大。因为，不同的服务内容可能对技术、资源、管理方式等的要求也不同，实行分权，可以使组织结构更有利于组织的管理。另外，服务对象的分布也会影响分权或集权的程度。分布得广阔，则分权有利于区域性管理和提高服务质量。

5. 管理的手段

随着管理手段的进步，加强了对分权后的职权能否正确运用的有效控制，推进了组织的职权分散。计算机、网络、信息技术及过程控制系统的应用都为组织的分权创造了条件。

一般讲，涉及组织的重大决策问题，如目标、战略、政策、综合计划、财政预算等，应倾向集权；而具体的执行工作应尽量将权力委任给下级。

4.4 企业组织结构的变革

对传统的科层组织的修正与补充是基于对经典的组织设计原则重新思考的结果。其目标模式是将传统机械式的科层组织（Mechanistic organization）修正补充为具有适应性的有机组织（Organic organization），换言之，这是企业组织结构变革的方向。与传统的机械式的科层组织的非人格化、高度复杂化、高度正规化和高度集权化、僵硬稳定形成鲜明的对照，有机组织是低复杂性、低正规化和分权化的，它是一种松散灵活的、具有高度适应性的组织形式，适用于不稳定的情况。在新的不稳定的经营环境中，新问题层出不穷，无法细分到等级制度内的专业职位。管理职能也无法肯定地、持久地加以划分，责任、职能权力和工作方法常常需要参加同一任务、解决同一问题的若干人来协商确定，上下级之间也是协商多于指挥。每个管理人员都需要了解整个组织的宗旨与目标，才能做好本职工作。任何人的工作都应该尽可能少地加以规定，以便适应于其特殊能力和主动性。机械式组织和有机组织的区别见表4-1。

机械式组织和有机组织的区别　　　　表 4-1

机械式组织	有机式组织	机械式组织	有机式组织
高专业化分工	跨职能团队	管理幅度小	管理幅度大
严格的部门化	跨层级团队	集权	分权
清晰的命令链	自由的信息流动	高正规化	低正规化

下面介绍三种促进组织有机化的常用做法：工作团队结构、委员会结构和虚拟企业。这三种方法是在总体上保持机械结构的情况下，在局部领域将有机结构单位附加在机械式组织之上，从而提高组织的灵活性。

1. 工作团队结构

传统的职务设计是围绕个人进行的。当职务是围绕小组来进行设计时，结果就形成了工作团队。工作团队大体上可分为两种类型：即综合型和自我管理型。在综合型工作团队（Integrated work team）中，一系列的任务被分派给一个小组，小组然后决定给每个成员具体分派任务，并在任务需要时负责在成员之间轮换工作。自我管理的工作团队（Self-managed work team）是综合型工作团队的进一步演化。与综合型工作团队相比，它拥有更大的自主权。给自我管理工作团队确定了要完成的目标以后，它就有权自主地决定工作分派、工作进度、时间安排等，这些团队甚至常常可以挑选自己的成员，并让成员相互评价工作业绩。其结果是团队主管的职位就变得很不重要，主管一般成为小组工作指引方向的顾问，甚至主管的职位被完全取消。

设立这种规模适度、任务明确的工作团队尤其是自我管理的工作团队是适应企业柔性生产的需要。在工作团队中，团队成员自由组合而成，他们相互了解，能够迅速达到内部团结，并发挥集体协作精神，有利于团队任务的完成。

2. 委员会结构

委员会结构（Committee structure）是组织附加结构的另一种形式，它将组织中多个人的经验和背景结合起来，跨越职能、专业界限来处理一些重要的或特定的问题，以提高组织的绩效。一般地说，建立委员会是基于以下两种设想，其一是作为集体行使职能的委员会中，由于成员的相互影响的结果，委员会作出的决议往往比单独的个人所作的决定要好；其二是一个组织复杂性的增加，主要是由于被委任的职能数目的增加和个别职能的复杂性而造成的，因而使得这些不同职能的经理们有必要定期集会交换信息。

委员会有两种形式，一是临时委员会，主要用于解决组织中特定的问题；二是常务委员会，它更具有稳定性和一致性。在这一点上又与永久性矩阵结构相近。然而，委员会通常只是一种附加的设计，委员会的成员长久地隶属于某一个职能部门，他们定期或不定期地聚在一起分析问题，提出建议或做出最终决策，协调有关活动或监控项目的进行。因此，委员会是将各职能部门的投入聚合在一起的一种有效手段，有些企业甚至采用委员会作为其组织的中央协调结构。

3. 虚拟企业

早在1993年，William H. Davidow，Michael S. Malone就提出了虚拟企业的概念。虚拟企业的"虚拟"特征主要体现在"功能上不完整"、"组织上非永久"和"地域上分散性"。这种组织结构的核心是企业的核心竞争力的体现。

在虚拟建筑企业中，虽然它具有建筑企业运行所必须的各种基本功能，如招投标、采购和工程现场管理等，但对组成虚拟企业的具体成员来说，并不需要具备所有的功能，而是仅贡献最关键的专业技术和功能，其他功能都是虚拟的，并且可以"敏捷地不分地域地"由组织中的其他成员补充。这样，虚拟企业就可根据市场快速结合和重组。信息和网络技术，特别是国际互联网的迅速发展，使得虚拟建筑企业这一全新的企业模式从概念变成现实并得到发展。在虚拟建筑企业中，原有组织模式可以被打破，工程招投标、采购和工程现场管理等主要业务完全可以分散在不同的地区乃至国家，利用国际互联网及其提供的各种工具（如WWW、E-mail、FTP等）连接起来，实现资源共享。虚拟建筑企业使建筑企业组织内外的疆界可以像流水一样任意扩展，业务各方可以通过网络直接接触，使得彼此之间的中间环节消失，降低了企业成本，大大增强了企业灵活性和主控权。虚拟建筑企业实现了这样一种状态，它将不属于本企业的人或设备与企业相连，就好像他们是本企业的组成部分一样。虚拟企业策略上不强调企业的全能，而是充分利用外部信息资源和人力资源，强调企业广义的业务支撑体系。

具体地讲，虚拟建筑企业具有以下的特点：

（1）以网络信息技术为基础，实时地、分散地共享优秀人力、咨询信息和先进技术等资源。

（2）分担市场风险和市场、技术等研究开发成本。

（3）连接了具有互补能力的各种实体，例如政府、研究所、设计单位、联营单位、分包单位和材料设备供应单位等。

（4）提高了建筑企业的市场竞争力和生产能力，尤其增强了企业开拓新市场的能力和对市场资源充分使用的能力。

（5）分享市场的客户。

（6）具有动态的生命期。虚拟企业因发现市场机会动态组织而成。而当市场机会实现后，虚拟企业就自行解体或重新组合。

建筑企业实现虚拟化后，最大的好处是：降低了营业成本，增强了占领市场的能力，提高了施工管理能力，尤其对异地工程的承接和管理更显优越。虚拟建筑企业的建设，必将对扩大建筑企业业务规模、提高建筑企业综合实力和保持持续发展起到巨大的推动作用。

本 章 小 结

组织通常由静态和动态两个方面的含义。组织论的重要内容是企业的目标决定了企业的组织，而组织是目标能否实现的决定性因素。

随着企业自身的发展和经营环境的变迁，企业组织结构形式也经历了一个发展变化的过程。迄今，企业组织结构主要的形式有：直线制，职能制，直线参谋制，事业部制，模拟分权制，超事业部制，矩阵结构和多维结构等。部门化、管理幅度和组织中的权力分配是企业组织设计中的基本问题。企业组织的部门化可以依据职能、产品、区域、客户、过程进行，管理幅度、管理层次、集权和分权、直线权力和参谋权力的分配等决定应该考虑企业的内外诸多因素。要以权变的思想来指导企业组织结构的设计工作，世间没有最好的理想的组织结构模式可以照搬。同时，任何企业组织不管采用哪一种组织结构形式，都必须随着社会环境的变化而变化。

企业在组织结构设计的时候，主要是要解决部门的设置、管理幅度和权利的分配三个主要问题。其中影响管理幅度的因素主要有领导的能力、员工的素质、授权的明确、计划的周全、政策的稳定、信息的畅通、复杂的程度和组织的内聚力。

企业组织结构变化的趋势是从刚到柔，从机械式组织走向有机式组织。

复 习 思 考 题

1. 组织论包括哪些内容？
2. 组织对目标有哪些影响？
3. 组织设计的原则有哪些？
4. 业组织结构有哪些形式？它们各自的优缺点如何？
5. 说明直线参谋制和直线职能参谋制的区别。
6. 说明矩阵制的优缺点。
7. 举例说明立体多维制在企业中的应用。
8. 建筑企业部门设置有哪些依据？
9. 决定组织管理幅度的因素有哪些？
10. 响组织集权和分权的因素有哪些？
11. 未来企业组织结构朝着什么方向变化？

5 建筑企业战略管理

企业战略管理是企业管理中必不可少的重要部分,在经济全球化,企业发展日新月异,新的经营方式不断涌现以及信息交流过程发生根本性变革的竞争环境下,越来越多的企业逐渐认识到战略管理的重要性。加强企业战略管理,是提高我国企业管理水平,提高竞争能力的有力工具。那么,建筑企业究竟如何发掘和培育自身的核心竞争力、形成在行业领域内的竞争优势呢?这就要求建筑企业必须对宏观环境、行业竞争、市场空间、自身资源与业务能力等要素进行预见性、系统性的分析和计划,制订出企业明确可行的近期、中期及远期的运营目标、发展方向和战略规则。

5.1 企业战略与战略管理

5.1.1 企业战略的概念

自 1965 年美国著名管理学家安索夫(Ansoff)发表《企业战略论》以来,企业战略一词被广泛地应用于社会经济生活中的各个领域,成为管理科学领域中一门年轻的学科。经过几十年的发展,不同的管理学家或企业管理工作者对企业战略的概念有着各自不同的观点和解释。

从广义上说,企业战略包括了企业的意图(Purpose)、企业的目标(Goal)、企业的战略(Strategy)和企业的政策(Policy)。持有此观点的著名代表人物是美国哈佛大学商学院教授安德鲁斯(Andrews),他认为:战略是目标、意图或目的,以及为达到这些目的而制定的主要方针和计划的一种模式。这种模式决定着企业正在从事或者应从事的经营业务以及应该属于何种经营类型,它涉及企业所有的关键活动,而且与企业的外部环境紧密相连。因此,它应是长期计划的演变和发展。它体现了战略的两个基本特征:前瞻性——战略形成在经营活动发生之前;主观性——反映企业高层主管对未来行动的主观愿望。

从狭义上说,企业战略仅仅是指企业实现其宗旨和一系列长期目标的基本方法和具体计划。美国著名管理学家安索夫在 1965 年发表了著名的《企业战略论》中提出:企业战略就是决定企业将从事什么事业,以及是否从事这一事业。这种战略更强调关注企业外部环境,尤其是企业的产品构成和目标市场。随着经济全球化的加剧,竞争范围的确定成为企业的一项重要工作,现实中许多企业因业务范围过宽而形不成自己的竞争优势,同样也有许多企业因业务范围过窄而失去发展的良好机会。因此,确定企业正在从事何种事业或决定企业将要进入哪种行业,已经成为企业战略研究的中心议题。

明茨博格(H. Mintzberg)是加拿大麦吉尔大学的管理学教授,他认在企业经营活动中经营者可以在不同的场合以不同的方式赋予战略不同的定义。他提出了战略是由五种规范的定义阐明的,即计划(Plan)、计策(Ploy)、模式(Pattem)、定位(Position)和观念(Perspective),即"5P"战略。

(1) 战略是一种计划。作为计划的战略有两种含义,一方面战略是有意识地开发出来的,是设计出来的、明确的,一般情况下还应该是公开的;另一方面战略是行动前制定的,供决策者在行动中使用的。

(2) 战略是一种计策。作为计策的战略是指在特定的环境下,企业把战略作为威胁和战胜竞争对手的一种手段,一种战略优势。任何一个竞争对手的重大战略行动,如技术创新、产品换代、管理改革、降低价格等,都会产生一连串的联动效应,进而改变市场或行业的竞争格局。作为计策的战略就是要在行动前充分考虑对手可能的变革,在行动中争取先发制人的战略行动。

(3) 战略是一种模式。作为模式的战略是指战略不仅可以是行动前制定的,即是由人们有意识地设计出来的;而且可以是人们行动的结果。根据这一观点,战略可以看作是一种行为流,作为计划的战略是行动前的战略,而作为模式的战略是已实现的战略,在两者之间是战略的实施过程,在战略的实施过程中还会有事前没有设计的自发产生的战略被执行,也还会有事前计划过而没被执行或虽然被执行却没有结果的战略,因而战略是一种动态的过程。

(4) 战略是一种定位。作为定位的战略是指战略应当确定企业在环境中的位置,由此确定企业在产品与市场、社会责任与自身利益、内部组织与外部组织的一系列的经营活动和行为,通过正确配置企业资源,形成企业特殊的竞争优势。这种定位从战略意义上讲有两种含义:一是企业经营的行为选择,应该定位在一个具有发展潜力的行业之中,而避免栖身于一个前景暗淡的行业;二是在行业中竞争地位的选择,依靠有意识地开发出来的竞争优势,创造出有利的竞争地位。

(5) 战略是一种观念。作为观念的战略是指战略应当体现组织中人们对客观世界固有的认识方式,是人们思维的产物。战略之所以能够成为企业制胜的法宝,就是因为战略体现了决策者对企业的变革,而这种变革的集中体现就是一种与众不同的观念,一种能够使组织成员共享的观念,有了这种不仅能够共享而且能够转化为组织成员共同行动的观念,战略才可能得到准确的执行,才能获得成功。

综上所述,企业战略就是着眼于企业的未来,根据企业外部环境的变化和内部的资源条件,为求得企业生存和长期发展而进行的总体性谋划。

5.1.2 企业战略的发展及其特征

美国经济学家切斯特·巴纳德(Q. Barnard)对影响企业发展的各种因素和各种因素之间的相互关系进行了分析,在1938年出版的《经营者的职能》一书中,就企业生存和发展的核心因素首先使用了战略这一概念。

美国学者钱德勒于1962年发表的《战略与结构、美国工业史的考证》,1965年美国学者安索夫发表的《企业战略论》,1965年美国学者安东尼发表的《经营管理学基础》等一系列著作初步构成了企业战略的基本框架。1970年美国的弗雷德·博尔奇(Fred Borch)就任通用电气公司(General Electric)总经理,1971年他大胆地将战略管理的思想和方法运用到公司的管理之中,通过编制取代长期计划职能的战略计划,停止生产没有发展前途的产品,将公司有限的资源集中使用到有发展前途的、最能获利的产品生产上,获得了巨大的成功,开创了成功地实施战略管理的先例。

20世纪80年代,企业战略日益成熟和完善。主要表现在:(1)强调战略思维的重要性，代表作是美国学者德鲁克的《管理——任务、责任、实践》等。(2) 运用系统论的分析方法，代表作是美国著名的战略学家迈克尔·波特的《竞争优势》和《竞争战略》等著作。(3) 提倡企业的文化因素，代表作是美国学者肯尼迪与迪尔写的《公司文化》、米勒的《美国精神》等。企业战略作为企业管理发展的最新分支，其特征主要表现为以下几个方面：

1. 整体性

企业战略是以企业全局为对象，根据企业总体发展的需要而制定的，它规定了企业的总体行为，从全局实现对局部的指导，使局部得到最优的结果，使全局目标得到实现。它所追求的是企业的总体效果，是指导企业一切活动的总体性谋划。

2. 长远性

企业战略的制定要以企业外部环境和企业内部条件的当前情况为出发点，并且对企业当前的生产经营活动有指导和限制作用。但是，企业战略制定的着眼点在于企业未来的生存和发展，只有面向未来，才能保证战略的成功。

3. 整体最优性

战略研究立足于组织整体功能，按照事物各个部分之间的有机联系，把总体作为研究的主要对象，从总体与部分之间的相互依存、相互结合和相互制约的关系中，揭示总体的特征与运动规律，发挥战略的整体优化效应，达到预期的目标。

4. 风险性

风险性的实质是组织的变革，这种变革的正确与否关系到组织的生存死亡，具有很强的风险性，在制定企业战略的时候必须要采取防范风险的措施。同时战略既是关于组织在激烈的竞争中如何与竞争对手进行竞争的行动方案，也是针对来自组织外部各个方面的压力对付各种变化的方案，具有明显的抗争性。

5. 社会性

企业战略研究不能仅仅立足于组织的目标，还要兼顾国家和民族的利益，兼顾组织成员的利益，兼顾社会文化、环境保护等各方面的利益。组织战略还要特别注意自己所应承担的社会责任，注意树立良好的社会形象，维护组织的品牌。

5.1.3 企业战略的分类

通常企业战略可以分为三种基本的类型：企业总体战略、竞争战略和职能战略。

1. 企业总体战略

企业总体战略决定和揭示企业目的和目标，确定企业重大的方针与计划、企业经营业务类型和人文组织类型以及企业应对职工、顾客和社会做出的贡献。总体战略主要是决定企业应该选择哪类经营业务，进入哪些领域。企业总体战略还应包括：发展战略、稳定战略和紧缩战略。

2. 企业竞争战略

企业竞争战略又称企业经营战略，主要解决企业如何选择其经营的行业和如何选择在一个行业中的竞争地位的问题，包括行业吸引力和企业的竞争地位。行业吸引力指由长期盈利能力和决定长期盈利能力的各种因素所决定的各行业对企业的吸引力，一个企业所属行业的内在盈利能力是决定这个企业盈利能力的一个重要要素。同时在一个行业中，不管其平均盈利能力怎样，总有一些企业因其有利的竞争地位而获得比行业平均利润更高的收益，这就是企业的竞争地位。

3. 企业职能战略

企业职能战略是为实现企业总体战略和经营战略，对企业内部的各项关键的职能活动做出的统筹安排。企业的职能战略包括财务战略、人力资源战略、研究与开发战略、生产战略、营销战略等，职能战略应特别注重不同的职能部门如何更好地为各级战略部门服务以提高组织效率的问题。

概括地说，企业的总体战略和竞争战略分层次地表明了企业的产品、市场、竞争优势和基本目标，规定了企业的核心任务和总的方向，而企业要实现这样的战略设想，必须通过有效的职能活动来运用资源，使企业的人力、物力和财力与其生产经营活动的各个环节密切结合，与企业的总体战略和竞争战略协调一致才有可能成功。

5.1.4 企业战略管理过程

战略是对重大问题的对策结果，是企业将要采取的重要行动方案；战略管理则是决定企业将采取何种战略的决策过程，它还涉及如何对所选战略进行评价和实施。也就是说，企业战略管理包括战略制定、评价和实施的全过程。

战略管理过程的基本思路是：企业高层领导者要根据企业宗旨和目标，分析企业生产经营活动的外部环境，确定存在的经营机会和威胁；评估自身的内部条件，认清企业及其主要竞争对手经营的优势和劣势。在此基础上为企业选择一个适宜的战略。管理人员要尽可能多地列出可供选择的战略方案。所以设计战略方案是进行战略决策的重要环节，在此基础上依据一定的标准对各个方案进行评估，以决定哪一种方案最有助于实现企业的目标，最后作出决策。战略实施就是要将备选战略转化为行动方案，根据战略计划的要求，进行企业资源的配置，调整企业结构和分配管理工作，并通过计划、预算和进程等形式实施既定的战略。在执行战略过程中，企业管理人员还要对战略的实施成果和效益进行评价，同时，将战略实施中的各种信息及时反馈到战略管理体系中，确保对企业整体经营活动的有效控制，并根据情况的变化修订原有的战略，或者制定新的战略，开始一个新的战略管理过程。因此，战略管理是一个循环复始、不断发展的全过程整体性管理过程。

综上所述不难看出，战略管理过程是指对一个组织的未来方向制定决策和实施这些决策，战略管理过程可以大致分为两个阶段：战略分析与选择即战略规划阶段和战略实施与评价阶段。

1. 战略规划阶段——战略分析与选择

（1）制定组织使命。

（2）建立企业的战略目标、提出企业的组织方针。

（3）建立实现组织使命的长期目标和短期目标。

（4）选择决定用于实现企业战略目标的具体战略方案。

（5）企业内外战略环境分析与评价。

2. 战略实施与评价阶段

（1）建立实现组织战略的组织结构。

（2）确保实施战略所必要的活动能有效地进行。

（3）监控战略在实施过程中的有效性。

（4）战略评价。

5.1.5 企业宗旨与组织使命

（一）组织使命的定义

一个组织的使命是指组织存在的目的或理由。定义企业的组织使命就是要描述企业组织的根本性质和存在的理由，因而应该能够将企业赖以生存的经营业务与其他类似企业的业务区分开来。

美国管理大师彼得·德鲁克认为：提出"企业的业务是什么"这一问题，也就等于提出了"企业的使命是什么"。企业使命的描述要求战略决策者慎重考虑组织当前经营活动的性质与范围，认真分析企业环境因素，考察和评估企业当前产品与市场活动的长期潜力，结合企业发展历史和各种资源条件，为企业未来的发展描述出美好的前景。

（二）组织使命的内容

组织使命应包含两个方面的内容：组织哲学和组织宗旨。

1. 组织哲学

组织哲学是一个组织为其经营活动方式所确立的价值观、信念和行为准则。

企业的组织哲学对于一个组织而言是至关重要的，它影响着组织的全部经营活动和组织中人的行为，决定着企业经营的成功与失败。它的重要性还体现在不论组织管理者是否认识到了这一点，也不论组织管理者是否采用了准确的文字来描述它，它都是客观存在的，且与其他任何组织都是不同的，它决定着企业的活力，左右着组织的前途。

2. 组织宗旨

组织宗旨是指规定组织去执行或打算执行的活动，以及现在的或期望的组织类型。彼得·德鲁克认为：要了解一个企业，应当首先知道它的宗旨，而宗旨是存在于企业自身之外的。事实上，因为工商企业是社会的细胞，其宗旨必然存在于社会之中。企业宗旨的唯一定义是："创造顾客"。

企业宗旨可以不用文字陈述出来，而只为企业高层领导人所掌握。但以文字的形式将企业宗旨陈述出来有以下几点好处：

(1) 可以保证企业内外对企业追求的战略目标取得共识；

(2) 可以为有效地使用企业的资源提供基础；

(3) 可以为合理分配企业的资源提供依据或标准；

(4) 可以为企业创造良好的经营氛围；

(5) 可以为企业成员理解企业的各项活动提供依据；

(6) 可以为企业管理者确定企业目标、选择企业战略、制定企业政策提供方向和指导。

优秀的组织宗旨应陈述以下几个方面的内容：

(1) 顾客——谁是企业的主要顾客

(2) 产品或服务——企业的主要产品或服务是什么

(3) 市场——企业主要在哪个地区或行业展开竞争

(4) 技术——企业的主导技术是什么

(5) 对企业生存、发展和盈利的关注——对企业短期、中期、长期经济目标的态度

(6) 组织哲学——企业的基本信仰、价值观和愿望是什么

(7) 自我意识——企业的长处、短处和竞争优势分别是什么

(8) 对公众形象的关注——企业期望给公众塑造一个什么样的企业形象

(9) 利益协调的有效性——是否有效地反映了顾客、股东、公司员工、社区、供应商和销售厂商等相关团体的利益

(10) 激励程度——展开的企业宗旨能否有效地激励企业员工

例如，某市政工程公司的企业宗旨为："以美化城市为己任，向社会提高一流的服务，努力提高居民的生存质量，创造宜居的人类环境。"某建筑集团公司将"建楼育人，科技创新，打造品牌，诚信为本"作为企业的宗旨。

5.2 建筑企业战略内外环境分析

企业是一个开放的经济系统，它的经营管理活动自然受客观环境的控制和影响。企业的产生、存在和发展不仅是因为他们的产品或服务能满足社会的需要，而且也是因为它们能适应自身所处的环境。所以，把握环境的现状及未来的变化趋势，利用有利于企业发展的机会，避开环境的威胁因素是制定企业战略的首要问题。多主体、多层次、发展变化的战略环境构成了一个系统的、以空间为坐标的宏观外部环境、中观行业环境和微观企业内部环境（企业内部资源条件与竞争优势）的分析。

5.2.1 企业宏观环境分析

企业宏观环境是指那些来自企业外部并对企业战略产生影响、发生作用的所有不可控因素的总和，常用的宏观分析法有 PEST 分析法和 SWOT 分析法两种。

（一）PEST 分析法

企业宏观环境分析可以大体概括为四类：政治环境（PoliticalEnvironment）、经济环境（Economic Environment）、社会环境（Social Envronment）和科技环境（Technological Environment），即 PEST 分析法。

1. 政治环境

政治环境是指那些制约和影响企业的政治要素的总和。政治是一种十分重要的社会现象，政治因素及其运用状况是企业宏观环境中的重要组成部分。政治环境中对企业起决定、制约和影响作用的因素主要有：政治局势、政党、政治性团体、地方政府的方针政策等。

此外，政治环境中也包括政府制定的一些法律、法规，它们也直接影响着某些商品的生产和销售，对企业的影响具有刚性约束的特征，主要有政府的政策和规定、税率和税法、企业法、关税、专利法、环保法、反垄断法、进出口政策、政府预算和货币政策等。比如在我国已经出台的经济法律、法规中，对建筑企业影响最大的莫过于《建筑法》、《合同法》、《招标投标法》、《安全生产法》等的政治环境，因此，制订战略必须服从这些法律的要求。

2. 经济环境

经济环境是指构成企业生存和发展的社会经济状况及国家经济政策的多维动态系统。主要由社会经济结构、经济发展水平、经济体制和宏观经济政策等四个要素构成。一个企业经营的成功与否在很大程度上取决于整个经济运行状况。对于经济环境的分析，关键是要考察以下几点：

（1）了解国际和国内建筑行业的发展趋势；

（2）国家的建设投资变化情况及其预测；

(3) 国际、国内汇率的变化和银行贷款利息的变化；
(4) 能源、原材料价格的变化；
(5) 工程建设（承包）中的风险量大小；
(6) 治理污染占用资金的多少；
(7) 国家或地区经济政策的变化等。

3. 社会环境

社会环境是指企业所处环境中诸多社会现象的集合。企业在保持一定发展水平的基础上，能否长期地获得高增长和高利润，取决于企业所处环境中的社会、文化、人口等方面的变化与企业的产品、服务、市场和所属顾客的相关程度。在社会环境中社会阶层的形成和变动、社会中的权力结构、人们的生活方式和工作方式、社会风尚与民族构成、人口的地区流动性、人口年龄结构等方面的变化都会影响社会对建筑产品或劳务的需求。

改革开放后，人们的价值观变化非常大，对建筑企业的影响也很大。人们对生活的质量要求提高了，对住房及社会基础设施和福利设施的要求也随之提高。同时，买方与卖方的关系也在不断变化，"为用户服务"是每个经营者必须牢记的宗旨。建筑市场的建立，促使建筑企业的经营观急需适当调整。

4. 技术环境

技术环境是指一个国家和地区的技术水平、技术政策、新产品开发能力以及技术发展动向等。在衡量技术环境的诸多指标中，整个国家的研究开发经费总额、企业所在产业的研发支出状况、技术开发力量集中的焦点、知识产权与专利保护、实验室技术向市场转移的最新发展趋势、信息与自动化技术发展可能带来的生产率提高前景等，都可以作为关键战略要素进行分析。

（二）SWOT 分析法

SWOT 分析法就是对企业外部环境中存在的机会与威胁和企业内部能力的优劣势进行综合分析，据此对备选的战略方案做出系统的评价，最终选择出最佳的竞争战略。SWOT 中的 S（Strengths）是指企业内部的优势；W（Weaknesses）是指企业内部的劣势；O（Opportunities）是指企业外部环境中的机会；T（Threats）是指企业外部环境中的威胁。

SWOT 分析的具体做法是：根据企业的总体目标和总体战略的要求，列出对企业发展有重大影响的内部及外部环境因素，确定标准、进行评价，判断什么是企业内部的优势及劣势，什么是外部的机会和威胁。

相对于竞争对手而言，企业内部的优势和劣势可以表现在资金、技术、设备、产品、市场、管理和职工素质等方面。判断企业内部的优势和劣势有两项标准：一是单项标准，如市场占有率低则表示企业在市场上存在一定的问题，处于市场的劣势；二是综合标准，即对影响企业的一些重要因素根据其重要程度进行加权打分综合评价，以此判断企业内部的关键因素对企业的影响程度，如表 5-1 所示。

企业外部的机会是指环境中对企业发展有利的因素。如政府支持、高新技术的应用、良好的供应和销售关系等。企业外部的威胁是指环境中对企业发展不利的因素，如新的竞争对手的出现、市场增长率减缓、供应商和购买者的讨价还价能力的增强、技术老化等影响企业目前竞争地位或未来竞争地位的主要因素。表 5-2 是对企业外部环境因素的举例说明。

企业内部因素评价表　　　　　　　　　　　表 5-1

关键内部因素	权　数	分　数	加权数
产品质量位于上游水平	0.18	4	0.72
利润率超过行业平均水平	0.10	3	0.30
流动资金充足	0.15	3	0.45
组织结构不完善	0.30	1	0.30
职工积极性不高	0.22	2	0.44
缺少研究和开发人员	0.05	2	0.10
总　　计	1.00		2.31

企业外部环境因素分析表　　　　　　　　　表 5-2

关键外部因素	权　数	分　数	加权数
政府政策放宽	0.30	3	0.90
贷款利息降低	0.20	1	0.20
信息系统计算机化	0.20	4	0.80
主要竞争对手采取扩张战略	0.20	2	0.40
劳动力向东南沿海转移	0.10	4	0.40
加权总分数	1.00		2.70

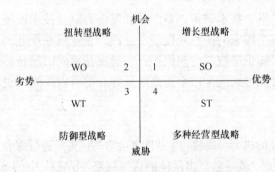

图 5-1　SWOT 分析与企业战略选择

根据上述分析，就可以基本判断企业应采取什么样的经营或发展战略，如图 5-1 所示。

SWOT 分析法为企业提供了四种可供选择的战略：增长型战略（SO）、扭转型战略（WO）、防御型战略（WT）和多种经营型战略（ST）。

5.2.2　行业环境分析

（一）行业性质

行业状况是企业需要面对的最直接、最重要的环境，也可以成为任务环境。企业首先要判断自己所处行业是否存在发展的机会，根据行业寿命周期来判断行业所处的发展阶段，进而判断该行业的行业性质是朝阳产业还是夕阳产业。

行业的寿命周期是一个行业从出现直到完全退出社会经济领域所经历的时间。行业寿命周期主要包括四个阶段：导入期（Introduction stage）、成长期（Growth stage）、成熟期（Maturity stage）和衰退期（Decline stage）。行业寿命周期曲线的形状是由社会对该行业的产品需求状况决定的。行业是随着社会某种需求的产生而产生，又随着社会对这种需求的发展而发展，最后，当这种需求消失时，整个行业也就随之消失，行业的寿命即告终止。行业的寿命周期长则达百年，短则也有几十年。行业的寿命周期是在忽略产品型号、质量、规格等差异的基础上对行业整体发展水平予以考察和分析得出的。判断行业处于寿命周期的哪个阶段，可以用市场增长率、需求增长率、产品品种、竞争者数量、进入（或退出）行业的障碍、技术变革和用户购买行为等方面作为分析指标。

（二）行业能力分析

行业能力是指某个行业中每个竞争者所具有的能力的总和。行业能力分析主要是对行业规模结构和行业技术状况的分析。

1. 行业规模结构分析

行业规模结构分析是为弄清行业的发展与社会需求之间的关系，这对于确定企业的经营范围具有重要意义。进行行业规模结构分析的内容有：行业生产产品或提供服务的总量与社会需求之间的关系；行业产品结构与该产品发展趋势之间的关系；行业目前的实际生产能力与设计能力之间的关系；行业内规模能力悬殊型和规模能力均衡型各自所占的比重；本企业规模与行业规模的发展趋势之间的关系等。

2. 行业技术状况分析

在科学技术高速发展的时代，技术状况对行业发展的影响越来越重要，只有对行业技术状况进行全面的分析，才能正确的判断行业的发展前景和行业能力的发展水平。进行行业技术状况分析的内容有：行业目前的技术位于技术寿命周期的哪个阶段，行业的总体技术水平如何，行业技术的变化节奏如何，行业技术的发展方向是什么，本企业的技术水平在行业中处于什么地位等。

（三）行业竞争结构分析

在某个具体的行业内，企业与企业之间的力量对比构成了行业竞争环境。一个行业的竞争激烈程度取决于行业内的经济结构，行业的经济结构状况又对竞争战略的制定和实施起制约作用。

美国哈佛大学工商管理学院教授迈克尔·波特（Michael E. Porter）在其所著的《竞争战略》（Competitive Strategy，1980）一书中提出：任何一种行业都存在着五种竞争作用力（Five Competitive Forces），即：进入威胁、替代威胁、买方讨价还价能力、供方讨价还价能力和现有行业的竞争强度。企业的竞争环境就源于企业在行业内同这五种竞争作用力之间的相互关系。这种基本竞争力量的状况及其综合强度，决定着行业竞争的激烈程度，同时也决定了行业内企业的最终获利能力。

行业竞争结构和竞争强度分析是在行业分析的基础上，进一步回答行业中竞争压力的来源和强度，进而作好对竞争的防范。在对行业中的竞争进行分析时通常所采用的方法是波特的五种竞争力模型。五种竞争力模型首先由哈佛商学院迈克尔·波特（Michael E. Porter）教授提出，波特认为：企业的获利能力很大程度上取决于企业所在行业的竞争强度，而竞争强度取决于市场上所存在的五种基本的竞争力量（见图5-2）。正是这些力量的联合强度影响和决定了企业在行业中的最终盈利潜力，为此企业欲想在市场上取得竞争优势，必须首先对这五种基本的竞争力量进行分析。

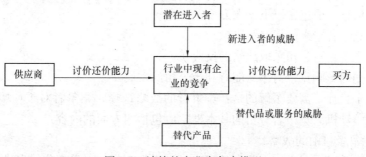

图5-2 波特的产业竞争力模型

1. 潜在进入者

行业外准备或正在进入某行业的企业称为潜在进入者。由于潜在进入者的加入，使行业内原有的竞争力量的格局将要发生或已经发生变化。因为潜在进入者在加入某一新领域时，会向该行业注入新的生产能力和物质资源，以获取一定的市场份额，其结果可能导致原有企业因与其竞争而出现价格下跌、成本上升、利润下降的局面。这种由于竞争力量的变化而对行业内原有企业产生的威胁称为进入威胁。但是，一个企业能否进入另一个行业，取决于该行业对潜在进入者设置的进入障碍，以及该行业现有企业对进入者的态度。

2. 供应商讨价还价能力

任何行业中以满足物资需要为己任的供应商都会想尽办法使对方在价格、质量、服务等方面满足自己的要求，使自己获得更高的收益，这就是供应商的砍价能力或叫供应商的讨价还价能力。能力强的就可得到较多收益，能力差的收益就低，甚至遭受损失。

3. 购买者讨价还价的能力

建筑企业的顾客是业主。顾客是企业的"上帝"，他们会用自己的货币作选票，支持符合他们意愿的企业。在中国目前的状况下，业主会把压价承包、带资承包和拖欠工程款"三把刀"架在承包商的脖子上而使承包商不得不就范。因此，企业必须了解、分析顾客的状况，预见市场规模的演变，使企业适应需求结构的变化。由于建筑企业面临的是买方市场，业主的力量十分巨大，单靠企业本身是难以求得主动的。因此，要在了解业主的同时，借助法规的力量、政府监督的力量、交易中心服务与管理的力量，采取相对主动。无论如何，企业要求得主动，必须具有吸引业主的质量、造价、工期和服务，否则必然是被动的、无市场份额的。

4. 现有企业之间的竞争

现有企业间的竞争是指行业内各企业之间的竞争关系和程度。不同行业的竞争激烈程度是不同的。如果一个行业内主要竞争对手基本上势均力敌，无论行业内企业数目的多少，行业内部的竞争必然激烈，在这种情况下，某个企业想要成为行业的领先企业或保持原有的高收益水平，就要付出较高的代价；反之，如果行业内只有少数几个大的竞争对手，形成半垄断状态，企业间的竞争便会趋于缓和，企业的获利能力就会增大。

5.2.3 竞争对手分析

竞争者分析的目的在于预测竞争对手行为，企业进行竞争者分析的重要性依赖于所处行业的结构。在一个生产同质产品、分散程度很高的市场上，市场竞争是众多生产者决策的结果，分析单个公司显得毫无意义；而对于高度集中的行业，一个企业的竞争环境主要受几个主要竞争对手的影响。

竞争者的信息一般包含以下三大方面：

（1）预测竞争者未来的战略和决策；

（2）预测竞争者对公司采取战略的反应；

（3）确定如何影响竞争对手才能有利于公司的发展。

对于这三个目标，需要了解的是：竞争者的战略选择、竞争者对于环境变化的反应、公司自身的竞争动机。竞争者分析的基本框架应包括四方面的内容：

1. 确定竞争者目前的战略

分析的起点是确定对手正在采用的战略。如果没有任何引发变化的力量，我们可以假设公司将来竞争的方式同现在一致。竞争对手的战略可以通过公司的言行表现出来。当然，言行不一定相同，明茨伯格指出，战略意图与实际实施的战略会有很大的区别。了解公司战略意图的主要来源是年度报告，尤其是公司主席向股东发布的信息，一些高级管理者的谈话和一些投资分析家的会议记录。而公司正在实施的战略，必须通过竞争者的行为和决策体现出来，比如正在实施的投资项目、雇佣人员状况、最近启动的收购与兼并计划、最新的广告和宣传计划等。对竞争者目前战略的了解一方面可以通过与实施计划的员工进行交流；另一方面也可以通过与评估战略的投资家进行沟通来了解该公司目前的战略。

2. 确定竞争者目标

预测竞争者战略的未来变化，就必须了解其目标，确定基本的财务与市场目标尤其重要。以中短期获利为目标的公司，以短期盈利为目的的公司较少考虑竞争对手的行为，因为这种行为从短期来看是得不偿失的。

3. 竞争者对行业的假定

竞争者的战略决策受外部环境、所处行业、宏观经济状况等因素的影响，也反映了高层管理者的理念。实践表明，这种行业内流行的高层管理者的理念会直接影响到整个行业的发展。因此，在任何时点上，不同的公司都遵循相同的原则，这种在行业内流行的理念被斯彭德描述为"行业处方"。

4. 确定竞争者的实力

对公司来说，如何评价竞争对手具有的实力也很重要。竞争者面对市场威胁的反应能力取决于公司自身的实力。在评价竞争对手实力这一阶段，关键是要审视该公司的战略资源，主要包括：财务状况、资本设备、劳动力、产品忠诚度和管理技巧。同时也要评价该公司各主要环节的能力，比如研发能力、生产能力、市场营销能力、服务能力、财务能力、市场占有能力、产品竞争力等。

5.3　建筑企业竞争战略选择

5.3.1　企业竞争战略的提出

1. 企业经营面临的两个基本问题

在企业经营的现实中经常碰到两种情况：一是在一个非常有吸引力的行业里，一个企业如果选择了不利的竞争地位，依然可能得不到令人满意的利润；二是与此相反的情况，即一个具有优越竞争地位的企业，由于栖身于一个前景黯淡的行业，从而获利甚微，即便努力改善其地位也无济于事。由此对企业的经营者提出了两个非常严峻的问题，即如何选择企业经营的行业和如何选择企业在一个行业中的竞争地位。这也正是企业竞争战略要解决的两个核心问题。

2. 企业竞争战略选择的核心问题

竞争战略的选择由两个中心问题构成，第一个是行业吸引力，所谓行业吸引力是指由长期盈利能力和决定长期盈利能力的各种因素所决定的各行业对企业的吸引能力，各个行业并非都提供同等的持续盈利机会，一个企业所属行业的内在盈利能力是决定这个企业盈利能力的一个要素。竞争战略的第二个中心问题是企业在该行业中的竞争地位。在大多数行业中，不管其平均盈利能力怎样，总是有一些企业因其有利的竞争地位而获得比行业平均利润更高的收益。

以上两个核心问题中任何一个都不是静止不变的，行业吸引力和企业的竞争地位都在变化着。行业吸引力部分地反映了一个企业几乎无法施加影响的那些外部因素，而通过竞争战略的选择，企业却可以从相当的程度上增强或削弱一个行业的吸引力；同时，一个企业也可以通过对其竞争战略的选择显著地改善或减弱自己在行业内的地位。因此，竞争战略不仅是企业对环境做出的反应，而且也是企业从对自己有利的角度去改变环境。

5.3.2 企业三种基本的竞争战略

在20世纪80年代被最广泛阅读的竞争分析方面的三本书主要就是迈克尔·波特的《竞争战略》（Competitive Strategy，Free Press，1980）、《竞争优势》（Competitive Advantage Free Press，1989）和《国家竞争优势》（The Competitive Advantage of Mations，Free Press，1990）。根据波特的理论，各种战略使企业获得竞争优势的三个基点是：成本领先、差异化和专一经营。波特将这些基点称为一般性战略（Generic Strategics，又译通用战略）。

波特的三种基本竞争战略意味着不同的企业采取不同的组织安排、控制程序和激励制度参与市场的竞争，比如可得到更多资源的大公司一般以成本领先或差异化为基点进行竞争，而小公司则往往以专一经营为基点进行竞争。

1. 总成本领先战略

总成本领先战略又称低成本战略，是指企业在提供相同的产品或服务时，其成本或费用明显低于行业平均水平或主要竞争对手的竞争战略。或者说，企业在一定时期内为用户创造价值的全部活动的累计总成本，低于行业平均水平或主要竞争对手的水平。

总成本领先战略使企业在竞争中获得低成本优势，其意义是使企业能够在相同的规模经济下，获得最大的盈利，或累积更多的发展资金，或在不利的经营环境中具有更强的讨价还价的能力。低成本优势的另一个涵义是其具有可维持性，即相对稳定性。对企业而言，稳定性就是指竞争对手在一定时间内难以达到或接近的成本水平。

2. 差异化战略

第二种基本竞争战略即差异化战略，又称为产品差异化战略、别具一格战略等，与低成本战略形成鲜明对比，差异化战略更直接地强调企业与用户的关系，即通过向用户提供与众不同的产品或服务，为用户创造价值。

在差异化战略的指导下，企业力求就客户广泛重视的一些方面在产业内独树一帜。它选择被产业内许多客户视为重要的一种或多种特质，并为其选择一种独特的地位以满足客户的要求，它因其独特的地位而获得溢价的报酬。

3. 重点战略

第三种基本竞争战略是重点战略又称专一战略。因为着眼于在产业内一个狭小空间内作出选择，这一战略与其他战略相比迥然不同。采取重点战略的企业选择产业内一个或一组细分市场，并量体裁衣使其战略为选定的市场服务而不是为其他细分市场服务。通过为其目标市场进行战略优化，重点战略的企业致力于寻求其目标市场上的竞争优势，尽管它并不拥有在全面市场上的竞争优势。

重点战略有两种形式：特定目标市场上的低成本战略和特定目标市场上的差异化战

略。在特定目标市场上的低成本战略指导下企业寻求其目标市场上的成本优势，而在特定目标市场上的差异化战略中企业则追求其目标市场上的差异优势。

5.3.3 竞争战略的选择

1. 总成本领先战略选择

在有些行业中竞争者很多，即使单就成本领先而言，可能会出现有多个企业的情况。他们相对于任何竞争对手而言，都不具有绝对的成本优势，但相对于差异化的竞争对手而言，他们又是以低成本为基础的，在这种情况下，企业采取的竞争战略是低成本战略，由于任何一个企业都不具有绝对成本优势，这时，企业在价格竞争中往往会很慎重，以防引起价格战，较好的策略是行业内企业都采用成本加成法，以确保合理利润。同时，还应采取各种方法降低成本，增收节支，创造更多的利润源。

成本领先战略采取前向、后向和横向一体化的主要目的在于获取成本领先的收益。但成本领先战略一般必须与差异化战略结合使用。数种成本因素影响着一般战略的相对吸引力，它们包括：企业的规模经济状况、生产能力使用率、与供应商和销售商的关系及学习和经验曲线效应。在战略选择中需要考虑的其他成本因素包括：在企业内分摊成本和分享知识的潜力、与新产品开发或现有产品调整相关的研究与开发成本、劳动成本、税率、能源成本及运货成本。

采取成本领先战略的风险有：竞争者可能会进行效仿，这会压低整个产业的盈利水平；本产业技术上的突破可能会使这一战略失效；购买者的兴趣可能会转移到价格以外的其他产品特征上。

2. 差异化战略选择与实施

差异化战略的逻辑要求企业选择那些有利于竞争对手的并使自己的经营独具特色的特质。企业如果期望得到价格溢价，它必须在某些方面真正差异化或被视为具有差异性。然而，与总成本领先相反的是，如果存在多种为客户广泛重视的特质，产业中将可能有不止一种的成功的差异战略。

不同的战略会导致不同程度的差异化。差异化不能保证一定会带来竞争优势，尤其是当标准化产品可以充分地满足用户需求、或竞争者有可能迅速地模仿时。最好能设置防止竞争者迅速模仿的障碍，以保证产品具有长久的独特性。成功的差异化意味着更大的产品灵活性、更大的兼容性、更低的成本、更高水平的服务、更少的维护需求、更大的方便性或更多的特性。产品开发便是一种提供差异化优势的战略。

采取差异化战略的一种风险是，用户对某种特殊产品价值的认同与偏好不足以使其接受该产品的高价格。在这种场合，成本领先战略会轻而易举地击败差异化战略。采取差异化战略的另一种风险是竞争者可能会设法迅速模仿产品的差异化特征。公司必须长久地保持产品的独特性，使这一独特性不被竞争公司迅速而廉价地模仿。

成功的差异化战略需要研究开发和市场销售功能的强有力的协调。

3. 重点战略选择与实施

当用户有独特的偏好或需求，以及当竞争公司不想专业化于同一目标市场时，专一经营的重点战略最为有效。采取这一经营战略的典型公司是联邦快递公司（Federal Express）。采用重点专一经营战略的公司将经营目标集中于特定消费者群体、特定地域市场或特定规格的产品，从而能够比服务于更广泛市场的竞争者更好地为特定的细分市场服务。

如果实施重点战略的企业的目标市场与其他细分市场并无差异,那么重点战略就不会成功。例如,在软饮料产业,皇冠公司专门致力于可乐饮料,可口可乐公司和百事可乐公司则生产种类繁多、味道多样的饮料。然而,可口可乐和百事可乐在服务于其他细分市场的同时也很好地服务于皇冠公司的细分市场。这样,可口可乐和百事可乐拥有更多种类的产品而在可乐市场上享有高于皇冠公司的竞争优势。

采用重点经营战略的风险在于,一旦竞争结构改变或消费者需求偏好改变,则会给企业的经营带来很大的经营风险。如果一个企业能够在其细分市场上获得持久的成本领先或差异化地位,并且这一细分市场的产业结构很有吸引力,那么实施重点战略的企业将会成为其产业中获取高于平均收益水平的佼佼者。

本 章 小 结

本章首先对企业战略管理的有关概念做了概述分析,其中重点讲述企业战略的特征、企业战略的分类、企业战略管理过程等问题;其次介绍了企业战略所需面对的外部宏观环境、行业环境及主要竞争者情况的分析方法;企业在选择和实施总成本领先战略、差异化战略、重点战略等竞争战略时应注意的问题及侧重点有所不同,应值得特别关注。

复 习 思 考 题

1. 什么是企业战略管理?其主要特征有哪些?
2. 战略管理过程可分为哪几个阶段?每个阶段的主要内容有哪些?
3. 企业战略可以分为哪几类?
4. 什么是组织使命和组织宗旨?
5. 企业在制定组织使命时需要考虑的首要问题是什么?
6. 判定战略方案的标准有哪些?其各自的含义是什么?
7. 企业外部环境的分析方法主要有哪些?
8. 试完成一个对某建筑企业的行业分析。
9. 企业战略有哪三种基本类型?其各自的侧重点有何不同?
10. 请分别论述企业在实施三种基本的竞争战略时应注意哪些问题?
11. 请讨论我国建筑企业在制定战略时应注意哪些问题?

6 建筑企业管理标准体系

自国际标准化组织（ISO）正式颁布了 ISO 9000 质量管理体系和 ISO 14000 环境管理体系系列标准以来，迄今已被近两百个国家或地区等同或等效采用，这些国家中几乎包括了所有的发达国家。继 ISO 9000 和 ISO 14000 标准在各国成功实施之后，越来越多的组织日益关注自己在职业健康安全方面的表现和形象，并期望以一套系统化的标准来推行其管理活动。为此，由英国标准协会（BSI）、挪威船级社（DNV）等 13 个组织联合制定了 OHSAS 18000 职业健康安全管理体系系列标准。

入世后，我国与西方贸易摩擦不断加剧，企业社会责任问题也日渐突出。SA8000，即"社会责任国际标准"，自 2001 年诞生以来，短短五年内在世界各地迅速扩散和发展。它与 ISO 9000 质量管理体系及 ISO 14000 环境管理体系一样，是一套被第三方认证机构审核的国际标准。目标是通过有道德的采购活动，改善全球工人的工作条件，最终达到公平、体面的工作条件。现在已有越来越多的跨国公司和采购商将 SA8000 标准作为"工厂守则"，将它列入公司订单的附加条件中。可见，SA8000 标准认证将成为企业进入国际市场的又一张"通行证"。

6.1 管理体系概述

不了解管理体系，就不能理解国际标准，也就不能有效建立和实施各类管理体系。本节首先对体系和管理体系的内涵进行探讨，进而阐释管理体系标准化的意义和原理。

6.1.1 体系与管理体系

体系（系统）可以说无所不在，大到宇宙、太阳系、社会，小到企业、产品和过程，都可视为一个体系（系统）。所谓系统，是指由相互联系、相互作用的若干组成部分构成的具有一定功能的有机整体。构成整体的部分称为要素，它是系统形成的基础。功能是指系统与外部环境在相互联系和作用的过程中所产生的效能。在管理领域，体系和系统并无必要加以严格区分，既可称为体系，也可称为系统。2000 版 ISO 9000 族标准对体系和管理体系作出如下界定：

- 体系（系统），system（3.2.1）：相互关联或相互作用的一组要素。
- 管理体系，management system（3.2.5）：建立方针和目标并实现这些目标的体系。

显然，"管理体系"具有"体系"的所有属性。在术语层次结构中，当下一层术语概念继承了上层术语概念所有特性，并包含有将其区别于上层和同层概念的特性时，2000 版 ISO 9000 族标准将具有这种关系的术语称为"属种关系"，如：春、夏、秋、冬与季节的关系。从上述管理体系的定义可看出，管理体系具有下列几个主要特征：

1. 整体性

古希腊先哲亚里士多德有句名言:"整体大于局部之和",意指尽管组成体系的各要素都具有自己特定的功能,但体系的整体功能不能简单地理解为各要素功能之和,而是可以大于组成体系各要素功能之和,或具有其要素所没有的总体功能。

2. 关联性

组成体系的要素,既具独立性,又具相关性,而且各要素和体系之间同样存在这种"相互关联和相互作用"的关系。过程控制,特别是统计过程控制的任务之一就是识别、控制和利用"要素"之间的关联性或相互作用。

3. 有序性

所谓有序性,通俗地讲,就是将实现体系目标的全过程按照严格的逻辑关系程序化。通常不能保证执行体系目标的每个人在认识上完全一致,但必须使他们的行为做到井然有序。体系功能的有效性,不仅取决于要素(内在)的作用,在一定程度上也取决于有序化程度,而这种有序化程度又与组织的产品类别、过程复杂性和人员素质相关。为了做到有序性,可以编制一个经过优化了的形成文件的程序,以规定一项活动的目的和范围。

4. 动态性

所谓动态性,是指体系的状态和体系的结构在时间上的演化趋势。应当强调,体系的状态和结构(包括其管理职责)总是相对保守和稳定的因素,而外部环境则是相对活跃和变化的因素。

6.1.2 管理体系的标准化

1. 标准化的概念

根据 ISO/IEC 第 2 号导则(1991)的定义:

标准——为在一定的范围内获得最佳秩序,对活动或其结果规定共同的和重复使用的规则、导则或特性的文件。该文件经协商一致制定并经一个公认机构的批准。

标准化——为在一定的范围内获得最佳秩序,对实际的或潜在的问题制定共同的和重复使用的规则的活动。

不难看出,标准是标准化活动的结果。日本标准化学者松蒲四郎在其著作《工业标准化原理》一书中,重点探讨了标准化的性质,他指出:"标准化活动,基本上可以看成是人们创造负熵所做的努力",即是"从无秩序状态恢复到有秩序状态而做的努力"。他从物理学熵值定义上解释任何物质构成的分子(要素)都趋于无序活动状态,因此熵值(热量/绝对温度),总是存在增加趋势。人为地努力创造负熵,就是使构成物质要素(分子)活动有序化,从而制止种种可能导致资源浪费、安全因素降低、健康风险增大、质量滑坡、环境恶化等无序活动趋势,而这正是管理体系标准化的宗旨和目的。因此,标准或标准化的意义更多地在于强化管理体系有序化的特征。

研究分析 ISO 9000、ISO 14000、OHSAS 18000、SA800 等管理体系标准,可以发现标准制定者的初衷是期望通过一套管理标准,指导建立管理体系,提出共同遵循和重复使用的规则,从而使各类管理活动有序化,减少或避免无序的管理行为给组织带来降低产品质量、破坏环境、增加安全事故风险和危害职工健康等重大影响。在管理体系标准化的过程中,一般需要遵循以下的基本原理和设计原则:

2. 标准化的基本原理

(1) 简化——将一定范围内具有相同功能的事物或活动的类型、数量进行适当的缩减，简化表现为适度的化繁为简。

(2) 统一化——将同一类事物或活动的多种表现形态，归并为一种或限制在一定范围内，实质在于从个性中提炼出共性作为同类事物或活动在一定时空条件下的一致性的规范。

(3) 协调——通过协调处理好局部和整体之间的关系，提高管理体系运行的效率和有效性。

(4) 优化——对管理体系的构成要素及其关系进行选择、规范、设计或调整，使整个体系更趋近于最佳效果。

总之，管理体系的标准化就是要运用简化、统一、协调、优化等手段，使管理体系的各个要素达到某种程度的一致、均衡或有序状态。统一是管理体系标准化原理的实质，简化则是标准化的形式要求，协调和优化原理则是保证管理体系最佳运行的方法。

3. 标准化的设计原则

构建标准化的管理体系，需要对企业管理活动的规律进行总结归纳和系统化组合，在这一过程中应当把握标准化设计的基本原则。

(1) 科学合理原则

整个标准化体系必须符合客观规律、切合实际、严谨细致以及合理搭配组合。否则，不科学、不严谨的标准体系指挥下的企业体系反而会成为企业致命的根源。

(2) 动态化原则

标准化只是在相对稳定状态下的一种归纳，当稳定状态发生改变和被打破时，就必须相应地修改或制定新的标准，因而标准化是动态的标准化，要不断寻求更科学、更适合的标准来取代现行的标准。

(3) 强制性原则

人总是有或多或少的劣根性，因此标准活动中需要对此进行约束。没有督促和严厉的措施将无法确保人们按照预定的轨迹和方法去活动。标准化过程中必须有保障它正常运转的强制性措施，否则任何标准化都只能演化为形式主义的样品。

(4) 人性化原则

按照强制性原则，标准须以"法规"形式要求人们去做什么，如何做，完成什么样的结果，任何人都必须严格执行这个范围内的标准。然而标准应当同时体现对人的尊重和信任，这样才能充分发挥全体员工的主观能动性，不仅使员工能自觉执行标准，而且能够积极寻找达到目的、防范风险、化解矛盾的方法和途径，以最大限度地维护企业的利益。

总之，标准化原理是科学管理的基础。对管理体系进行标准化可促使企业从"人治"转向"法治"，保证企业各项活动有序高效地运行。经标准化之后而形成的管理体系标准可以充当国际贸易活动中的推动器，有助于消除国际贸易技术壁垒，促进参与国际贸易的各方的相互沟通和理解，因此对国际贸易具有协调、保护的作用。

6.2 ISO 9000 质量管理体系系列标准

6.2.1 ISO 9000 族标准的产生与框架结构

随着质量对世界性经济活动的影响越来越显著，人们已逐渐认识到，质量开始成为各国企业关心的新的重点。由此，一些工业发达国家率先制定出有关质量保证的国家标准，比如加拿大于1979年推出的CAN3-Z299系列标准和英国的BSS5750：Part系列标准等。1979年英国标准化学会（BSI）向国际标准化组织（International Organization for Standardization，简称ISO）提交了一份建议，希望在ISO成立一个技术委员会，以制定有关质量保证技术和实践的国际标准。ISO根据BSI的建议，于1980年正式成立ISO/TC 176，当时命名为质量保证技术委员会，因其工作范围扩大到了质量管理，故于1987年改名为"质量管理和质量保证技术委员会"。ISO/TC 176成立后，由其制定的所有国际标准都称为ISO 9000族标准。

1. 实施ISO 9000质量体系的意义

ISO 9000族标准一经发布就受到各国的普遍重视和欢迎，并被各国标准化机构采纳，成为ISO标准中推广最好、最迅速的一个标准，这是因为该族标准有其深厚的客观基础。

（1）优胜劣汰的市场经济是产生ISO 9000族标准的社会基础。ISO 9000族标准是为了适应20世纪80年代之后剧烈的国际市场竞争而制定的。它们既是欧美各市场经济国家企业走质量效益型道路的经验总结，又顺应了国际大市场优胜劣汰剧烈竞争态势下各类企业生存和发展的客观需要。

（2）消除国际贸易中的质量体系注册/认证等方面的技术壁垒，促进国际贸易顺利发展是ISO 9000族标准产生的经济基础，这是产生ISO 9000族标准的直接原因。否则，任凭各国依据其不同的国家或团体标准进行质量体系认证，势必导致严重的技术壁垒，阻碍国际贸易的正常进行。

（3）社会科技进步，导致高科技产品的不断涌现，而高技术产品势必要求高质量，否则社会对产品的使用者乃至周围人群造成严重的危害，这是ISO 9000族标准产生的技术基础。

（4）世界各国制定与颁布的质量责任、法令、法律、法规，把质量管理体系的建立与实施作为强制性的社会要求。这是ISO 9000族标准产生的法律基础。如我国产品质量法中第一章第六条、第二章第十四条以及第三章均规定了"国家鼓励推行科学的质量管理方法。""国家根据国际通用的质量管理标准（即ISO 9000族标准）推行企业质量体系认证制度"及"生产者、消费者产品质量责任和义务"等要求。从而，使ISO 9000族标准的实施有了强有力的法律基础。

（5）各国消费者权益保护运动的广泛深入开展，推进各类企业不断建立与实施质量管理体系，改进与稳定产品/服务质量，成为ISO 9000族标准产生和发展的群众基础。

（6）ISO 9000族标准来源于20世纪40年代的美国军工行业标准，经过半个世纪的实践，逐步发展成国家标准，最后成为国际标准并取得了显著的经济效益和社会效益，这是ISO 9000族标准产生和发展必不可少的实践基础。

2. ISO 9000族标准文件结构

为了适应21世纪即质量世纪对质量管理的客观要求，ISO/TC 176把ISO 9000族标准分成三类文件。详见表6-1。

2000版ISO 9000族标准中，主要内容都纳入以下4项基本标准中，而其余都是支持这4项基本标准的其他标准和一些技术报告：

21 世纪 ISO 9000 族标准文件结构表　　　　　　　　　　表 6-1

ISO 标准		技术报告（ISO/TR）	小　册　子
核心标准	其他标准		
ISO 9000	ISO 10012	ISO/TR 10006	1. 质量管理原理
ISO 9001		ISO/TR 10007	2. 选择和使用指南
ISO 9004		ISO/TR 10013	3. 小型企业的应用等
ISO 19011		ISO/TR 10014	
		ISO/TR 10015	
		ISO/TR 10017	

（1）ISO 9000：2000《质量管理体系——基础和术语》，取代了原来的 ISO 8402：1994 以及 ISO 9001—1：1994 中的一部分内容，是 2000 版 ISO 9000 族标准的基础标准，具有奠定 ISO 9000：2000 族标准的理论基础、统一术语概念并明确指导思想的重要作用。

（2）ISO 9001：2000《质量管理体系——要求》，取代了 ISO 9001：1994。当 2000 版 ISO 9000 族标准正式发布时，ISO 9002：1994 和 ISO 9003：1994 将作废，原已采用这两个标准的组织可以通过不包括某些要求对标准的使用范围进行限定的方式使用 ISO 9001：2000。

（3）ISO 9004：2000《质量管理体系——业绩改进指南》提供了质量管理体系的全面指南，以改进组织的总体表现，但不是 ISO 9001：2000 的实施指南。

（4）ISO 19011：2002《质量和环境审核指南》在阐述与审核有关定义的基础上，为质量和环境审核提供指南，同时也对质量和环境审核员的素质、教育水平、工作经历、审核经历、审核能力等方面提出资格要求。

为了使用者的利益，在制定 2000 版 ISO 9000 族标准时，ISO/TC 176 与 ISO/TC 207 的工作进行了协调，从而使 ISO 9000 与 ISO 14000 两大国际标准有更大的兼容性。同时，2000 版的 ISO 9000 族标准较 1994 版 ISO 9000 族标准更简洁、更强化、更完善、更通用，整体结构的改变及全新质量管理概念的引入，使 ISO 9000 从产品质量的时代跨入了过程质量的时代。

6.2.2　ISO 9000 质量管理体系主要内容

八项质量管理原则、质量管理体系基础和术语构成了 ISO 9001：2000 的主要内容。

1. 八项质量管理原则

ISO/TC 176 用高度概括同时又易于理解的语言，对质量管理实践经验和理论进行归纳总结，形成下述八大原则：

以顾客为中心；

领导作用；

全员参与；

过程方法；

管理的系统方法；

持续改进；

基于事实的决策方法；

与供方互利的关系。

八项质量管理原则是组织的领导者有效实施质量管理工作必须遵循的原则，同时它也是从事质量审核工作的审核员、指导组织建立质量管理体系的咨询人员和组织内所有从事质量管理工作的人员学习、理解、掌握 ISO 9000 族标准必备的理论基础。

2. 质量管理体系基础

ISO 9000：2000 标准在第 2 章中提出了十二条质量管理体系的基础，主要内容如下：

(1) 质量管理体系的理论说明

本条是十二条基础的总纲，说明了四个问题：

① 质量管理体系的目的就是要帮助组织增进顾客满意。

② 顾客是产品是否可接受的最终确定者，因此，质量管理体系方法鼓励组织分析顾客要求，规定为达到顾客要求所必须的过程，并使这些过程处于连续受控状态，以便实现顾客可以接受的产品。

③ 质量管理体系为组织持续改进其整体业绩提供一个框架，以增加顾客和其他相关方满意的机会❶。

④ 质量管理体系就组织能够提供持续满足要求的产品，向组织及其顾客提供信任。

(2) 质量管理体系要求与产品要求

质量管理体系要求是通用的，适合于各种行业或经济领域，但是组织应根据自己的具体情况建立质量管理体系。而产品要求是在技术规范、产品标准、过程标准、合同协议和法律法规中规定的，不同的产品应有不同的要求。质量管理体系要求不是顾客采购产品的技术要求，然而，它为组织满足规定的产品要求和法律、法规要求的能力提供了一个评价和监视的准则。

(3) 质量管理体系方法

建立和实施质量管理体系的方法包括以下步骤：

① 确定顾客和其他相关方的需求和期望；

② 建立组织的质量方针和质量目标；

③ 确定实现质量目标必需的过程和职责；

④ 确定和提供实现质量目标必需的资源；

⑤ 规定测量每个过程的有效性和效率的方法；

⑥ 应用这些测量方法确定每个过程的有效性和效率；

⑦ 确定防止不合格并消除产生原因的措施；

⑧ 建立和应用持续改进质量管理体系的过程。

上述方法不仅适用于质量管理体系的开发与实施，同时对组织现有质量管理体系的保持与改进也具有指导意义。

(4) 过程方法

任何使用资源将输入转化为输出的活动或一组活动可视为一个过程；而系统地识别和管理组织所应用的过程，特别是这些过程之间的相互作用，称为"过程方法"。ISO 9000 族标准提出了以过程为基础的质量管理体系，如图 6-1 所示，该图清晰表明了质量管理体

---

❶ 相关方 (interested party)：与组织的业绩或成就有利益关系的个人或团体。比如：顾客、所有者、员工、供方、银行、工会、合作伙伴和社会 (ISO 9000：2000)。

系的组成和运行,以及顾客和其他相关方之间的关系。

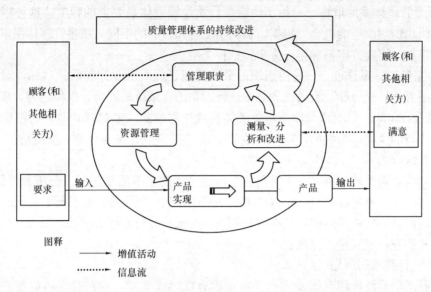

图 6-1 以过程为基础的质量管理体系模式

(5) 质量方针和质量目标

由于质量方针和质量目标是组织在质量方面的方向和追求的目标,所以组织的各项质量活动都应围绕这个方针和目标来进行。质量目标需要与质量方针和持续改进的承诺相一致,其实现须是可测量的。质量目标的实现对产品质量、运行有效性和财务业绩都有积极影响,因此对相关方的满意和信任也产生积极影响。

(6) 最高管理者的作用

领导作用是八项质量管理原则之一,组织的最高管理者的重要任务,就是通过具体的领导作用及各种措施创造一个员工充分参与的环境,质量管理体系也能在这种环境中有效运行。

(7) 文件

文件通过各种不同的承载媒体,如:纸张、光盘、照片或标准样品等,在传递信息、沟通意图、统一行动,以及证实活动和过程结果方面起着重要作用,具体表现在:满足顾客要求和质量改进;提供适宜的培训;重复性和可追溯性;提供客观证据;评价质量管理体系的有效性和持续适宜性。

文件的形成本身并不是目的,它应是一项增值的活动。质量管理体系中使用的文件类型主要有:质量手册、质量计划、规范、指南、程序、作业指导书、记录等。文件的多少及详略程度由组织根据自身的具体情况决定,这些情况包括:组织的类型和规模、过程的复杂性和相互作用、产品的复杂性、顾客要求、适用的法规要求、经证实的人员能力以及满足质量管理体系要求所需证实的程度。

(8) 质量管理体系评价

质量管理体系评价是对构成体系的过程进行评价,对于每个被评价的过程,通常就以下四个问题进行评价:过程是否被识别和适当规定?职责是否予以分配?程序是否被实施和保持?在实现所要求的结果方面,过程是否有效?

标准还提出了三种质量管理体系评价的具体形式：

① 质量管理体系的审核——用于确定符合质量管理体系要求的程度。这种审核的结果可用于组织识别改进的机会。根据审核的实施者和目的的不同，质量管理体系审核可分为第一方审核、第二方审核和第三方审核三种类型。

② 质量管理体系评审——是由组织的最高管理者就质量方针和质量目标，对质量管理体系的适宜性、充分性、有效性和效率进行定期的、系统的评价，也称之为管理评审。

③ 自我评定——是组织参照质量管理体系或优秀模式（如标杆企业）对组织的活动和结果所进行的全面、系统的评审，它是 ISO 9004：2000 标准建议的一项活动。

（9）持续改进

这是八项质量管理原则之一。实现一个改进过程的基本活动包括：分析和评价现状，以识别改进区域；确定改进目标；寻找可能的解决办法，以实现这些目标；评价这些解决办法并作出选择；实施选定的解决办法；测量、验证、分析和评价实施的结果，以确定这些目标已经实现；正式采纳更改。

（10）统计技术的应用

统计技术的重要作用在于发现产品或过程有变异或变差，或在有变异或变差的情况下，通过对变异或变差进行测量、描述、分析、解释和建立模型，使之更好地理解变异的性质、程度和原因。

统计技术已成为质量管理体系系列化理论的组成内容之一，这也是八项质量管理原则中"基于事实的决策方法"在质量管理体系理论中运用的成果。

（11）质量管理体系与其他管理体系的关系

ISO 9000：2000 标准指出："质量管理体系是组织的管理体系的一部分，它致力于使与质量目标有关的结果适当地满足相关方的需求、期望和要求。"一个组织的管理体系可包括若干个不同的子体系，如质量管理体系、财务管理体系、环境管理体系、职业健康安全管理体系等，这些管理体系都有特定的方针和目标。组织的质量目标与其他目标，如增长、资金、利润、环境及职业健康安全等目标相辅相成，共同构成组织的总的管理目标。

（12）质量管理体系与优秀模式之间的关系

ISO 9000 族标准和组织优秀模式提出的质量管理体系方法既有相同之处，也有不同之处。

ISO 9000 族质量管理体系与优秀模式之间所依据的原则相同。ISO 9000 族质量管理体系与组织优秀模式之间的差别在于它们应用范围不同。

3. 术语

ISO 9000：2000 标准从 10 个方面列出了 80 个术语：包括有关质量、管理、组织、过程和产品、特性、合格、文件、检查、审核和测量过程质量保证的术语等。

ISO 9000 族标准中应用的术语并不是相互独立的，在术语概念之间存在着各种关系，归纳起来主要有三种形式，即属种关系、从属关系和关联关系。

6.2.3 ISO 质量管理体系的实施

1. 质量管理体系的活动

企业质量管理体系原则包含五项有规律性的活动：

（1）分析质量环节，确定质量职能。根据本企业产品的特点，分析产品质量产生、形成和实现的过程,从中找出可能影响产品质量的各个环节,研究确定每个环节的质量职能。

(2) 研究质量管理体系结构。根据对质量环的分析结果,研究本企业的质量管理体系结构,确定质量管理体系应包含的具体要素和对每个要素进行控制的要求和措施,配置必需的人力和物质资源。

(3) 形成质量管理体系文件。根据对企业质量管理体系结构研究的结果,形成质量管理体系文件,作为企业的内部法规,正式颁布实行。必须组织企业全体成员学习、贯彻质量管理体系文件、具体落实文件中的各项规定。通过质量管理体系文件的贯彻实施,使影响质量的各个因素,始终处于正常的受控状态之下,从而保证产品及过程质量持续稳定地符合规定的质量要求。

(4) 进行定期的内部审核。企业领导要组织进行定期的内部审核,以督促、证实企业各部门和人员对质量管理体系文件的各项规定能认真贯彻执行,保证质量管理体系有效运行。

(5) 定期安排独立的质量管理体系评审和评价。企业领导必须对质量方针、目标以及质量管理体系的各项支持活动进行评审和评价。评审由结构合理且内容全面的评价组成,包括:①质量管理体系各要素的内部审核结果;②满足企业质量方针和目标的总体有效性要求;③对质量管理体系随着新技术、质量概念、市场战略和社会要求或环境条件的变化而进行更新的考虑。对质量管理体系的评审和评价,其观察结果、结论和建议,应形成文件以便采取必要的措施。

上述五项活动中,质量管理体系文件的制定和贯彻执行,是质量管理体系原则的中心内容,其他活动是为这一中心服务的。分析质量环和研究质量管理体系结构是为制定文件进行的准备工作,质量管理体系审核和评审是为了推动执行质量管理体系文件和保持体系文件的现实有效性而进行的必要的活动。

2. 质量手册

企业的质量手册是阐明该企业的质量方针,并描述其质量管理体系的文件。

企业的质量手册可以涉及该企业的全部活动或部分活动,手册的标题和范围反映其应用的领域。企业的质量手册通常至少应包括或涉及:质量方针;影响质量的管理、执行、验证或评审工作的人员职责、权限和相互关系;质量管理体系程序和说明;关于手册评审、修改和控制的规定。企业的质量手册在深度和形式上可以不同,以适应该企业的需要。

3. 质量管理体系审核

审核用于确定符合质量管理体系要求的程度。审核发现用于评定质量管理体系的有效性和识别改进的机会。质量管理体系审核是通过对构成质量管理体系各要素的审核来进行的。根据审核目的的不同,质量管理体系审核有内部审核和外部审核两种类型。

内部审核,有时称第一方审核,用于内部目的,由组织自己或以组织的名义进行,可作为组织声明自身合格的基础。也就是说,在企业内部,为了确定质量管理体系是否已经得到有效实施和保持,并符合 ISO 9000 族标准,企业领导应制定内部审核计划,定期地组织客观的内部审核与评价。

企业外部的质量管理体系审核,是当合同环境中需方对供方质量管理能力进行评价时,或政府或第三方为了体系认证、产品认证或其他目的而需要对企业质量管理体系进行评价时，由外部审核专家对企业所进行的审核活动。外部审核包括通常所说的"第二方审核"或"第三方审核"。第二方审核由组织的顾客或由其他人以顾客的名义进行。第三方审核由外部独立的组织进行。这类组织通常是经认可的，提供符合要求（如：ISO 9001）的认证或注册。

4. 质量管理体系改进

企业产品质量能否使顾客满意，并为企业带来效益，取决于该企业活质量管理体系的有效性和效率。体系审核揭示了体系中某些要素或过程存在着改进的可能，企业必须把握住改进的机会。企业质量管理体系改进是一种持续的活动，其目标是追求更高的有效性和效率，避免可控缺陷的出现。

企业质量管理体系的改进活动应制定改进实施计划，内容包括：

（1）论证质量管理体系改进的必要性。这是为了让企业全体人员统一思想，增强企业领导对质量改进的承诺。

（2）明确质量管理体系改进项目。要明确重点改进的体系要素或过程，以及实施改进的先后秩序。

（3）要素或过程的改进程序。其内容至少包括：①改进项目名称和预期效果目标；②实施改进的负责部门（人）和与之配合部门（人）；③实施改进的措施、精度；④实施改进的支持条件。

6.3 ISO 14000 环境管理体系系列标准

6.3.1 ISO 14000 系列标准产生的背景

ISO 14000 系列标准的产生与人类日益对环境问题的关注密不可分。随着人口的增加、经济的增长，全球所面临的环境问题主要有：温室效应所带来的气候变化，臭氧层被破坏，有毒有害化学物质污染与越境转移，海洋污染、生物多样性破坏，生态环境恶化。1992 年 6 月联合国环境与发展大会在里约热内卢召开，由 183 个国家和 70 个国际组织，102 位首脑通过了《关于环境与发展宣言》、《21 世纪议程》、《联合国气候变化框架公约》、《生物多样性公约》、《森林声明》。

会后，各国学者对可持续发展的内涵进行广泛探讨，可持续的发展已经得到了国际社会的认可。依据可持续发展理论，人们相继提出生态指南管理和生态消费的问题，许多企业也自动关注对环境的影响和改善、开始评价自身的环境管理活动。同时，一些标准化组织着手制定环境管理体系标准。英国标准化协会（BSI）于 1989～1992 年间着手制定了 BS 7750 环境管理体系标准。在这个标准的影响下，欧共体理事会在 1993 年 6 月以法规形式公布了《关于工业企业自愿参加环境管理与环境审核联合体系条例》，简称为"生态管理和审核制度"（EMAC）。除英国和欧洲外，加拿大也制定了类似的标准。ISO 于 1993 年 6 月正式成立 ISO/TC 207 "环境管理技术委员会"。其宗旨是支持环境保护，减少人类对环境的污染，改善并维持相应的生态环境质量，使环境保护与经济发展和谐共生，最终实现人类文明进步的可持续性。

ISO/TC 207 的工作是通过制定一套有效的环境管理的国际标准，来规范组织的环境行为，以实现对环境的可持续利用。从 1993 年 6 月到 1996 年 10 月 1 日 ISO/TC 207 先后制定并颁布 ISO 14000 系列标准,并于 2004 年颁布其修订版。

6.3.2 ISO 14000 系列标准的构成

ISO 14000 系列标准按属性可分成三个子系统:

1. 基础标准子系统:
- ISO 14050:1998 标准《术语和概念——术语使用原则指南》

2. 基本标准子系统:
- ISO 14001:1996 标准《环境管理体系——规范及使用指南》
- ISO 14004:1996 标准《环境管理体系——原则、体系和支持技术通用指南》

3. 支持技术子系统:

环境审核:
- ISO 14010:1996《环境审核指南——通用原则》
- ISO 14011:1996《环境审核指南——审核程序——环境管理体系审核》
- ISO 14012:1996《环境审核指南——审核员资格要求》

环境标志:
- ISO 14020:1998《环境标志和声明——通用原则》
- ISO 14021:1999《环境标志和声明——Ⅰ型环境标志和生命——原则与程序》

环境管理:
- ISO 14031:1999《环境管理——环境绩效评估——指导纲要》
- ISO 14040:1997《环境管理——生命周期评价——原则与指南》
- ISO 14041:1998《环境管理——生命周期评价——目标和范围的界定及清单分析》

环境因素:
- ISO 导则 64:1997《产品标准中的因素》

"基础标准"是 ISO 14000 系列标准的基础,它统一了各标准使用者对标准内容的理解。"基本标准"是指在 ISO 14000 系列标准的基础中起主导、统帅作用的标准。"支持技术"是指对基本标准的实施起支撑作用的标准。

ISO/TC 207 对 ISO 14001:1996 进行修订,形成 ISO 14001:2004。第二版标准的修改重点更加明确表述第一版的内容;同时对 ISO 9001:2000 的内容予以必要的考虑,以加强两个标准的兼容性,从而满足广大用户的要求。

6.3.3 ISO 14000 系列标准主要特点

ISO 14001:2004 版标准的名称已发生变化,由 1996 版的《环境管理体系——规范及使用指南》改名为《环境管理体系——要求及使用指南》,这一修改是为了和 ISO 9001:2000 取得一致。在体系要素方面,两个标准的对比如表 6-2 所示(名称的改变见粗体部分)。

通过表 6-2 显示的要素名称的变化以及新版标准在要素内容上的调整,可以看出 2004 版环境管理体系标准具有如下的特点:

1. 特别使用和 ISO 9001:2000 相同的结构和用语。例如 2004 版标准对于"环境管理体系"这一术语的界定就已修改为:组织管理体系的一部分,用来制定和实施环境方针,管理环境因素。并且在相应的注释中指出"管理体系是用来建立方针和目标,并进而实现这些目标的一系列相互关联的要素的集合"。在新版标准的体系要素中,即使是和

1996版采用相同的要素，如"文件控制"，要素的释义也更加接近于 ISO 9001：2000 的描述。

ISO 14001：1996 和 ISO 14001：2004 体系要素的对比　　　　表 6-2

ISO 14001：1996	ISO 14001：2004
4.2　环境方针	4.2　环境方针
4.3　规划（策划）	4.3　规划（策划）
4.3.1　环境因素	4.3.1　环境因素
4.3.2　法律和其他要求	4.3.2　法律、法规和其他环境要求
4.3.3　目标和指标	4.3.3　目标、指标和方案
4.3.4　环境管理方案	4.4　实施与运行
4.4　实施与运行	4.4.1　资源、作用、职责和权限
4.4.1　组织结构和职责	4.4.2　能力、培训和意识
4.4.2　培训、意识和能力	4.4.3　信息交流
4.4.3　信息交流	4.4.4　文件
4.4.4　环境管理体系文件	4.4.5　文件控制
4.4.5　文件控制	4.4.6　运行控制
4.4.6　运行控制	4.4.7　应急准备和响应
4.4.7　应急准备和响应	4.5　检查
4.5　检查和纠正措施	4.5.1　监测和测量
4.5.1　监测和测量	4.5.2　合规性评价
4.5.2　不符合，纠正和预防措施	4.5.3　不符合，纠正和预防措施
4.5.3　记录	4.5.4　记录
4.5.4　环境管理体系审核	4.5.5　内部审核
4.6　管理评审	4.6　管理评审

2. 强调符合环保要求的重要性。2004 版标准拓展了评估的范围，除要求企业必须评估其活动、产品和服务是否符合相关法律外，还须对应其他要求进行符合性评估，并保存评估记录。因此有害物质使用限制指引（RoHS）及欧盟电机及电子设备废料处理指引（WEEE）等亦成为企业需要考虑是否要遵守的要求。

3. 强化环境因素作为建立环境管理体系的基础。1996 版标准要求"识别活动、产品或服务中的环境因素"，2004 版标准则修改为"识别活动、产品和服务中的环境因素"；而且识别环境因素的资料需要作文件记录，而不可只把重要环境因素表列出来。此外，企业应将其订立的环境管理体系涵盖范围内所有活动、产品和服务的环境因素识别出来，而这些环境因素必须是该企业所"能够控制和影响"的。企业因此需要订立一个更广的涵盖范围，并进行全面的环境因素分析，避免任意的删减，也要同时考虑企业的供应链、运输及产品之使用/处理对环境的影响。

总之，ISO 14001：2004 标准是经过国际间各界人士的充分修改才发布的，它与 ISO 9001：2000 的相容性将更有利于企业实施综合的管理体系。同时，ISO 14001：2004 版也提高了符合性评估的要求，而对某些工业，特别是电气和电子零件业将产生重要影响。企业应利用这个新版本的过渡期来评估及实施需作出修订的地方，以展示作为负责任的企业公民对环保所作出的承诺。

6.3.4 ISO 14000 系列标准的指导思想和运行模式

ISO 14000 系列标准的目的主要在于：指导组织建立、实施并保持一个有效的环境管理体系以实现组织的环境方针和目标，并不断改进其环境表现（行为）来满足法律、法规和其他应遵守的要求。为了达到这一目的，ISO 14000 系列标准的指导思想主要包括：

1. 管理体系一体化的思想。ISO 14000 标准始终强调：从系统的观点出发，环境管理体系是组织管理系统的一个子系统，不应该将环境管理独立于组织的各项活动之外。2004 版的环境管理体系标准在结构和内容上更加增强了与其他管理体系的兼容性。

2. 强调领导作用和立足全员参与的思想。ISO 14000 系列标准指出："体系的成功实施有赖于组织中各个层次与职能的承诺，特别是最高管理者的承诺。"最高管理者的支持不仅是组织建立、实施环境管理体系的动力，而且是提供必要的组织和资源的保证；同时环境的职责不仅限于最高管理者，而且渗透到组织内"所有的层次与职能"。

3. 预防为主的思想。ISO 14000 系列标准总目标是"支持环境保护和污染预防，协调它们与社会和经济需求的关系"。因此在标准的要素中贯穿了预防为主的思想，如"环境方针"要求最高管理者在方针中承诺预防污染；规划、实施和运行、检查、管理评审等环节都具备预防的功能。此外，在遵循生命周期环境管理思想的指导下，标准强调将预防为主的思想渗透到产品或过程的全部生命周期之中，以实现全过程预防污染。

4. 持续改进的思想。ISO 14000 系列标准对"持续改进"的定义是："对环境管理体系进行强化的反复发生的过程，目的是根据组织的环境方针，实现对环境表现（行为）的全面改进"。这一持续改进的概念包含两个方面：一是环境的改进，是指根据组织的环境方针，实现对整体环境表现（行为）的改进；二是环境管理体系的改进，是指根据组织内外部要求和变化，按照标准的运行模式，经规划——实施——检查——评审的动态循环不断对组织环境管理体系的改进。

ISO 14000 系列标准采用了 PDCA（策划-实施-检查-处置）环境管理体系的运行模式，如图 6-2 所示。

对于这一 PDCA 运行模式，ISO 14001：2004 给出进一步阐释：

P（策划）：建立所需的目标和过程，以实现组织的环境方针所期望的结果；

D（实施）：对过程予以实施；

C（检查）：根据环境方针、目标、指标以及法律、法规和其他要求，对过程进行监测和测量，并报告其结果；

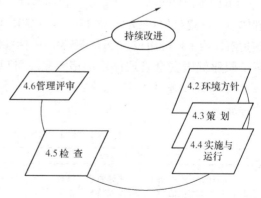

图 6-2 环境管理体系运行模式

A（处置）：采取措施，以持续改进环境管理体系的绩效。

许多组织通过由过程组成的体系以及过程的相互作用对运行进行管理，这种方式称为过程管理。ISO 9001：2000 提倡这种模式。由于 PDCA 可以应用于所有的过程，因此这两种方式可以看作是兼容的。

6.4 OHSAS 18000 职业健康安全管理体系系列标准

6.4.1 OHSAS 18000 系列标准产生的背景

职业健康与安全是许多行业都涉及的问题。例如粉笔灰对教师呼吸道的危害，水泥厂粉尘对肺部的危害，建筑业坠落的危险，机加工车间断指、断臂的危险，化工、能源、医药行业对员工呼吸、神经系统的危害，交通运输行业运输工具事故的危害，煤矿瓦斯爆炸和塌方的危险等等。根据国际劳工组织的统计，全世界每年发生的各类伤亡事故是 2.5 亿起，其中死于工伤事故的约为 82.5 万人，因为职业病而导致的死亡人数约为 27.5 万人。这些危险或危害在这些行业中都有可能发生，而有无发生、发生的频率、灾害的大小，除了客观无法控制的原因之外，绝大部分与企业对员工健康安全的重视程度和所采取的措施是否得力有关。

20 世纪 80 年代以来，随着国际社会对职业健康安全问题的日益关注，以及 ISO 9000 和 ISO 14000 在世界各国得到广泛认可与成功实施，许多国家对职业健康安全方面的管理标准开始重视。英国颁布了 BS8800《职业安全卫生管理体系指南》国家标准；美国工业卫生协会制定了《职业安全卫生管理体系指导性文件》；日本工业安全协会提出了《职业安全卫生管理体系导则》；澳大利亚/新西兰制定了《职业安全卫生管理体系原则、体系和支持技术通用指南》标准草案。ISO 也注意到各国关于制定职业安全卫生标准的呼声，希望将此课题列为 ISO 的研究项目。但是在 1997 年 1 月召开的技术工作委员会（TMB）会议上并未通过，只能暂不制定这类国际标准。1999 年 3 月，由全球数家最知名的标准制度研究、认证机构——BSI、DNV、SGS、BVQI、NSAI、AS/NZ、UNE、LRQA、SABS 等 13 个组织共同颁布了 OHSAS 18000 职业健康安全评估系列标准，成为目前国际社会普遍采用的职业健康安全管理体系标准，但该系列标准其实并不是国际标准。

6.4.2 OHSAS 18000 系列标准的构成、目的和用途

OHSAS 18000 职业健康安全评估系列标准由 OHSAS 18001：1999《职业健康安全管理体系——规范》和 OHSAS 18002：1999《职业健康安全管理体系——OHSAS 18001 实施指南》两个标准组成。OHSAS 18001 标准规定了对职业健康安全管理体系的要求，明确了职业健康安全管理体系的诸要素，可以说是 OHSAS 18000 系列标准的主题标准。OHSAS 18002 阐述了职业健康安全管理体系要素，是 OHSAS 18001 的实施指南。这两个标准的的目的和用途如表 6-3 所示。

OHSAS 18001 和 OHSAS 18002 标准的目的和用途 表 6-3

	OHSAS 18001：1999	OHSAS 18002：1999
目的	为组织建立和实施职业健康安全管理体系提供规范化、标准化指导，以减少雇员和其他人员的风险，帮助组织在市场中树立良好形象	为建立和实施职业健康安全管理体系提供可操作性建议和指南，使组织通过资源配置、职责分配以及对作业、程序和过程的不断评价，有序处理职业健康安全事务，确保达到职业健康安全目标
用途	①为组织内部实施职业健康安全管理提供途径，即通过应用本标准建立和保持职业健康安全管理体系，有效地控制和消除员工和其他有关人员可能遭受的危险及危害的因素，从而使内外部顾客都满意；②为组织内部和外部（包括认证机构）的职业健康安全管理体系审核和认证提供准则	①实施指南不是规范性标准，因此只用于组织内部的职业健康安全管理，而不适用于职业健康安全管理体系的认证和注册；②凡组织有愿望改善其职业健康安全管理行为时，本标准提供系统的方法

6.4.3 OHSAS 18000 系列标准的指导思想

OHSAS 18000 系列标准的指导思想主要包括以下五个方面：

1. 强调组织最高管理者的承诺和责任

OHSAS 18000 标准特别强调，组织的最高管理者（层）应制定职业健康安全方针，以阐明职业健康安全目标及改进职业健康安全行为的承诺；此外，最高管理者还应为体系提供必要的支持和资源配置，并定期对体系进行评审、调整和改进。

2. 立足全员参与，注重对员工的培训和教育

OHSAS 18000 标准规定职业健康安全方针应传达到全体员工，使每个人都明确自己在职业健康安全管理方面的职责和义务；要有效地发挥员工在职业健康安全方面的作用，除了要提高他们的职业健康安全意识和参与的积极性之外，还必须通过必要的教育和培训，使全体员工掌握与其所承担的职责相适应的知识和技能。

3. 重视风险的预防

在人们的工作活动和工作环境中，总是存在这样那样潜在的危险源，这些危险源有化学的、物理的、生物的和其他种类。OHSAS 18000 标准将"特定危险事件发生的可能性与后果的结合"定义为风险（risk）。风险可用发生几率、危害范围、损失大小等指标来评定。现代职业健康安全管理的对象就是职业健康安全风险。在标准的许多条款中明确要求通过风险评价和风险控制来预防风险。

4. 着眼持续改进

OHSAS 18000 标准提供了一个策划、实施、检查、改进的职业健康安全管理体系模式。组织在职业健康安全管理方针的指导下，建立符合标准要求的体系，并按标准提出的体系模式周而复始地按照策划、实施、检查、改进地动态循环运行职业健康安全管理体系，从而实现不断改进。

5. 制定必要的文件支持系统

OHSAS18000 标准提供了一个系统化的管理过程，并要求把其中的计划、组织、实施和检查、监控等活动，集中、归纳、分解和转化为相应的文件化的目标、程序和作业文件，以制定必要的文件支持工作程序和重要信息。

OHSAS 18000 标准中的职业健康安全管理体系模式及其要素如下：

OHSAS 18000 标准提出了与 ISO 14000 标准相似的、符合 PDCA 循环的管理体系模式，如图 6-3 所示。

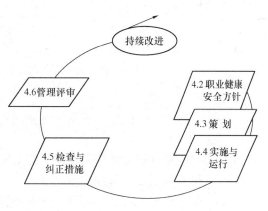

图 6-3 职业健康安全管理体系模式

OHSAS 18000 标准的内容包括：一般要求事项、职业健康安全方针、策划、实施与运行、检查与纠正措施、管理评审等。体系的运行首先确立"职业健康方针"，然后为实现方针进行策划，"实施与运行"是对策划的职业健康安全管理体系实施运行，"检查与纠正措施"是在运行过程中利用检查的手段发现运行中的问题，通过原因分析，制定纠正措施并有效实施，防止问题的再发生；最后以"管理评审"对整个循环过程进行评价，根据

评价结论对职业健康安全管理体系进行改进，包括方针和目标的调整和修订。如此循环下去，最终实现预防和控制工伤事故、职业病及其他损失的目标，使组织的职业健康安全管理状态得到改善和提高。

在图6-3的职业健康安全管理体系运行的模式中，细化的各要素之间的逻辑关系可如图6-4所示。

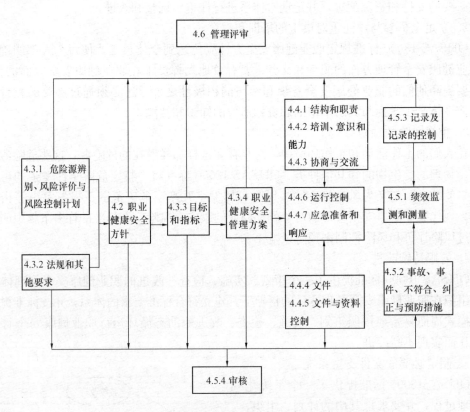

图6-4 职业健康安全管理体系要素的逻辑关系图

6.5 SA 8000社会责任管理体系

6.5.1 SA8000社会责任管理体系的由来及影响

1. SA8000社会责任管理体系的由来

SA8000是Social Accountability 8000的简写，中文译为社会责任管理体系，是国际上第一个规范组织道德行为及社会责任的标准。该管理体系以保护劳动环境、劳动条件、劳工权利等为主要内容，要求企业在童工、强制雇佣、健康与安全保密、结社自由和集体谈判权利、歧视、惩罚措施、工作时间、报酬和管理系统等九个方面满足一致条件。其标准取自国际工会组织协会、国际人权宣言和关于儿童权利的联合国公约。

SA8000诞生于1997年，是一个覆盖道德、社会和环境等内容的新兴标准。20世纪90年代初，美国一服装制造商Levi—Strauss在监狱般的工作条件下使用年轻女工的恶劣行径被媒体披露，为挽救自己在社会及消费者心中的形象，该公司对其管理集团做了大的改组，并草拟了第一份公司社会责任守则。随之，一些大型跨国公司也纷纷制订了类似的社会责任守则，形成了一场声势浩大的企业社会责任运动，并扩展到欧洲与澳洲。虽然人们对企业的社会责任越来越关注，却缺乏一个明确的评判标准。在此背景下，美国经济优先认可委员会成立（2001年后更名为国际社会责任认可委员会），由该组织设计了SA8000的标准和认证体系，并于1997年10月公开发布；后又经过18个月的公开咨询和深入研究，于2001年12月12日发表了SA80000标准的修订版，即SA8000：2001。

2. SA8000社会责任管理体系的影响

SA8000与ISO9000（质量管理体系）、ISO14000（环境管理体系）、OHSAS18000（职业健康安全管理体系）等流行标准体系一样，也非强制性标准，也就是说，企业认证与否完全自愿。但由于越来越多的用户企业及消费者要求上游企业通过这些标准，通过这些管理体系的认证已逐渐成为潮流。同时，通过这些标准的认证也是企业关注质量、环境、职业健康安全、社会责任等的表现。

由于SA8000诞生较晚，还没有得到像ISO9000、ISO14000一样的广泛认可，但其发展速度却不可小觑。截至2005年3月31日，全世界共有655家企业获得了SA8000第三方认证，这些获得认证的企业分布在50个行业、44个国家，覆盖43万多雇员。通过SA8000标准审核的前三个国家依次是：意大利192家，中国94家，印度93家（世界范围通过SA8000认证的数据来自www.cepaa.org）。其中，我国的94家企业多分布在东南沿海，也就是我国出口的滩头阵地。

随着国际分工的逐渐深化与经济全球化影响的扩大，源于欧美的企业社会责任运动及SA8000也逐渐波及亚非广大发展中国家。特别是进入21世纪以后，几乎所有的欧美企业都对其全球供应商和承包商实施社会责任评估与审核，以此来选择合作伙伴。我国是全球制造业的中心，因此受到的跨国公司社会责任审核也最多。据不完全统计，1995年以来，中国沿海地区已有近9000家企业接受过社会责任审核。有的因为表现良好而获得了更多的订单，有的则因缺乏改善诚意而被取消了供应商资格。可以说，SA8000正逐渐成为我国企业走向世界的又一张通行证。

6.5.2　SA 8000社会责任管理体系的内容

1. 目的与范围

SA 8000社会责任管理体系规定公司应该遵守的社会责任，以帮助公司发展、维持和加强公司的政策和程序，在公司可以控制或影响的范围内，管理有关社会责任的议题；向利益团体证明公司政策、程序和措施符合本标准的规定。本标准之规定具有普遍适用性，不受地域、产业类别和公司规模的限制。

2. 规范纲要与诠释

SA 8000社会责任管理体系要求公司应该遵守国家和其他适用的法律、公司签署的其他规章和本标准。当国家和其他适用的法律、公司签署的规章和本标准所规范的议题相同时，应该采用其中最严格的条款。公司也应该尊重国际协议的原则。

3. 定义

该部分对SA8000社会责任管理体系中的名词作出定义。

4. 社会责任之规定

（1）童工

公司不可雇佣童工或支持雇佣童工的行为。若发现有童工，公司应该建立、记录、保留旨在拯救童工的政策和程序，有效地传达这些政策和程序给员工和其他利益团体，并且应该提供足够的支持来促使童工接受学校教育，直到他们超过儿童年龄为止。公司应该建立、记录、维持国际劳工组织建议条款第146条所涉及的旨在推广儿童教育和青少年工人教育的政策和措施，并将其向员工及利益团体有效传达。政策和措施还应包括一些具体措施来保证在上课时间内不雇佣童工或青少年工人，而且童工和青少年工人的每日交通（来回工作地点和学校）、上学和工作时间加起来不得超过10小时。无论工作地点内外，公司不可置儿童或青少年工人于危险、不安全或不健康的环境中。

(2) 强迫性劳动

公司不可雇佣或支持雇佣强制性劳工的行为，也不可要求员工在受雇之时缴纳（押金）或存放身份证于公司。

(3) 健康与安全

公司应该考虑到产业中普遍认知的危险和任何特定的危险，而提供一个健康与安全的工作环境，并应采取适当的措施，在可能条件下最大限度地降低工作环境中的危害隐患，以避免在工作中或由于工作发生或与工作有关的事故对健康的危害。公司应该指定一个高级管理代表，来负责所有员工的健康与安全，并且负责实施本标准中有关健康与安全的规定。公司应该保证所有的员工都接受定期和有记录的健康与安全训练，并为新进的和调职的员工重新进行培训。公司应该建立系统来侦查、防范或反映可能危害员工健康与安全的潜在威胁。公司应该提供所有员工干净的厕所、可饮用的水，在适当的情形下，提供员工储藏食物的卫生设备。如果公司提供员工宿舍的话，应该保证宿舍设备干净、安全，并能满足员工的基本需求。

(4) 组织工会的自由与集体谈判的权利

公司应该尊重所有员工自由成立和参加工会，以及集体谈判的权利。当自由组织工会和集体谈判的权利受到法律限制的时候，公司应该协助员工采用类似的方法来达到独立和自由结社和谈的权利。公司应该保证工会代表不受歧视，并且在工作环境中能够接触工会的会员。

(5) 歧视

公司在雇佣、薪酬、训练机会、升迁、解雇或退休等事务上，不可从事或支持任何基于种族、社会阶级、国籍、宗教、残疾、性别、性别取向、工会会员资格或政治关系的歧视行为。公司不可干涉员工遵奉信仰和风俗的权利，和满足涉及种族、社会阶级、国籍、宗教、残疾、性别、性别取向和工会的信条、政治需要的权利。公司不可允许带有强迫性、威胁性、凌辱性或剥削性的性行为，包括姿势、语言和身体的接触。

(6) 惩戒性措施

公司不可从事或支持肉体上的惩罚、精神或肉体胁迫以及言语凌辱。

(7) 工作时间

公司应该遵守适用法律及行业标准有关工作时间的规定；在任何情况下，不可经常要求员工一个星期的工作时间超过48小时，并且员工在每个7天之内至少有一天的休息时间。所有超时工作应付额外报酬。在任何情况下每个员工每周加班不得超过12个小时。若公司与代表众多所属员工的工人组织（依据国际劳工组织定义）通过自由谈判达成集体协商协议,公司可以根据协议要求工人加班以满足短期业务需要。否则,所有加班必须是自愿性质的。

(8) 薪酬

公司应该保证它所给付的标准工作周的工资至少能够达到法律或行业规定的最低工资标准,而且满足员工的基本需求,和提供一些可随意支配的收入。公司应该保证不会为了惩戒的目的而扣减工资,并且保证定期向员工清楚地列明工资、福利的构成;公司还应该保证工资、福利完全合乎所有适用的法律,而且薪酬给付的形式,无论是现金或支票,都必须合乎方便工人的原则。公司不可采用纯劳务性质的合约安排或虚假的见习期(学徒工制度)办法,来逃避劳动法和社会安全法规中明定的公司对员工应尽的义务。

6.5.3 SA8000 社会责任因素的识别

1. 根据活动或过程进行社会责任因素识别

根据活动或过程对企业进行社会责任因素识别主要是通过识别企业的人员招聘、工作时间安排、惩罚犯错员工、工资待遇、职业规划(升职、加薪及培训机会)、工作过程中和生活条件等方面进行的,具体内容如表6-4所示。

根据活动或过程进行社会责任因素识别　　　　表6-4

活动或过程	社会人因素	社会责任影响	影响程度
人员招聘	不对工人实际年龄进行查验	可能误招童工	
	收取押金	违反劳动法规、强迫劳动	
	歧视女性	可能违反法规,性别歧视	
工作时间安排	没有休息天	违反劳动法规	
	超时加班	违反劳动法规	
	强迫加班	违反劳动法规	
惩罚犯错员工	侮辱、谩骂员工	违反法规	严重
	体罚(剃光头、罚站、罚跪、罚晒、清扫厕所等)	违反法规	
	高额罚款	违反劳动法规	
工资待遇	薪酬低于最低工资标准	违反劳动法规	
	不支付加班工资	违反劳动法规	
	不买社会保险	违反劳动法规	
	没有奖金或津贴	影响工人工作积极性	
职业规划(升职、加薪及培训机会)	政策规定不合理	影响工人工作积极性	一般
	歧视女工	违反法规	
	歧视工会会员	违反法规	

续表

活动或过程	社会人因素	社会责任影响	影响程度
工作过程中	设备、工作场所不安全	可能发生工伤事故	严重
	不提供安全培训	影响安全操作	中等
	不提供劳保用品	伤害工人健康	严重
	无消防器材	影响消防安全	
	安全出口不够	火灾时无法逃生	
	缺消防演习	影响紧急逃生	中等
	无急救箱	影响工伤救护	
生活条件	宿舍面积狭小	影响工人休息	严重
	宿舍清洁卫生差	影响工人休息	一般
	伙食质量卫生差	伤害工人健康	中等
	没有澡堂	工人生活不方便	
	饮用水不足	影响饮水、设备故障	一般
	立即开除没有补偿	违反法规	严重
	拖欠工资	违反法规	
	扣押工资	违反法规	

2. 根据标准要素进行社会责任因素识别

根据标准要素进行社会责任因素识别主要是通过识别企业的童工及未成年工、强迫劳动、健康与安全、结社自由及集体谈判、歧视、惩戒性措施、工作时间和工资报酬等方面进行的，具体内容如表6-5所示。

根据标准要素进行社会责任因素识别 表6-5

要素	社会人因素	社会责任影响	影响程度
童工及未成年工	招工时未查验年龄	可能误招童工，违反劳动法	严重
	工人使用假身份证	可能误招童工，违反劳动法	
	未办理未成年工登记	违反劳动法规	中等
	未安排定期体检	违反劳动法规	严重
	未成年工从事危险工作	伤害工人健康，违反法规	
	没有童工拯救措施	违反标准要求	中等
强迫劳动	收取押金或抵押物	违反法规	严重
	限制工人离开工厂	违反法规	
	强迫工人加班	违反法规	
	工作没有工资	违反法规	
	做工抵债	违反法规	
	强迫搜身	违反法规	

续表

要　素	社会人因素	社会责任影响	影响程度
健康与安全	宿舍、食堂、厂房三合一	违反消防法规	严重
	安全出口不够	违反消防法规	
	无消防器材	违反消防法规	
	危险设备无安全装置	发生工伤事故	
	喷油车间通分条件差	损害工人健康	
	未提供劳保用品	损害工人健康	
	无急救箱	影响工伤急救	
结社自由及集体谈判	限制工人结社	违反工会法	中等
	限制工人代表活动	违反工会法	
	歧视工人代表	违反工会法	
歧视	种族歧视	违反法规	严重
	阶级歧视	违反法规	
	年龄歧视	违反法规	
	宗教歧视	违反法规	
	性别歧视	违反法规	
惩戒性措施	体罚员工	违反法规	严重
	虐待员工	违反法规	
	侮辱员工	违反法规	
	性骚扰员工	违反标准	
工作时间	不安排休息天	违反劳动法规	严重
	超时加班	违反劳动法规	
	强迫加班	违反劳动法规	
工资报酬	工资低于最低工资标准	违反最低工资法规	中等
	无加班工资	违反加班工资法规	
	法定假期不支付工资	违反劳动法规	
	无带薪年休假	违反带薪年休假法规	
	拖欠工资	违反工资支付法规	严重
	试用期没有工资	违反工资法规	
	女工无产假	违反产假法规	中等
	不办理社会保险	违反社会保险法规	严重

6.5.4　SA 8000与我国建筑企业的社会责任管理体系

从世界范围获得SA 8000认证企业的行业分布来看，通过最多的前三个行业依次是服装业115家、纺织业51家与运输业38家；从我国范围来看，通过最多的前三个行业依次是服装业20家、玩具业16家和鞋业10家。

2007年3月，中建一局建设发展公司成功通过SA 8000社会责任国际标准认证，成为我国建筑业首家通过社会责任体系认证的企业，也是目前我国惟一通过此项认证的建筑企业。但是从全国范围来看，建筑行业整体通过率依旧不高。从表6-6中可以看出：无论世界范围，还是中国范围，建筑业及建材行业、房地产业通过 SA 8000 认证的企业个数都比其他行业小得多。

我国与世界范围建筑行业通过 SA 8000 认证的对比表　　表6-6

行业	世界范围		我国范围	
	通过认证企业个数	比　　重	通过认证企业个数	比　　重
建筑材料	14	2.1	1	1.1
建筑	9	1.4	1	1.1
房地产	3	0.5	1	1.1

资料来源：www.cepaa.org

造成这一现象的主要原因是 SA 8000 管理体系在建筑行业还未引起足够重视，申请认证和通过认证的企业都不多。深层原因是：建筑行业相对于服装、纺织及玩具行业来说是内向型行业，对外承包工程所占的市场份额相对较小；而服装、纺织等行业的外贸依存度较大，越来越多的国外需求者以通过 SA 8000 认证为条件来要求或选择供货商。一来展示自己对社会责任的关注，二来这在目前也是一种变相的非关税贸易壁垒。因为我国的许多出口商品是以劳动力成本低来获取价格竞争优势的，而通过 SA 8000 势必会提高雇员报酬、改善雇员工作条件、增加产品劳动力成本，这就削弱了我国出口产品的价格优势，进口国也因此达到了一定的贸易保护目的。

然而，随着我国建筑企业越来越多地参加到世界经济建设进程中，随着企业社会责任被越来越多的国家特别是发展中国家所关注，我国建筑企业通过 SA 8000 认证将是大势所趋。主要原因在于：

第一，我国建筑企业对外承包工程目前主要集中在发展中国家，虽然目前发展中国家对供应商的社会责任要求还很少，但将来肯定会增多；

第二，我国建筑企业涉外工程要继续拓展到发达国家，将遇到 SA 8000 标准要求的限制；

第三，随着经济发展和社会进步，劳动者福利普遍增加，会有越来越多的民众、国内用户开始要求企业通过 SA 8000 标准。

因此，对我国建筑企业来说，无论是对发达国家市场的开拓、还是面对国内市场的竞争以及发展中国家市场份额的保持，都需要重视企业的社会责任。

要消除建筑企业对于 SA 8000 的逃避与恐惧，必须要认清 SA 8000 的本质。从短期来看，它将使企业面临费用成本加大的挑战，但从长期来看，则利大于弊，它代表了企业管理的新境界，代表了企业与时代共存共荣的基本要素，从更广泛的角度看，它与我国社会中追求的人文理念、"以人为本"的管理理念是相通的。企业社会责任是我国企业进入国际市场的通行证，不要消极地把它看作什么贸易壁垒和成本障碍，而要变天堑为通途，借此力量作为提高我国建筑企业素质的催化剂，快速提升企业品牌形象，提升企业的长期盈利能力。

6.6　一体化管理体系的内涵与实现要求

6.6.1　一体化管理体系的内涵

企业进行管理体系一体化的结果是将各类管理体系整合成一个综合的管理体系，即形成一体化管理体系（IMS—Integrated Management Systems）。根据前文对体系和管理体系的阐述以及各类管理体系标准对于管理体系一体化的倾向性，我们对"一体化管理体系"作出如下定义："建立综合的方针和目标，通过两种或两种以上管理体系的有机整合，从而形成使用共有要素以实现这些目标的单一的管理体系。"

对于上述定义，有必要指出：

（1）综合的方针和目标是指将各个管理体系的方针和目标综合成一体化管理体系的方针和目标，旨在同时满足一个企业的多个不同相关方的期望或要求。

（2）两种或两种以上的管理体系可以是企业已经分别建立的，也可以是企业拟打算建立的，但这些管理体系应当是分别具有专业性较强的管理目标、致力于满足不同的相关方要求。

（3）有机整合是指遵循系统化原则，形成相互统一、相互协调、相互补充、相互兼容的有机整体，而不是多种管理体系的简单相加。

（4）诸多管理体系本身就是针对同一个企业而言，因此各专业管理体系并不能相互独立，而是具有某些相同或相近的要素。这些要素自然可以为一体化之后的管理体系所使用，而且共有要素实际上也为IMS的建立和运行提供了平台。因此，在IMS定义中强调共有要素，以防止共有要素因管理体系呈现不同形式而被人为地分开。

根据参与一体化的不同管理体系的数目，可以将IMS分为二元、三元和多元（三元以上）这三种类型。而这样的分类实际上也反映了管理体系一体化的程度和演变阶段。一体化程度较低的是二元型IMS，典型的如质量管理体系（QMS）和环境管理体系（EMS）的一体化，环境管理体系（EMS）和职业健康安全管理体系（OHSMS）的一体化；多元型IMS的一体化程度较高，它不仅涵盖质量、环境及职业健康安全管理的各个要素，而且还融合了其他管理体系（如财务、信息安全，食品安全卫生等）的要求，旨在形成整体的运行机制，以系统的方法落实多项管理体系标准的要求，从而达到让顾客、员工、社会及其他相关方都满意的目的。按照质量、环境和职业健康安全管理标准建立一体化管理体系，是当今各类企业管理体系发展的主要趋势，这对于加入世贸组织不久的中国来说，具有重要的现实意义。

6.6.2 企业实施管理体系一体化的必要性

随着社会的进步和日益严格的法律法规要求，企业除了关注顾客的要求（包括现有的和潜在的需求或期望）之外，还必须确保自身的生产经营活动不损害员工的身心健康、不污染环境以及满足更多的社会责任等多种要求。为了满足现代社会的多种要求，越来越多的企业积极采用国际/国家标准，建立质量、环境、职业健康安全以及其他管理体系。然而，当多个管理体系在同一企业中独立运行时却不可避免地产生了一些问题。

国内的一些调查表明，已经建立实施质量、环境、职业健康安全和社会责任四个管理体系的企业都反映管理体系文件多、相互重叠，管理机构和职责有重复管理等现象，各管理体系之间的协调性差，各自突出在企业管理中的地位和重要性，内部审核和外部审核频繁。并且，这些企业中有80%不同程度地反映建立四个管理体系后，管理部门增加，出现局部多头管理现象，部分管理重复形成管理的复杂化，降低了管理的效率和有效性。而被调查的其他正在建立环境和职业健康安全管理体系的企业，都担心建立四个管理体系会使企业管理文件多而繁复，导致管理的不协调，特别是中小型企业，更担心会使管理分散,造成管理复杂化而降低管理效率。所有被调查的企业都迫切希望建立一体化的管理体系模式,寻求管理体系整合的途径,使建立的管理体系体现企业集中管理模式,提高企业管理的效率和有效性。

由此可见,企业为了向相关方证明自身的经营活动满足他们的要求,就必须按照多个标准的要求建立相应的管理体系以取得多张认证证书;而激烈的市场竞争环境又要求企业必须运用科学的管理方法来提高资源的利用率和工作效率,最大限度地降低管理成本。因此,为了增强综合的竞争优势,企业需要不断寻求管理的系统化、规范化的方法,以便在确认顾客需求的基础上,以最合理的管理成本,同时达到管理的整体高效和在更广泛的程度上满足各方要求的目的。

根据系统论原理和国内外企业一体化的实践,实现管理体系一体化对于企业具有的意义和作用主要体现在:

- 管理体系一体化是简化贯标工作,降低认证成本的需要。
- 管理体系一体化是强化管理、提高效益的重要途径。
- 管理体系一体化是增强竞争实力、参与国际竞争的有力武器。

6.6.3 企业实施管理体系一体化的可行性

管理体系一体化的由来以及相关的研究和实践,都与 ISO 9000 质量管理体系系列标准、ISO 14000 环境管理体系系列标准以及 OHSAS 18000 职业健康安全管理体系系列标准的广泛认证和重新修订密不可分。研究 ISO 9001:2000、ISO 14001:2004、OHSAS 18001:1999 和 SA 8000 这四个标准,发现其不同点主要体现在作用、目的、关注焦点、过程控制切入点、法律法规及其他要求这几个方面。

虽然各个标准存在上述差异性,但是 QMS、EMS、OHSMS 和 SA 8000 都是组织整体管理系统中的子系统,它们相互依赖并服从于整体管理系统的要求。加之 ISO 9001:2000、ISO 14001:2004、OHSAS 18001:1999 和 SA 8000 这四大标准在性质、理论基础、管理原则和运行模式等方面具有较多的相同和相似性,因此,同一企业内不同管理体系的目标及功能的实现都应当、并且可以在一个综合的管理体系中得到统一确定和协调控制。

ISO 9001:2000、ISO 14001:2004、OHSAS 18001:1999 和 SA 8000 的相同及相似性如下:

1. 性质:都是组织自愿采用的管理型标准,具有通用性和国际性的特点,并且均应结合组织自身的产品特性、行业特点、运作方式予以采用,追求体系的适用性、符合性和充分性。

2. 理论基础:系统论、控制(过程)论、信息论是其共同的理论基础。

3. 管理原则:四个标准的内容都体现了"领导作用"、"全员参与"、"过程方法"、"管理的系统方法"、"持续改进"、"基于事实的决策方法"、"互利的供方关系"等管理原则。

4. 预防思想:对不同要素控制的发展过程,都是从重视过程终端逐渐移向过程的前端(输入),即注重预防、发挥预防功能是其共同特色。

5. 体系总要求:都注重承诺和结构化,并要求采用系统的方法(包括内外环境的信息沟通和适当的管理技术),建立一个完整的、有效的、文件化的管理体系。

6. 框架结构：均按照"最高管理者承诺→建立方针、目标（指标）、规划（方案、策划）→强调组织结构和职责、培训、意识、能力、信息交流、沟通、协商和文件管理→按照运行、产品/服务实现过程实施控制→对过程、控制结果进行监视、测量→评价方针、目标、过程、结果的适宜性和有效性→持续改进"的顺序进行构思和排列条款，因此各标准具有相似的框架结构，并且都建立三个层次的文件体系，即管理手册（包括所制定的管理方针和目标）、程序文件、作业指导书及记录。

7. 运行模式：都是对体系从体系的策划建立→实施保持→监视测量→评审改进四个方面依次作出规定，反映出各管理体系都是按照以 PDCA 过程模式实现持续改进的思路建立的。

8. 要素管理：都是从注重技术解决发展到注重从组织上、管理职责上去解决问题。

9. 共有或近似的要素：管理评审、文件和记录的控制、培训等。

10. 对体系一体化的倾向性：都鼓励与其他管理体系的结合或整合，均强调与其他管理体系协同运作，节约资源，保护劳工的利益，不断提高组织的整体绩效。

6.6.4 一体化管理体系的实现要求

对于企业而言，实现一体化管理体系的关键要求体现在以下九个方面：

1. 管理体系要求的全面化

IMS 应覆盖所有参与一体化的各专业管理体系的要求。以 QMS、EMS、OHSMS 和 SA 整合的四元 IMS 为例：QMS 的关注焦点是顾客，EMS 的关注焦点是社会和相关方，而 OHSMS 和 SA 的关注焦点是企业员工（内部顾客）；四个体系共同的特点是以满足法律法规为前提。

2. 方针、目标的统一化

企业如在建立 IMS 之前，已经按照各管理体系标准的要求分别建立了 QMS、EMS 和 OHSMS 等管理体系，并分别制定了质量方针、环境管理方针和职业健康安全管理方针，那么在策划建立 IMS 时对这些方针进行协调，制定与企业经营理念和战略保持一致的一体化管理总方针，以统一管理 IMS 对质量、环境和职业健康安全各方面的综合要求，更有利于对 IMS 的理解和实施。在方针统一的前提下，企业还应制定涵盖质量、环境和职业健康安全等内容的一体化管理目标，并把这些目标同时落实到各管理层次和部门。

3. 管理机构的精简化

企业在分别建立质量、环境和职业健康安全管理体系时，可能因分别设置相应的管理机构而产生管理职责分配的相互交叉和重叠、接口不清、管理协调困难、多头指挥等问题。因此，建立 IMS 时，应实行质量、环境、职业健康安全一体化的管理机制，根据职能管理的要求，对组织机构和职能进行适当重组和优化，并结合企业的特点，将各层次和各部门在质量、环境和职业健康安全三方面的管理职责和权限进行统一，合理配置，以消除交叉管理和重复管理等现象。

4. 资源管理的合理化

建立 IMS，需要对企业资源进行统一配置和管理。质量、环境和职业健康安全管理体系都对人力资源的管理提出了管理要求：通过培训来提高各级人员的意识和能力，以胜任所从事的工作。建立和运行 IMS 时应根据职责或所从事的工作特点和要求确定培训的全面需求，包括质量、环境和职业健康安全的三方面的技能和意识，进行综合培训，以提供复合型的人才。如内部审核员的培训，应考虑进行 QMS、EMS、OHSMS 和 SA 8000 审核资格和能力的培训，以适应一体化管理内部审核的要求。此外，对于企业生产和服务的设备设施以及环境和职业健康安全的设备设施也应进行统一管理，以降低维护成本，提高管理的效率。

5. 运行过程的协调化

企业应在产品实现的设计和开发、采购、生产和服务的提供等各阶段将质量、环境和职业健康安全三方面的要求结合起来，统一规定作业规程和控制要求，并进行协调统一的实施和控制，以避免发生多头管理、重复控制的现象。此外，在策划项目计划时，应将质量计划与环境管理方案、职业健康安全管理方案进行协调统一，合理规划，确定综合控制要求。

6. 测量分析的同步化

为实现一体化管理的综合目标，对过程的质量管理、环境管理和职业健康安全管理的状况和业绩进行测量和分析是必要的。企业应制订统一的测量计划对过程进行质量、环境和职业健康安全等方面的同步测量。管理体系内部审核和管理评审是 QMS、EMS 和 OHSMS 标准都规定的体系测量活动。IMS 应将这三个体系对审核和评审的要求统一计划，进行同步审核，这样才有利于对发现的问题进行全面分析，采取综合措施，提高审核和评审的效率。

7. 持续改进的综合化

在对已发生的和潜在的问题采取纠正和预防措施以及开展管理评审时，企业应综合质量、环境和职业健康安全管理等方面的要求和影响，分析和确定持续改进目标，并制定合乎各方要求的改进方案，以提高持续改进效果的全面性。

8. 管理体系文件的一体化

IMS 文件经过统一策划后，应覆盖各管理标准的要求，并对各标准规定的要求进行有机的组合，而不是将这些文件简单相加。编制的文件要避免重复、繁琐，要适合于实际运作需要，文件的接口要清晰，便于使用和控制。

管理手册按管理的系统方法，对每一过程相关的质量管理、环境管理和职业健康安全管理的要求进行同步的描述，并覆盖所有标准的全部要求。为了便于检索和查找，宜设置手册与相关标准条款的对照表。

程序文件的编制应按相关标准的规定和企业的实际运作需要确定，对于通用和统一要求的程序，如文件控制、记录控制、内部审核、纠正和预防措施、培训等，应将各方面管理要求、方法予以统一，避免重复。各管理体系的专门要求，需结合过程予以描述。

作业文件管理规定和记录在策划和制订时，应结合一体化管理的要求，统一规定质量、环境和职业健康安全的要求，做到简明、适用和有效。

本 章 小 结

管理体系（management system）是指建立方针和目标并实现这些目标的体系。管理体系的特征在于：(1) 具有计划、组织、领导和控制的管理特征；(2) 在建立和实现方针和目标方面，具有明确的目标特征；(3) 具有体系的所有特征，主要包括：整体性、关联性、有序性和动态性。在不断变化的环境中,企业需要利用标准化科学来解决或协调好三对基本矛盾:分工与统一;规模与集约;开放与协调。标准或标准化的意义更多地在于强化管理体系有序化的特征。在管理体系标准化的过程中,一般需要遵循:(1) 标准化的基本原理——简化、统一化、协调、优化;(2) 标准化的设计原则——科学合理、动态化、强制性、人性化。

本章的从第二节到第五节分别对 ISO 9000、ISO 14000、OHSAS 18000 和 SA 80000 四大标准的产生背景、发展现状、主要内容、运行模式等分别进行简要介绍,并对企业质量管理体系的建立和改进作了进一步探讨。

当多个管理体系在同一企业中独立运行时,会带来重复文件多、工作接口矛盾、管理机构及职责重复等负面效应。对于企业而言,管理体系一体化是:(1) 简化贯标工作,降低认证成本的需要。(2) 强化管理、提高效益的重要途径。(3) 增强竞争实力、参与国际竞争的有力武器。虽然 ISO 9000、、ISO 14000、OHSAS 18000 和 SA 8000 这四大标准存在差异性,但依照标准所建立的 QMS、EMS、OHSMS 和 SA 8000 都是相互依赖并服从于整体管理系统要求的专业子系统,加之各个标准在诸多方面具有较多的共同点和兼容性,因此,将同一企业内的不同管理体系整合成一个综合的管理体系(即:一体化管理体系)是可行的。

本章最后一节将一体化管理体系(IMS)界定为:建立综合的方针和目标,通过两种或两种以上管理体系的有机整合,从而形成使用共有要素以实现这些目标的单一的管理体系。

复 习 思 考 题

1. 什么是体系和管理体系?管理体系的主要特征是什么?
2. 管理体系为何要标准化?企业在管理体系标准化过程中,需要遵循哪些标准化原理和原则?
3. ISO 9000 族标准是如何产生的?经历了怎样的发展阶段?现行的基本标准有哪些?
4. 什么是质量管理八项原则?
5. 举例说明企业如何依据 ISO 9000 族标准建立和改进质量管理体系。
6. 和 ISO 14001:1996 相比,ISO 14001:2004 具有哪些特点?
7. ISO 14000 系列标准的指导思想和运行模式是什么?
8. OHSAS 18000 系列标准的目的、用途和指导思想是什么?
9. 根据 OHSAS 18000 系列标准,如何描述职业健康安全管理体系模式及其要素关系?
10. 结合实际,谈一谈 SA 8000 管理体系对建筑企业的社会责任有哪些具体要求?
11. 怎样理解企业实施管理体系一体化的必要性和可行性?
12. 什么是一体化管理体系?
13. 实现一体化管理体系的关键要求体现在哪些方面?

7 建筑企业人力资源管理

我国企业经营正在经历下列演进过程：生产导向→市场导向→人力资源导向。人才是企业最为活跃的生产要素，也是企业最为宝贵的财富。对人力资源投资后的产出远远大于对物质资源投入的产出，重视人才是人力资源管理体系最为核心的问题。如何吸引和留住人才并通过对人力资本的合理开发，最大限度地挖掘企业人才的潜力，充分调动他们的积极性和创造性，使有限的人力资本发挥尽可能大的作用，以推动企业的进一步发展，已成为企业发展的重要课题。

我国施工企业人力资源结构不合理，员工知识层次普遍偏低，据有关部门统计，目前在建筑业现有的工人队伍中，绝大部分是农民工，其特点是文化水平较低，专业技能差，流动性强，在建筑业的从业人员中，小学及初中文化程度以下的人员所占比例超过80%，他们基本没有通过培训就直接上岗，由于缺乏基本的操作技能和安全知识，造成的生产事故和安全事故较多。接受过高等教育的建筑业从业人员占建筑业总从业人员的比例仅为5.3%，技术人员队伍力量十分薄弱，同国外同行业相比存在较大差距。随着我国经济与国际经济接轨，我国建筑企业的人力资源管理已危及自身的存在和发展，在建立和完善公司现代企业制度的同时，建立一套科学、合理、高效的人力资源管理体制是建筑企业管理的核心任务。

7.1 人力资源及其管理

7.1.1 人力资源管理概述

1. 人力资源的特点

人力资源的概念是在20世纪60年代开始形成并逐步被人们广泛接受的。所谓人力资源，是指为推动生产力发展，创造社会财富而进行智力劳动和体力劳动的人们的总称。

与物力资源相比，人力资源有以下几个特点：

(1) 主导性。人类社会的生产需要人力资源和物力资源的结合运用，然而人是活的、主动的，物是死的、被动的，对物的开发和利用要靠人去发现、认识、设计、运用或创造。因此，与物力资源相比人力资源占主导地位。

(2) 社会性。人类劳动以结合的方式进行，人具有社会属性，个人创造力受社会环境、文化氛围的影响和制约。

(3) 主动性。人不仅能适应环境，更重要的是，人可以改变环境、创造环境，人具有主动性。

(4) 自控性。人力资源的利用程度由人自身控制，积极性的高低调节着人的作用的发挥程度。

(5) 成长性。物力资源一般来说只有客观限定的价值，而人的创造力可以通过教育培训以及实践经验的积累不断成长，人的潜力是无限的。

从经济学的观点来看，人力资源在社会经济发展过程中处于起决定性作用的第一资源的重要地位。生产投入公式有助于说明这一观点：

$$P = f(K, L) \tag{7-1}$$

其中 P 是产出，K 是资本，L 为劳动量，f 为生产函数。广而言之，K 包括物力资本（机器、厂房设备等）与一切应用于生产的有形自然资源（矿藏、水利等）；L 包括所有投入生产的技术、专业、行政管理等人力资源。

诺贝尔奖金获得者、美国经济学家奥多·舒尔茨在20世纪50年代创建的、60年代得到广泛传播的人力资本理论认为，要促进经济持续增长，就要确定物力资本和人力资本的最佳投资比例。物力资本和人力资本虽然都是生产性投资，相比之下人力资本却显得更为重要，在社会经济发展的过程中，如果没有一定质量和数量的劳动者，物力投资再多，技术水平再高也无济于事。

2．人力资源管理的含义

人力资源管理，是指由一定管理主体为实现人力扩大再生产和合理分配使用人力而进行的人力开发、配置、使用、评价诸环节的总和。人力资源管理渗透于社会各领域，具有较大的复杂性。人力资源管理可根据管理范围的不同，分为对于全社会人力资源管理和对于企业、事业单位人力资源管理。

3．人力资源管理的主要内容

人力资源管理的内容相当丰富，概括地说，主要有三个方面：

（1）人力资源的规划与决策。例如对企业而言，确定对各类人员的需求及人员来源，制定人力资源开发规划和各项管理政策、制度；

（2）人员的招聘与更新。主要包括招聘和选聘新职工、员工的离退休及辞退；人员的培训与发展，如思想和职业道德教育、文化教育、专业技术培训等；人员的配置和组织使用；人员的激励和保护，包括薪资、奖惩管理、劳动保护、工业卫生、集体福利等。

（3）人力资源的评价。包括岗位评价、人员素质测评、员工的绩效考评、人力资源开发利用的总体评价等。

7.1.2 人力资源管理的基本原理

人力资源的管理必须遵循一定的原理和规律。下面主要讨论六条基本原理：

1．系统优化原理

系统，是指由若干相互联系、相互作用的元素组成，在一定环境中有特定功能和共同目标的有机综合体。人力资源系统的优化是指经过有效的规划、组织、领导和控制，使系统整体功能获得最优绩效的过程。

2．能级对应原理

所谓能级，是指人的能力大小。能级对应原理包含以下几个要点：人的能力存在差异；人力资源管理必须分层次、分对象，具有稳定的组织形态；不同能级应表现为不同的责、权、利；人的能级必须与其所处的岗位层次动态对应；人的能级不是固定不变的，能级本身具有动态性、可变性和开放性；人的能级与岗位层次的对应程度标志着管理水平的高低和人力资源管理状态的的优劣。

3. 共协反应原理

"共协反应"的理论观点是1992年提出来的，其基本内容如下：

（1）人的素质是一个多元素、多层次且相互联系的系统，人对环境刺激的反应是根据环境刺激的种类、强度等特征决定的，其有关素质元素经过平衡协调整合后的反应称为"共协反应"。

（2）素质系统进行共协反应时，有两种元素起作用。一种称为共协主感应元素，这是对应于环境刺激特定种类的素质；另一种称为共协关联感应元素，它表面上并不直接对应于环境刺激，但会影响主感应元素的反应效能。

（3）共协反应的基本形式有三种：共协抑制、共协补偿和共协促进。共协抑制是指关联感应元素抑制了主感应元素的效能发挥；共协补偿是指虽然主感应元素在反应环境刺激时显现不足，但关联感应元素与主感应元素共协后弥补了不足；共协促进则指主感应元素本已足以反应环境刺激，而关联感应元素与之共协，进一步优化了素质系统的反应能级。

4. 系统动力原理

所谓动力，是指激励的推动力。系统动力包括：物质动力、精神动力和信息动力。

5. 弹性冗余原理

弹性冗余原理是指在人力资源管理中必须留有充分的余地：工作强度要有弹性，要因人、因时、因地、因专业而异；工作目标要有弹性，既要有难度，又要力所能及；人力资源要有弹性，既要有储备人才，又不能浪费人才，使企业的适变能力有所增强。

6. 互补增值原理

社会生产过程中，人的经济活动是有组织的群体活动，在对人力资源的分配及应用中，互补增值原理显得尤为重要。互补增值原理包括：知识互补，气质互补，能力互补，性别互补，年龄互补，性格互补，技能互补等。由此，还必须注意互补的群体中要有共同的价值观，合作者的道德品质修养等。

7.2 人力资源开发

人力资源开发是指发现、发展和充分利用人的创造力，以提高企业劳动生产率和经济效益的活动。人力资源开发的成功直接影响到企业总目标的实现。

7.2.1 人力资源开发的基本途径

人力资源开发的基本途径有四方面：

1. 人力投入

人力投入是指选择适量并满足需要的人力资源，投入到企业的生产经营活动中去。根据规模经济理论，劳动生产力与人力投入数量有如图7-1所示的关系。

在曲线abcd的ab段，随着人力投入的增加，企业劳动生产力呈上升趋势；在bc段，企业的劳动生产力达到最高水平，在cd段，劳动生产力又开始下降，主要原因是人力投入越多，管理成本越高，企业组织的灵活性下降。最佳的人力数量区域与行业有关。

2. 人力配置

人力配置是将投入的人力安排到企业中最需要、又最能发挥其才干的岗位上，以保持生产系统的协调。

系统的生产力，不是每个人生产力的简单相加，在很大程度上取决于人们的结合状况即协调状况。一个劳动者在不同的生产领域中有不同的边际产出。劳动者边际生产力与组织协调水平的关系如图 7-2 所示。

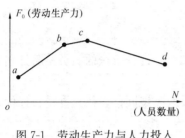

图 7-1　劳动生产力与人力投入
数量的关系

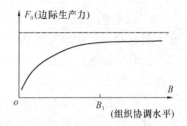

图 7-2　劳动者边际生产力与组织
协调水平的关系

劳动者边际生产力与组织协调水平呈近似的对数关系。组织协调水平到达 B_1 点，边际生产力达到最大，随后基本保持稳定。

3. 人力发展

人力发展是指通过教育培训，提高劳动者素质。劳动生产力与人员素质的关系如图 7-3 所示。劳动生产力与人员素质呈指数关系。教育经济学的研究成果表明：如与文盲相比，一个具有小学文化程度的劳动者，可提高劳动生产率 43%；中学文化程度的可提高 108%；大专以上文化程度的可提高 300%。

可见，人力发展是最有效的人力资源开发的途径。从宏观上，应大力发展教育，提高全民族素质。从微观上，企业应重视员工培训，舍得智力投资，有了高素质的员工，就有了强大的竞争力，有了发展的基础。

4. 人员激励

人员激励是指激发人的热情，调动人的积极性，使其潜在的能力充分发挥出来。企业激励水平越高，员工积极性越高，企业的劳动生产力也就越高。劳动生产力与激励水平的关系如图 7-4 所示。

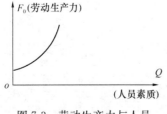

图 7-3　劳动生产力与人员
素质的关系

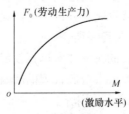

图 7-4　劳动生产力与
激励水平的关系

劳动生产力开始随激励水平的提高迅速上升，但到一定程度后，逐渐减缓增长，直至趋于某一水平，这是因为人的精力有限。应当说明的是，劳动者素质越高，激励效果越好。对一个文化程度很低的劳动者来说，激励的极限是以其拼体力为限；而知识和技能较高的劳动者，当积极性充分调动起来时，可以发明创造，激励效果就非常之大了。由此可见，人员激励也是人力资源开发的重要途径之一。

7.2.2 人员选聘

人员选聘包括招聘和选拔两个方面，是企业寻找、吸收那些有能力、又有兴趣到本企业任职，并从中选出适宜人员予以录用的过程。

1. 人员选聘的原则

在人员选聘工作中应坚持以下三条基本原则：

（1）计划性原则。根据企业不同阶段对人力的需求，制订分阶段的人员招聘计划，指导员工招聘工作。

（2）公正性原则。对来自不同渠道的应聘人员应采取一视同仁、任人惟贤、择优录用的态度，使应聘人员有平等的竞争机会。

（3）科学性原则。必须制定科学而又切合实际需要的岗位用人标准和规范，为严格考核选拔合格人员提供录用的客观依据；必须形成一套科学的考核方法体系，保证招聘工作的公正性；必须制定出一套科学而实用的操作程序，提高工作效率。

2. 人员选聘的程序

根据人员选聘的上述基本原则，应当严格按一定的程序实施招聘选拔工作。

（1）对招聘的人员将要从事的工作进行分析，即进行岗位分析和岗位评价，以确定所招聘人员必须具备的条件。

（2）由企业的人力资源管理部门提出招聘计划的报告。

（3）由企业的人力资源管理部门公布招聘简章，其内容包括招聘的范围、对象、工种、条件、数量、性别比例、待遇和方法等。

（4）根据自愿的原则，在划定的范围内接受招聘对象报名。

（5）进行招聘考试。

（6）对考试合格的人员进行体检。

（7）连同考试材料、体检表、本人档案以及本人提交的其他有关材料一并报送企业人事主管。

（8）批准录用后，发录用通知书，签订劳动合同。

3. 人员选聘的方法

人员选聘方法是对应聘者进行评价，从而决定是否将其录用的方法。人员选聘方法主要有三类：背景履历分析法、面谈法、测验法。

7.2.3 人员培训

现代社会的科学技术迅猛发展，知识更新加快，因此，通过员工培训，提高员工队伍素质，是企业人力资源管理的战略任务之一。

1. 人员培训的内容

（1）管理人员培训

1）岗位培训。是对一切从业人员，根据岗位或职务对其具备的全面素质的不同需要，按照不同的劳动规范，本着干什么学什么，缺什么补什么的原则进行的培训活动。它旨在提高职工的本职工作能力，使其成为合格的劳动者，并根据生产发展和技术进步的需要，不断提高其适应能力。包括对经理的培训，对项目经理的培训，对基层管理人员和土建、装饰、水暖、电气工程的培训及对其他岗位的业务、技术干部的培训。

2）继续教育。包括建立以"三总师"为主的技术、业务人员继续教育体系，采取按系统、分层次、多形式的方法，对具有中专以上学历的处级以上职称的管理人员进行继续教育。

3）学历教育。主要是有计划选派部分管理人员到高等院校深造，培养企业高层次专门管理人才和技术人才，毕业后取得学历证书。

（2）工人培训

1）班组长培训。即按照国家建设行政主管部门制定的班组长培训标准进行培训。

2）技术工人等级培训。按照建设部颁发的《工人技术等级标准》和劳动部颁发的有关工人技师评聘条例，开展初、中、高级工人应知应会考评和工人技师的评聘。

3）特种作业人员的培训。根据国家有关特种作业人员必须单独培训、持证上岗的规定，对企业从事电工、塔式起重机驾驶员等工种的特种作业人员进行培训，保证100%持证上岗。

4）对外埠施工队伍的培训。按照省、市有关外地务工人员必须进行岗前培训的规定，企业对所使用的外地务工人员进行培训，颁发省、市统一制发的外地务工经商人员就业专业训练证书。

2. 人员培训的形式

人员培训教育的形式很多，大致可作如下划分：

1）按培训对象的范围划分，可有全员培训、工人操作技术培训、专业技术人员培训、管理人员培训、领导干部培训等。

2）按培训时间的阶段划分，可有职前培训（即就业培训）、在职培训、职外培训等。

3）按培训时间的长短划分，有脱产、半脱产、业余等。

4）按培训单位的不同划分，有企业自己培训、有委托大专院校或社会办学机构培训、企业同大专院校等联合办学培训等。

5）按教学手段不同划分，可有面授、函授、广播电视授课、远程教学等。

此外，还有许多有效的培试形式，如岗位练兵、技术操作比赛、现场教学等。

企业或组织应根据培训对象的不同层次，实施培训的不同时间、地点以及培训的不同内容和性质，从实际出发，形成一个主体的培训模式，为制定有效的人员培训计划提供依据。

7.2.4 人员激励

激励，从一般意义上来说，就是由于需要、愿望、兴趣、感情等内外刺激的作用，使人处于一种持续的兴奋状态。从管理学角度来说，就是激励热情，调动人的积极性。

影响个人（或集体）的工作成效的因素主要有三个：个人（或集体）的能力、个人（或集体）的积极性、所处的环境条件。可用公式表示如下：

个人（或集体）工作成效＝个人（或集体）能力×个人（或集体）积极性×环境条件

实践证明，通过科学的激励方法提高人的主观积极性，能把人的潜在能力充分发挥出来，大大提高生产力。

1. 现代激励理论

近半个世纪以来，西方管理学家、心理学家和社会学家们，在动机激发模式的基础上，从不同的角度研究了怎样激励人的问题，提出了许多人员激励理论。这些理论大致可以分为三类：内容型激励理论、过程型激励理论和行为改造型激励理论。

（1）内容型激励理论。该理论着重研究激发动机的因素，认为人的劳动行为是有动机的，而动机的产生是为了满足人的某种需要。人的需要包括自然需要和社会需要两个方面。人的自然需要靠外在的物质生活资料去满足，人的社会需要则要通过社会或他人对自己的评价和从工作成就中去满足。因此通过适当的物质和精神激励，可以激发人的劳动动机，促使人通过劳动来满足各方面的需要。由于该理论的内容是围绕着如何满足需要进行研究，所以又称为需要理论。主要包括：马斯洛（A. H. Maslow）的"需要层次论"、赫茨伯格（F. Herzberg）的"双因素理论"、麦克利兰（P. C. Mec1e11and）的"成就激励论"等。

（2）过程型激励理论。该理论着重研究从动机的产生到具体采取行为的心理过程，试图弄清人付出劳动、功效要求和奖酬价值的认识，以达到激励的目的。其观点是，当人们有需要，又有达到目标的可能，其积极性才能高，激励水平取决于期望值和效价的乘积；人的工作动机，不仅受其所得绝对奖酬的影响，而且受相对奖酬的影响。这类理论主要有：佛隆姆（H. Vroom）的"期望理论"和亚当斯的（J. S. Adams）"公平理论"等。

（3）行为改造型激励理论。该理论以操作性条件反射论为基础，着眼于行为的结果。认为当行为的结果有利于个人时，行为会重复出现；反之，行为则会削弱或消退。研究的目的是为了改造和修正行为。这类理论主要包括：斯金纳（B. F. Skinner）的"强化论"、罗斯和安德鲁斯（K. R. Andrews）的"归因论"等。

2. 激励的途径和手段

在管理实践中，激励的手段主要有物质和精神激励两种。

（1）物质激励。常用的物质激励形式主要是工资、奖金和福利等。

（2）精神激励。精神激励的主要形式包括表彰与批评、吸引员工参与管理和满足员工的成就感等。精神激励的内容十分丰富，常用的有目标激励、荣誉激励、培训激励、晋升激励、参与激励和环境激励。

无论是物质激励和精神激励，有两点必须特别注意：一是二者必须有机地结合起来，在不同的历史阶段、不同的环境条件下，采取恰当的"激励组合"；二是由于二者都以激发员工的劳动积极性为目的，就必须通过人事考核、绩效考评等科学的方法，客观评价人的行为表现和工作成果，才能收到实效。

7.3 人力资源规划与评价

人力资源规划是预测企业未来的人才需求情况，并通过相应的计划制定和实施使供求关系协调平衡的过程。

7.3.1 人力资源规划的任务、内容及程序

人力资源规划的任务是确定各种和各类程度的人力需求,进而推定未来之人力需求的变动情形,决定工作所需的各种类别和等级的人力及就业市场的人力供需状况。

人力资源规划的内容包括两个层次,即总体规划及各项业务计划。

人力资源的总体规划是有关计划期内人力资源开发利用的总目标、总政策、总体实施步骤及总预算的安排;而人力资源规划所属的业务计划包括人员补充计划、人员使用计划、人才接替及提升计划、教育培训计划、评价及激励计划、劳动关系计划、退休解聘计划等等。每一项具体业务计划也都由目标、政策、步骤及预算等部分构成。业务计划是总体规划的展开和具体化,是人力资源总体规划目标实现的保证。

人力资源规划工作一般分为下列三个步骤:

(1) 企业现有人力资源的状况分析。主要包括对企业现有的人力数量、分布、利用及潜力状况、流动比率等进行统计。

(2) 人力资源供求预测。包括对各类各等级人力的需求预测、企业内部人力供给和外部供给的预测、供求之间的差异分析等。

(3) 总体规划和所属各项业务计划的制订及平衡。这是企业人力资源管理的行动纲领。

7.3.2 人力资源供求预测

人力资源供求预测是从企业发展战略目标出发,在调查人力资源现状的基础上,根据国内外环境发展的趋势和可能提供的条件,对未来人力资源的供求状况作出的一种估计,这一估计确定了企业未来所需的人力数量、质量、规格以及如何优化配置,因此,这是人力资源规划中技术性较强的关键性工作。

1. 确定劳动定员

劳动定员是根据企业一定时期的生产规模、任务和技术条件,本着节约用人、精简机构、提高效率的精神,规定企业必须配备的各类人员的质量要求、数量标准和比例。本着精简机构和提高效率的原则,保证职工人数不仅在总数上满足生产需要,同时,在工种上保证满足工艺的需求。

通过劳动定员,可以使企业在配备使用人员方面有章可循,为合理使用劳动力提供条件;可以使企业在考核劳动效率和节约用人方面有明确目标,促使企业改善劳动组织,建立健全责任制;可以使企业在编制劳动计划时有所依据,保证企业在用人方面做到心中有数,为企业调整劳动力和控制各类人员合理比例提供标准。因此,劳动定员起到合理和节约使用劳动力,合理组织生产,提高劳动生产率的作用。

企业按各类人员工作性质不同,其确定人员数量的方法也不同,归纳起来主要有以下几种:

(1) 按劳动效率定员

根据计划期生产任务量和劳动效率,考虑出勤率及工时利用情况影响,计算确定定员。劳动效率的确定要考虑以往历年企业劳动效率水平以及企业近期技术、管理能力的变化。

$$某工种计划定员人数 = \frac{某工种生产任务计划量}{某工种人员计划劳动生产率 \times 出勤率系数 \times 工时利用率系数}$$

(2) 按设备定员

根据设备配备的数量，开动班次和看管定额计算确定定员。主要用于施工机械的司机、装卸工、机床工人等定员。

$$某种设备计划定员人数 = \frac{机械设备台数 \times 每台设备开动班次}{每个工人负责机械台数 \times 出勤率系数 \times 工时利用率系数}$$

(3) 按组织机构职责范围和业务分工定员。

根据各个组织机构承担任务和分工需要确定定员人数。主要用于管理人员和工程技术人员的定员。

(4) 按比例定员

根据职工总数（或某类人员总数）的一定比例确定某类人员定员人数。如普工可以按技术工人比例定员。炊事员按就餐人数比例定员等。

(5) 按岗位定员

按生产设备或工作岗位所必需的操作看管岗位和工作岗位数目确定定员。如变电所维护电工、警卫更夫等的定员。

上述几种定员方法，在实际工作中可以灵活加以运用，或者把几种方法结合起来运用。

2. 确定职工人数计划

职工人数计划是以企业定员为基础和依据，在保证生产任务完成和劳动生产率不断提高的前提下，正确确定各类人员的需求量。其主要指标有计划期末人数和计划期平均人数。

计划期末人数，是指企业在计划期最后一天的全部职工的人数。在计划中反映这个数目的是有计划地调整劳动力的余缺，合理地安排劳动力。计划期平均人数，是指企业在计划期内日常需要职工的平均数。它反映企业在计划期为完成生产任务经常需要的劳动力数量。计划期平均人数的计算公式是：

$$计划期平均人数 = \frac{计划期生产任务}{计划期劳动生产率}$$

编制职工人数计划的方法，要根据生产任务的需要，采用定员的方法，在提高劳动生产率和充分发挥现有人力的指导思想下进行编制。定出的计划要切合实际。职工人数计划表如表 7-1 所示。

职工人数计划表　　　　　　　　　　表 7-1

制表单位：　　　　　　　　　（　　年）　　　　　　　　　　单位：人

人员分类	上期实际		本期计划						备注
	平均人数	期末人数	平均人数	其中				期末人数	
				一季度	二季度	三季度	四季度		

7.3.3 人力资源评价

人力资源评价主要包括三个方面：一是侧重于对事不对人的岗位评价；二是侧重于对人不对事的人员素质评价，或称为能力测试；三是以人与事相结合的侧重于结果的绩效考评，或称人事考核。人力资源评价的目的就是采用科学的评价方法，分析评价每个岗位在各方面对人的要求，具体测评每位待选人员的素质与能力特点，使之人岗匹配，实际考核每位在岗人员在一定时期内的工作成果与绩效。

（一）岗位评价

岗位评价是人力资源管理的一项基础性工作，其主要内容包括岗位分析、岗位规范的制定、岗位任职资格的评价和岗位相对价值的评价。

1. 岗位评价因素体系的建立和权重分配

一般而言，企业不同，其评价因素分析也不相同，但大致可归纳为四大类，即技能、强度、条件、责任。然后根据企业的需要，再进行因素的细分。如某建筑企业的岗位评价因素体系如图 7-5 所示。

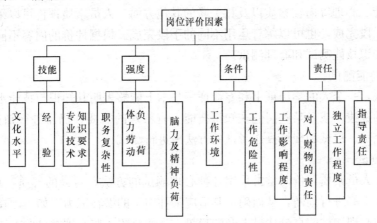

图 7-5 岗位评价因素体系

正确确定岗位评价因素的权重对岗位评价具有举足轻重的意义，因为不符合企业实际的评价因素权重分配会在不同程度上歪曲岗位的排序。因素权重分配的方法，可采用专家咨询法或层次分析法（AHP 法）。

2. 评价因素的定义及等级标准的建立

对每一个评价因素给予肯定的定义，然后根据实际情况把各项评价因素划分为若干不同的等级。其等级划分的多少，依因素复杂程度而定，但应以能明确区分各等级间的不同为原则，一般以 4~8 级为宜。对每一项因素的每一个等级，都应有明显的界限和详细的定义，作为岗位评价的尺度。在划分好岗位评价因素的等级后，还要给因素的每个等级以适当的评分。评分所采取的方法可以多种，没有特定的要求。表 7-2 是"危险性"这一评价因素的定义和等级标准的示例。

工作危险性因素等级标准　　　　　　　　　　　表 7-2

等级	等级说明	评分
0	无伤害的可能性。	0
1	伤害的可能性极小，即使发生也是轻微的，不需休息疗养。	20
2	经常发生轻微的伤害，不需休息疗养；或伤害发生的可能性虽小，但较重，需一周内时间疗养。	160
3	经常发生较重的伤害，需一周内时间休息疗养；或伤害发生虽少，但伤害严重，需一月以内时间疗养。	320
4	经常发生严重伤害，需一月内时间疗养；或伤害发生虽少，但其伤害可造成残废或死亡。	500

3. 岗位相对值的评价计算

以岗位分析和岗位规范为评价基础，以岗位评价因素的定义和等级标准为评价尺度，以各岗位的主管意见为参考，组成专家评价小组，确定各岗位在每一评价因素上的等级和应得的分数；然后将岗位在每一因素的得分和该因素的权重相乘，相乘后的结果即为岗位在各项因素上的加权得分值；最后将所有因素的加权得分相加即得到该岗位的岗位相对评价值。

（二）人员素质评价

所谓人员素质评价，是指以人为评价客体，运用各种考核、测试手段，判断评价客体的知识、技能、心理等内在素质以及相关联的其他方面。人员素质评价可以采取面谈、测试等不同的手段完成，也可以综合运用不同的手段完成。根据评价的内容不同，大致可以分为两类：知识技能测试和心理测试。

1. 知识技能测试

一般来说，一个人的学历证书和专业证书基本上能够表明其知识与技能水平，但是为了进行公正的选拔，或者某些岗位在知识技能上有特殊的需要，仍需进行知识技能测试。一般可采用笔试、口试和现场操作考试的方法来进行测试。

2. 心理测试

在国外，人员素质评价时常常采用各种心理测试的方法，对人的气质、思维敏捷性、个性、特殊才干等进行判断，从而确定其适应某种岗位的潜在能力。如美国在招聘和选拔员工时，采用心理测试的百分比呈上升的趋势。下面介绍一些心理测试的方法。

（1）魏氏成人智慧表法。这是个别测试，由心理学家口头提问题，答案记在一张特殊测验表格上。它在管理能力的测试方面有良好的效果，适用于高层管理者的选拔。

（2）旺德利克人事测验法。这是一种测验一般智力水平的方法，包括50个项目，分别测量言语、数字和空间能力。

（3）知觉准确性测验。一般是设置两组大量无序的符号，两组之间只有细微差别，要求被测者迅速识别出这种差异。此法较适合于文书和分析人员。

（4）明尼苏达空间关系测试法。设置ABCD四块木板，每块上挖有58个形状和大小不同的空洞，另有同样数目的木块，其形状与大小与板上的空洞一一对应，可分别放置空洞内。A、B两板上的空洞除位置不同外，其形状和大小是一样的，所以合用一组木块；C、D也合用一组。使用时要求被测者将一板之木块放置另一板的空洞内，记分方法则以时间和错误次数为准。此法较适合于操作工人和设计师。

（5）美国加州心理量表（CPI）。要求被测者对描述典型行为模式的480个是否题做出回答，测量人的社会性、支配性、忍耐度、灵活性、自我控制等特征。

（6）情景测试法。就是模拟实际工作的情景，观察被测者实际反应所表现出的个性特征。

（7）投射测试法。就是让被测者对一些模棱两可的景物作出解释，被测者是在不知测什么的情况下将自己的愿望和情感反应出来。

（三）人员绩效考评

绩效考评，就是考查员工对岗位所规定职责的执行程度，从而评价其工作成绩和效果。企业希望实现预期的发展目标，而员工期望自己的工作得到承认，得到应有的待遇，同时也希望上级指点自己的努力方向。因此，绩效考评不仅在分配和人力选拔上有指导意义，而且有很大的激励作用。

1. 绩效考评的原则

人员绩效考评应遵循下列原则：

（1）应尽可能科学地进行评价，使之具有可靠性、客观性、公平性。考评应根据明确的考评标准、针对客观考评资料进行评价，尽量减少主观性和感情色彩。

（2）应使考评标准和考评程序科学化、明确化和公开化，这样才能使员工对考评工作产生信任和采取合作态度，对考评结果能理解和接受。

（3）应坚持差别原则。如果考评不能产生较鲜明的差别界限，并据此对员工实行相应的奖惩和升降，考评就不会有激励作用。

（4）考评结果一定要反馈给被考评者本人，这是保证考评民主的重要手段。

这样，一方面有利于防止考评中可能出现的偏见以及种种误差，以保证考评的公平与合理，另一方面可以使被考评者了解自己的缺点和优点，使绩优者再接再厉，考评不好者心悦诚服，奋起上进。

2. 绩效考评的内容

与人员素质评价的内容侧重点不同，员工绩效考评的内容主要侧重于工作实绩和行为表现两个方面，如图7-6所示。

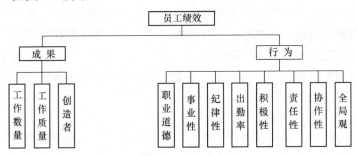

图 7-6　员工绩效考评指标体系

（1）工作实绩。工作实绩就是员工在各自岗位上对企业的实际贡献，即完成工作的数量和质量。它包括：员工是否按时、按质、按量地完成本职工作和规定的任务，在工作中有无创造性成果等。

（2）行为表现。行为表现即员工在执行岗位职责和任务时所表现出来的行为。它包括职业道德、积极性、纪律性、责任性、事业性、协作性、出勤率等诸多方面。

3. 绩效考评的方式

（1）按考评时间的不同，可分为日常考评与定期考评。

（2）按考评主体的不同，可分为主管考评、自我考评、同事考评和下属考评。

（3）按考评结果的表现形式的不同，可分为定性考评与定量考评。

4. 绩效考评的方法

国内外绩效考评的方法很多，常用的主要有以下几种：

（1）因素评分法。首先，根据考评的目标设定各项考评的因素（或称考评的指标），并赋予各项考评因素的权数；然后根据实际情况界定考评度的等级标准及定义；第三，考评者针对所列的考评因素与考评度的标准及定义，就其观察衡量与判断被考评者的工作绩效，给予适当的分数；最后，将各因素上的评分进行加权汇总，就是被考评者的考评结果。

（2）相互比较法。如果被考评者的人数不多，且工作性质也相近的话，可采用相互比较法。此法也有数种比较方法如顺序排列法、成对比较法和强迫分配法。

（3）查核表法。查核表法就是将每一项考评要素用文字简要叙述出来，由考评者逐项查核并作出评判记分，记分的等级一般可分为5等或7等。此法是一种常用的传统的考评方法，缺陷是比较容易出现一些主观偏向，从而造成评判误差。

7.4 施工现场劳动力组织和使用

通过岗位评价和人员选拔等方法为企业生产经营过程合理配置人力资源，主要是一种静态的优化过程。人力资源一旦投入生产经营的运行过程，就与企业中的其他资源形成一种动态系统。为了使人力资源在这种动态系统中充分发挥应有的作用，有必要对人力资源的组织与使用效率进行分析研究，这是人力资源管理的又一重要内容，并且是提高劳动生产率的直接主要途径之一。

7.4.1 劳动组织

劳动组织就是在合理的劳动分工的基础上，把员工之间的协作关系，从空间上、时间上和数量上有效地组织起来，使所有人员能协调地工作，并保证在安全生产和文明生产的条件下，有效地利用人力和物力资源以及工作时间。建筑企业的劳动组织工作，是根据现代建筑生产分工协作的特点，正确处理劳动者之间的关系，以协调所有人员的工作。

（一）劳动分工和员工配备

1. 建筑企业劳动分工形式

（1）根据工作内容的不同，把整个施工工作分为准备工作和执行工作、基本工作和辅助工作、技术等级高的工作和技术等级低的工作进行分工。

（2）根据工作对象的特点和不同工序，分别安排不同的工种施工，如木工放线、安木门窗，瓦工砌砖，抹灰工负责室内外装修等。

2. 员工配备

劳动分工的目的在于合理地配备人力。员工的合理配备应达到以下三点要求：

（1）要使每个员工的配备，有利于发挥他的技术专长，做到工种对路、等级相适、各尽其能。

（2）要使每个员工都有足够的工作量，做到负荷充分、任务饱满、各尽其力。

（3）要使每个员工都有明确的岗位，并建立相应的岗位责任制，做到责职分明、分工清楚、各尽其职。

（二）劳动协作和劳动组织

劳动分工与劳动协作紧密联系不可分割，因此组织好劳动过程的相互协作也是搞好劳动组织的重要任务，企业内部的劳动协作包括施工队之间、班组之间以及班组内的协作。

建筑企业的基层组织是施工队组，其组织形式是：

（1）专业队是按施工工艺由同一专业工种的工人组成。有时根据生产需要配备一定数量的辅助工（普通工）。其优点是：工人担负的施工任务比较专一，施工对象不变或变化不大，易于钻研技术，熟练操作，因而在保证完成施工任务、迅速培养技术力量方面，具有一定的积极作用。但也有缺点，主要是分工较细，常常不能适应工序间交叉施工的要求，各个工序工种不便协作配合，容易造成工时浪费，影响劳动生产率的提高。

（2）混合施工队即把共同完成建筑安装分部工程所需要的、互相联系的多工种工人组成的施工队。混合队的人员，是按照担负工程任务的内容以合理的比例搭配组成。其优点是便于统一指挥、配合施工。加强施工各工种工人在组织上和操作上的衔接协作。

7.4.2 劳动定额

为了提高企业人力资源的使用效率，必须以劳动定额工作为基础，使人力资源在动态运行过程中与其他资源的配合达到可能的最佳状态。

（一）劳动定额及其作用

劳动定额是指在一定的施工技术和生产组织条件下，在充分发挥职工积极性的前提下，为完成一定数量的合格产品或工作，所规定的必要劳动消耗量的标准．

1. 劳动定额形式

（1）产量定额，是指在一定的施工技术和生产组织条件下，在单位时间内应完成的合格产品的数量。

（2）时间定额，是指在一定的施工技术和生产组织条件下，为完成单位本品或完成某道工序所必须消耗的劳动时间。

劳动定额的两种表现形式成反比关系，生产单位产品所需时间越少，则单位劳动时间的产量越大，反之亦然，在建筑企业内，较多采用时间定额。

2. 劳动定额的作用

劳动定额是企业人力资源等许多方面管理工作的基础，其作用主要表现在：

（1）劳动定额是计划工作的基础。企业编制经营计划、作业计划、成本计划等都以劳动定额为依据。

（2）劳动定额是合理组织劳动力的依据。它规定了完成各项工作的劳动消耗量，为合理配置人力资源提供了数量依据。

（3）劳动定额是经济核算的依据之一。企业内经济核算指标的统计、分析、考核等，都要以劳动定额为依据。

（4）劳动定额是正确确定员工劳动报酬的重要依据。企业需要按照员工的劳动态度、技术高低、贡献大小来进行考核，付给报酬，而劳动定额就是一个衡量尺度。

（二）劳动定额的构成

劳动定额的最基本形式是工时定额。工时定额的制定要以工时的消耗情况为依据。工时消耗的分类和工时定额的构成如图7-7所示。

（三）劳动定额的制定方法

劳动定额的制定方法通常有经验估工法、统计分析法、技术测定法等。

1. 经验估工法。就是由定额员、技术人员、老工人根据设计图纸、工艺规程和产品实物，考虑到使用的设备、工艺装备、原料以及其他生产技术组织条件，凭经验直接估计而制定定额。此法的优点是简单、工作量小；缺点是客观依据不足，受估工者主观因素的影响较大。一般适用于多品种单件、小批量的生产，新产品的试制，同时又缺乏必要的统

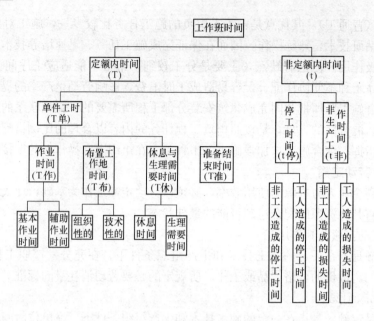

图 7-7　工时消耗分类和工时定额组成

计资料的情况。

2. 统计分析法。此法是利用原始记录和统计资料，进行分析整理，再结合今后将采用的技术组织措施来确定定额。统计数据的处理方法常用的有简单平均法、加权平均法、均方根法、百分比法等。

3. 技术测定法。这是运用劳动测量技术直接对劳动过程中时间消耗量进行测定后确定定额的方法。

7.4.3　劳务队伍管理

在当前的建筑市场中，以城镇集体企业和农村富余劳动力为主的外部劳务队伍和人员作为大中型建筑企业的有效补充，发挥着极其重要的作用，在一定程度上促进了建筑市场的发展，对外部劳务管理的好坏直接关系到企业的施工质量、效益和信誉。因此，外部劳务的管理问题一直是施工企业管理的重点和难点。劳务队伍的管理主要做到以下几个方面。

1. 严格录用标准和录用程序

在录用外部劳务队伍时，一要审核其"营业执照、三级以上资质等级证书、安全资格证明、法人证明书或法人委托书"等证件（即"四证"，下同）是否齐全有效；二要考察其是否有类似工程的施工经验；三要看其是否在本单位或本系统范围内使用过、有无一定的实力及其信誉情况；四要了解其是否与本单位有过经济纠纷或诉讼历史。

2. 先签合同后施工

应在劳务队伍进场前事先签订劳务承包合同，如因客观条件不成熟或其他原因来不及签订劳务承包合同的可先签订临时协议，但外部劳务队伍进场一个月内必须签订正式劳务承包合同。签订合同时，须验证外部劳务队伍的"四证"。"四证"必须是原件或复印件加盖红印公章并在有效期内；法人委托书的委托事项、权限和期限必须准确、具体，委托人只能在委托事项、权限和期限内，以委托方的名义签订合同，确保合同主体合法。签订合同时，外部劳务队伍要根据其劳务承包的费用缴纳一定的履约保证金，确保合同履约。

3. 自备施工设备和小型机具

在施工设备的使用管理上，一般情况下，外部劳务队伍必须自备履行劳务承包合同所必需的施工设备、小型机具、周转材料等，在签订合同时要明确上场设备清单，确保设备到位。如需租用施工企业的机械设备、小型机具、周转材料等，须另外签订租赁合同，并根据合同约定管理好所租赁的机械设备、机具等。

4. 由甲方供应材料（或主材）

在工程材料的供应管理上，一般情况下，材料（或主材）应由施工企业按照核定数量以实物形式供应至现场，其费用不计入劳务承包合同总价内，由外部劳务队伍负责卸车、验收、工地保管等。在施工过程中，外部劳务队伍要提前提出使用计划，以免影响施工。

5. 按计价拨付工程款

这是施工企业能否管住外部劳务队伍的关键。一定要按照月估价、季度验工计价、竣工末次计价（结算）的原则办理验工计价。计价报表必须由外部劳务队伍根据合同单价、已完成工程数量编制，报施工企业计划、技术、质量部门和项目总工审核，领导批准后计价，严防超工程计价和为不合格工程计价。

6. 强化现场管理

劳务承包与工程分包主要区别就是，工程分包的施工技术及现场管理由分包方负责，而劳务承包的施工技术及现场是由施工企业全权负责，因此，一定要防止包而不管，以包代管的现象发生，确保工程的工期、安全、质量和文明施工。

本 章 小 结

人力资源、人力资源开发、人力资源管理是 20 世纪六七十年代以后广泛应用的术语。本章着重讨论了四个方面的内容：

人力资源特性和人力资源管理的基本原理。实践证明，一个企业或组织如能深谙这一管理的思想精髓，并灵活地加以运用，就能富有成效地全面开发人力资源的潜力，实现以人为中心的系统管理优化，进而为提高劳动生产率和社会经济效益提供根本保证。

人力资源开发。从人力资源开发的四条基本途径——人力投入、人力配置、人力发展、人员激励出发，讨论了人员选聘的程序和方法，人员培训的内容和形式，现代人员激励理论和手段。人力资源开发的成功与否将直接影响企业或组织总目标（生存、获利、发展）的实现。

人力资源规划。这一工作涉及企业或组织的战略决策与环境分析、现有人力资源状况分析、人力资源的供求预测、人力资源总体规划和具体业务计划的制订与平衡、计划的实施与控制等等。因此必须具有全局性、科学性和应变性，以保证人力资源的数量与质量。

建筑企业施工现场的劳动组织工作，是根据现代建筑生产分工协作的特点，正确处理劳动者之间的关系，以协调所有人员的工作。劳动定额可以有效提高企业的管理水平，目前劳动定额的制定方法主要有经验估工法、统计分析法和技术测定法。劳务队伍是大中型建筑企业的有效补充，要做好劳务队伍的管理应完善录用标准、录用程序，建立一套完整的管理办法并严格执行。

复习思考题

1. 简述人力资源的含义和特点。
2. 人力资源管理的主要内容有哪些?
3. 试述人力资源管理的基本原理。
4. 企业人力资源开发有哪几个方面的途径?
5. 人员选聘的基本原则是什么?
6. 管理人员的培训有哪些内容?
7. 以实例描述公式"工作成效=能力×积极性×环境条件"。
8. 人员激励理论有哪些类型? 有哪些代表人物?
9. 何为岗位分析、岗位规范? 它们有何关系?
10. 建筑企业岗位评价主要有哪些影响因素?
11. 岗位任职资格的评价和岗位相对值的评价有何异同?
12. 国外有哪些人员心理测试方法?
13. 企业员工的绩效考评有哪些方式方法? 应该注意些什么?
14. 劳动定额在管理方面有哪些作用?
15. 劳动定额的制定有哪些方法?
16. 建筑企业施工队伍有哪些组织方式?
17. 劳务队伍管理要注意哪些方面?

8 建筑企业理财

公司理财是现代公司制企业遵循经济管理的一般原理，结合财务活动的特点而进行的企业财务管理工作。现代企业财务关系，实质上是企业本金投入与收益分配活动及其所形成的特定经济关系。投入与收益分配活动贯穿于企业生产经营活动的全部过程和各个方面。企业财务关系主要包括企业与出资人、债权人、经营者、劳动者、社会经济与行政管理部门等主体之间的关系，以及企业与企业之间、企业内部单位之间的财务关系。

建筑企业财务活动的组织和财务关系的处理是全过程、全方位、多层次的综合性管理活动，涉及资本及其运动的全过程，具体包括财务分析、投资管理、融资管理和产品成本管理等环节。公司理财工作区别于其它经济管理工作的特征在于，它具有涉及面广、综合性强、灵敏度高等特点。

8.1 公司理财的有关基本概念

公司理财即公司的财务管理，是企业经营管理的重要组成部分，是有关资金获得和有效使用的管理工作。企业的管理活动说到底是围绕着人和组织，以及两个"流"在进行，即"物流"和"资金流"，公司理财就是要合理有效地规划设计和运作"资金流"，同时还要和"物流"能够匹配，并且共同集成到"信息流"上。

8.1.1 公司理财的目标

作为公司经营管理重要职能之一，公司理财的目标取决于企业经营管理的总体目标，公司理财必须为企业总体目标的实现服务。而企业经营管理的总体目标概括而言则是"生存、发展和获利"三位一体，生存是基础，发展是关键，而获利则是根本，为了实现这个总体目标，从理财的角度而言，就必须做到以收抵支，按时还债，现金流入要大于现金流出；必须能够筹集到发展资金；并且能够合理、有效地使用这些资金。公司理财目标就是对这些要求的综合反映，表明公司所有的理财决策是否符合公司的总体目标。综合有关研究资料，关于公司理财目标主要有以下三种观点：

（一）利润最大化

这种观点认为：获利是企业的根本，利润代表了企业新创造的财富，利润越多表明企业新增加的财富越多，也越接近企业的总体目标。

但是，由于利润是依据权责发生制原则核算获得，并没有反映企业真正获得的现金和获得的时间，因此，从理财学的角度来看，这种观点存在以下三个问题：第一，没有考虑利润获得的时间，而货币是有时间价值的，不同时间点上相同的利润或现金流价值是不同的；第二，没有考虑所获取的利润额与投入的资本额大小的关系，这是一个绝对数和相对数的问题，若不考虑利润和投入额的关系，则会使财务决策偏重选择高投入的项目，从而会造成错失很多高效率的项目；第三，没有考虑风险问题，风险和报酬是一对相辅相成的关系,高报酬必然带来高风险,而高风险项目必然会要求较高的报酬,追求利润最大化若不考虑风险,必然会将企业引入困境。

（二）每股盈余最大化或净资产收益率最大化

这种观点认为:应该将企业获得的利润和股东的投入结合起来考虑理财的目标,以避免利润最大化目标所带来的弊端。但是,这种观点同样没有考虑利润获得的时间以及风险的大小。

（三）股东财富最大化或企业价值最大化

这种观点综合考虑了利润获得的时间、股东投入的大小,以及获得报酬所带来的风险的大小,认为企业的价值在于他能给股东带来未来的报酬,包括获得股利和出售股权的溢值收入,因此,股票的价格反映了企业的价值,股东财富最大化或企业价值最大化应该是公司理财的目标。

8.1.2 公司理财的对象

公司理财是关于资金获得和有效使用的管理工作,因此其管理对象就是现金及其流转,具体的内容则是筹资、投资和利润分配。图8-1是简化的企业现金流转示意图。

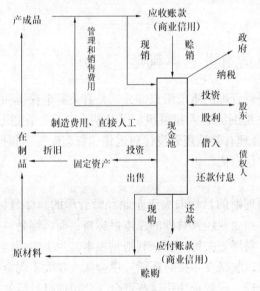

图8-1 企业现金流转图

企业现金流转的管理是企业总体目标实现的关键。现金流转图描述了企业现金流入与流出的主要内容及关键点,企业获得股东投资形成所有者权益,从债权人处借入资金构成负债,这两部分形成了初始现金池;随后,企业开始投资及购买固定资产,购买原材料投入生产,支付直接人工费用和制造费用,生产出产品并投入销售,支付销售与公司管理费用,通过销售获得收入进入现金池,并支付税收、付息还贷、支付股利,构成一次完整的现金流转。企业现金流管理就是要使得整个现金流不能"断流",并且现金流能够"越流越粗"。

另外,现金流转图还能够使我们更好地理解资产负债表和损益表,因为现金流转图上的所有内容构成了资产负债表和损益表上的所有项目。

8.1.3 企业理财的内容

图8-2描述了企业的理财目标与理财内容之间的关系。企业的理财目标是财富或价值最大化,其实现的途径是提高报酬率或降低风险,而决定报酬率高低或风险大小的则是企业的投资项目、资本结构和股利分配政策。因此,企业的投资决策、融资决策和股利分配政策的选择就构成了企业理财的主要内容。

企业投资决策的结果构成了资产负债表资产项下的所有项目。按投资性质和所运用的决策方法不同可以分成:

1. 直接投资。指把资金直接投放于生产经营性资产,以便获取利润的投资,比如:

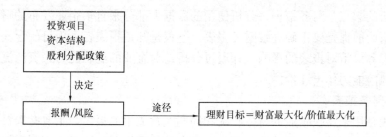

图 8-2　理财目标与理财内容关系图

企业的厂房、设备等固定资产；原材料、应收账款等流动资产。其中固定资产的投资决策一般采用技术经济评价方法，而流动资产的投资与管理则根据资产的不同分别采用不同的决策方法。

2. 间接投资。主要指证券投资，是企业出于各种目的而把资金投放于金融性资产（股票或债券等）以便获取股利或者利息收入的投资。证券资产的投资决策一般通过个别证券的分析与评价，或者证券组合分析方法来进行。

3. 并购。企业并购指通过公司当事人的买卖行为或相互协商，来重新组合、归并或创设公司的过程。就本质而言，并购是一种法律行为，指公司产权的转让行为。从并购的含义可以看出，和间接投资中的股票投资不同，并购是一种特别意义上的投资，它们对企业财务会产生不同的影响。

企业融资决策的结果构成了资产负债表负债与所有者权益项下的所有项目。融资决策解决的问题就是如何获得企业所需的资金，包括向谁融资、什么时候融资、融通多少资金等，其关键是决定各种来源资金在企业总资金中所占的比例，即决定资本结构，以使融资风险与融资成本能够相匹配。融资决策和投资决策、股利政策有密切关系，融资的数量多少和时间要考虑投资需要和利润分配需要。可供企业选择的融通资金渠道有很多，包括：股东投入的资本金和留存收益等权益资金；债权人提供的各种借入资金，如：贷款机构的各类长短期贷款、供应商提供的应付账款和应付票据、向社会发行的各类长短期融资债券、企业经营过程形成的各种应计未付款（应缴税金、应付利润等）等；还有被称为表外融资的租赁方式。

股利分配政策的决定影响是综合性的，虽然，股利分配决策指公司累计可分配利润中有多少作为股利分配给股东，有多少留在公司作为再投资用，但是，它和企业的投资决策和融资决策有着密切的关系，同时，也给股东或潜在投资人提供着重要的信息而决定着他们的投资行为，进而影响到公司股票的价格和企业理财目标的实现程度。所以，相对可测和透明的股利分配政策是企业理财管理的一项重要内容。

8.2　企业财务分析

财务分析是指以财务报表和其他资料为依据，采用专门的分析方法，系统分析和评价企业的过去和现在的经营成果、财务状况及其变动，目的是了解企业的过去、评价现在和预测未来，因此，财务分析的最基本功能就是将大量的报表及其他数据转换成对特定财务决策有用的信息，以减少决策的不确定性。

财务分析的起点是财务报表,分析使用的数据大部分来自于企业发布的财务报表。因此,财务分析的前提是要正确理解财务报表,不仅是知道报表各个项目的含义,而且要能理解不同的财务决策对报表的影响,并通过分析,对企业的盈利能力、资产流动性、偿债能力和抵御风险能力作出评价。

8.2.1 财务报表

财务报表是用来反映企业的财务状况和周期经营成果的报表,主要有损益表、资产负债表和现金流量表三种。这几种报表都是每个会计期间终了时所必须编制和按规定向某些外部用户陈报的。由于财务报表不仅仅是企业管理者了解企业的经营状况及制定各种决策的依据,因此,客观上要求各个企业陈报的财务报表必须统一,以利于比较分析和避免误解。

（一）资产负债表

资产负债表反映企业经过一段时间的经营以后,期末所有资产、负债和所有者权益数额以及与当期的变化情况,反映的是时间点的概念,所以,又称为静态报表。资产负债表主要提供有关企业财务状况方面的信息。通过资产负债表,可以提供某一日期资产的总额及其结构,表明企业拥有或控制的资源及其分布情况,即,有多少资源是流动资产、有多少资源是长期投资、有多少资源是固定资产,等等；可以提供某一日期的负债总额及其结构,表明企业未来需要用多少资产或劳务清偿债务以及清偿时间,即,流动负债有多少、长期负债有多少、长期负债中有多少需要用当期流动资金进行偿还,等等；可以反映所有者所拥有的权益,据以判断资本保值、增值的情况以及对负债的保障程度。

资产负债表一般有表首、正表两部分。其中,表首概括地说明报表名称、编制单位、编制日期、报表编号、货币名称、计量单位等。正表是资产负债表的主体,列示了用以说明企业财务状况的各个项目。资产负债表正表的格式一般有两种：报告式资产负债表和账户式资产负债表。报告式资产负债表是上下结构,上半部列示资产,下半部列示负债和所有者权益。账户式资产负债表是左右结构,左边列示资产,右边列示负债和所有者权益,并且左右两边最后一行的总计所显示出的数字金额必须是相等的。但不管采取什么格式,资产各项目的合计等于负债和所有者权益各项目的合计这一等式不变。这种平衡关系一般可用如下会计方程式表示：

$$资产 = 负债 + 所有者权益$$

企业取得任何资产不外乎两个途径：借款或所有者投资,所以任何企业的资产必须始终等于负债加所有者权益,反映在资产负债表上即该表的左右两边必须始终相等。这即是以上会计方程式的内在逻辑。

- 资产。表示是企业控制的、能为企业创造收入的各种类型的资源。资产按流动性从大到小可分为流动资产、长期对外投资、固定资产以及无形资产及递延资产等几类。
- 负债。负债是指企业所欠的债务和应付未付等项目。负债分为流动负债和长期负债。流动负债是指一年内必须偿还的债（如：短期银行信用、应付账款等）；而长期负债则是指一年以上需要偿还的债务（如：长期债券、长期银行借款等）。
- 所有者权益。所有者权益表示所有者所提供的资源,是企业的自有资源,又可称为净资产,包括原始实收资本或股本,以及所有者尚未从企业收回的资本盈利部分（公积金及未分配利润）。

（二）损益表

损益表，又称利润表，它是反映企业在一定时期内经营成果的会计报表。它从销售收入开始直到最终的税后利润总额为止，表达这一期间内各种收入以及费用（或成本）的累积金额。利润表的构成内容及等式关系可以简单表述如下：

$$销售收入 \pm 营业外收支 - 费用 - 损失 - 所得税额 = 税后利润$$

利润表可以看成是由以下四种类型的活动所构成：

- 出售产品或提供劳务所获得的收入；
- 生产或获得所出售产品或劳务应付出的成本；
- 销售费用和管理费用；
- 企业经营中的财务费用，如债权人的利息费用。

其中，前三类活动属于正常的经营活动，第四类活动则是融资活动的结果。

损益表分析主要目的是评估和预测企业的获利能力、偿债能力，评价企业的管理绩效以及发展的后劲如何。由于损益表反映了一个会计期间所发生的所有收入、支出和经营成果之间的关系，而这些构成项目的性质是不同的，因此，仅从最终的经营成果——税后利润是很难全面、正确地进行预测和评价的。从正确的分析角度来看，有预测能力并且可以正确评价管理绩效的数据应是企业重复发生的经营活动所形成的收益，而偶然发生或将来不太可能发生的收入或费用、损失应该加以排除。因此，利润表的分析应将重点放在销售毛利润、息税前收益（EBIT）等主要经营活动的成果上面，而营业外收支和投资损益等则是企业正常经营活动之外形成的收入或支出，其发生具有不确定性，因而在分析时要加以正确区分。总之，利润表的分析应该全面分析其内部结构。

由于利润表和资产负债表都是依据权责发生制原则编制的，加上会计上广泛使用的收入实现制、配比原则以及众多的分摊方法，使得这两张报表的数据无法全面反映出经营者、投资者和债权人所关心的信息，利润的计算也包含了太多的估计，难以全面真实地反映出企业的经营绩效与获利能力。因此，无论是企业内部的管理者还是投资者、债权人，都非常关注与决策有关的现金流量的信息。

（三）现金流量表

现金流量表作为企业主要会计报表之一。编制现金流量表的目的，是为会计报表使用者提供企业一定会计期间内现金和现金等价物流入和流出的信息，以便于会计报表使用者了解和评价企业获取现金和现金等价物的能力，并据以预测企业未来现金流量。

现金，指企业库存现金以及可以随时用于支付的存款。现金等价物，指企业持有的期限短、流动性强、易于转换为已知金额现金、价值变动风险很小的投资。现金流量表应分别根据经营活动、投资活动和筹资活动报告企业的现金流量。现金流量一般应分别按现金流入和现金流出总额反映。

- 经营活动产生的现金流量，是指企业投资活动和筹资活动以外的所有交易和事项所产生的现金流量；
- 投资活动产生的现金流量，指企业长期资产的购建和不包括在现金等价物范围内的投资及其处置活动所产生的现金流量；
- 筹资活动产生的现金流量，是指导致企业资本及债务规模和构成发生变化的活动所产生的现金流量。

现金流量表是根据企业的资产负债表、利润表与利润分配表换算而得，而换算的过程实质上是一个将按权责发生制核算的损益转换为按收付实现制确认的损益的过程。虽然它与财务状况变动表一样是由资金来源与资金运用表演变而来的，但它的表达与目的比财务状况变动表更明确，也更能确切地表达企业的现金流动状况和还款能力以及财务弹性。

8.2.2 财务分析方法

任何财务分析范围的确定以及方法的选择要根据分析的目的而定。一般常用的分析方法有趋势分析、百分率（同型）分析、财务比率分析、杜邦分析以及综合分析等几种，并且在一份完整的分析报告中，往往需要几种方法同时使用。这里，我们简单介绍趋势分析、财务比率分析和杜邦分析方法。

（一）趋势分析法（Trend Analysis）

趋势分析法就是对企业财务报表各项目（或财务比率）的趋势进行分析，借以观察和判断企业的经营成果与财务状况的变动趋势，预测企业未来的经营成果与财务状况。通常的做法是在年度（或中期）财务报告中，将财务报表中连续几年（一般3～5年）的数据连接起来，以比较财务报表的形式列示，以便于趋势分析。依据这种比较财务报表，就可以计算出表中主要项目数据变动的金额及百分比，从而确定引起企业财务状况与经营成果变动的主要因素，以及它们的变动趋势和延续性，揭示其成长能力。

表中项目数据变动的金额及百分比的计算公式为：

$$变动金额＝本期金额－上期金额$$

$$变动百分比＝变动金额÷上期金额$$

以上是环比计算公式。另外还可以假定某一会计期间为基期，利用基期比计算公式计算其变动金额及百分比，基期比的计算公式如下：

$$变动金额＝本期金额－基期金额$$

$$变动百分比＝变动金额÷基期金额$$

（二）财务比率分析（Ratio Analysis）

汇总在财务报表上的各个项目，彼此之间都有着紧密的联系。比率分析就是将这种联系用比率的形式表示出来，以揭示企业的各项财务状况，并进行企业之间、企业与行业之间及企业当期与过去期间的比较，分析企业的发展趋势，作出各项投资决策和财务决策。

1. 基本计算公式

财务比率的基本计算公式为：

$$财务比率＝项目A÷项目B$$

其中项目A、项目B代表利润表和资产负债表中的任何项目，即它们可以都取自资产负债表或利润表，也可以分别取自这两张表。

2. 评价标准

财务比率仅仅是一个数值，其本身意义不大。要判断一个企业的财务状况是好是坏，尚需一个评价标准来确定。在财务比率分析时常用的判断标准有三个：

（1）绝对（理论）标准

依据理论上最佳财务报表结构计算所得，从理论上讲是各行业、各地区、各时期普遍适用的标准。但是，在实用中，由于行业特征的差别，地区发展水平的不平衡，以及经济发展阶段的差别，在使用上有相当的困难，依据理论标准进行的评价也不真实。

(2) 行业标准

它是人们运用财务比率进行分析诊断时使用的最广泛的标准。特别是按国家、按地区基础上所得出的行业标准，世界上很多国家都采用，并且每年都公布一次，一般包括14个列16个核心财务比率，以提供比较。我国由于这方面工作起步较晚，因此，目前尚无行业标准数据的公布。

(3) 本企业的历史标准

它来自于本企业历史上的实际业绩，对企业来讲有较好的可比性，而且非常适用，但往往只作为内部管理的依据。

(三) 杜邦分析法（The Du-Pont System）

杜邦分析法是由美国杜邦公司的财务经理创造的，它是一种利用各个主要财务比率之间的内在联系，通过建立财务比率分析的综合模型——杜邦模型，来综合地分析和评价企业财务状况和经营成果的综合分析方法。采用这一方法，可使财务比率分析的层次和条理更加清晰，为财务分析人员能全面地、仔细地了解企业的经营和获利状况提供方便。

杜邦模型由杜邦延伸等式和杜邦修正图两部分内容组成，其最显著的特点是将若干个用以评价企业经营效率和财务状况的比率按其内在联系有机地结合起来，形成一个完整的指标体系，并最终通过净资产利润率来作综合反映。

1. 杜邦延伸等式

一般认为，净资产利润率（ROE）是所有比率中综合性最强、最具有代表性的一个指标。杜邦延伸等式即是对该指标进一步分解展开的一个等式，籍此可以找出影响该指标变化的具体原因，并作出针对性的决策。

杜邦延伸等式的分解展开过程如下：

净资产利润率（ROE）＝税后利润/平均净资产

＝（税后利润/平均总资产）×（平均总资产/平均净资产）

＝（税后利润/销售收入）×（销售收入/平均总资产）

×（平均总资产/平均净资产）

式中，第一项是销售利润率（ROS），是反映销售的效果指标；第二项是总资产周转率，是反映总资产的效率指标；而第三项称为权益系数（或权益乘数），它实际上是一个反映企业财务杠杆运用程度的一个指标。由此得出杜邦延伸等式为：

净资产利润率（ROE）＝销售利润率（ROS）×总资产周转率×权益系数

杜邦延伸等式显示了销售利润率、总资产周转率和杜邦杠杆怎样相互作用，从而确定净资产利润率。通过这样的分解，就能把净资产利润率这一综合性指标发生升降的原因具体化，这比单用一项综合性指标更能说明问题，并且以此与同行业标准进行比较，将会得到更多对企业有用的信息。

2. 杜邦修正图

杜邦修正图也是一种指标分解的方法，只不过它通过图形分解的方式来进行，因而较杜邦延伸等式更直观，分解的也能更彻底。

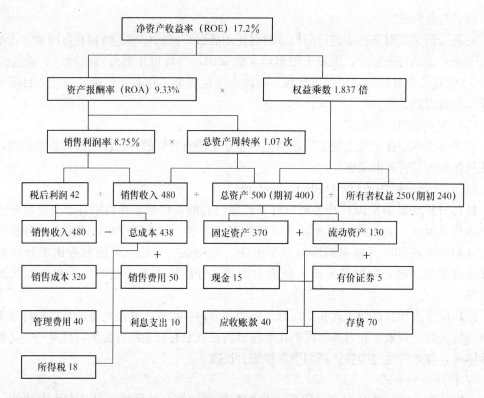

图 8-3 某股份有限公司杜邦修正图（单位：百万元）

某股份有限公司的杜邦修正图详见图 8-3。从杜邦修正图中可以看出，图的右边为资产负债表中项目，而左边则为利润表中的各个项目，两个表中的项目相互作用产生作为公司的所有者最为关心的顶端指标——净资产利润率。

杜邦分析模型能较好解释指标变动的原因和趋势，分析不同财务策略所产生的影响，能够为采取进一步的措施指明方向，它没有另外建立新的财务指标，而是建立了一套对财务比率进行分解的方法。同时，通过这种分解还能够使我们了解不同行业资产的效率、销售利润水平和财务杠杆运用水平的匹配情况，从而掌握不同行业企业的基本经营特征。

8.3 企业投资管理

企业投资管理涉及固定资产的投资管理、流动资产的投资管理、有价证券的投资管理与企业并购等内容，本章主要介绍流动资产的投资管理和固定资产投资管理。

8.3.1 流动资产的投资与管理

流动资产包括现金、短期投资、应收及预付款项、存货等。流动资产的特点是流动性大、周转期短。流动资产一般在企业全部投资中占有很大比重，因此对流动资产管理水平的高低直接关系到企业资产的效率和经营效益。

（一）现金及有价证券管理

现金是指以货币形态占用的资金，包括库存现金、银行存款等。现金是企业可以立即作为支付手段的资产,在企业所拥有的全部资产中,现金的流动性最大。由于企业持有现金属于非收益性资产,因此,对现金的管理主要围绕以下两个目标进行:一是保证企业生产经营对现金的需要;二是尽量缩小企业闲置现金数量,提高资金的收益率。此外,企业常利用临时闲置的资金购入有价证券作为现金的替代储备,其性质与现金有许多类似之处,因此,往往将现金与有价证券结合起来管理。

现金是一种盈利率很低的资产,企业的库存现金没有收益,银行存款的利息率一般也低于企业经营所得的投资报酬率。因此,企业持有的现金过多,会降低企业的资产收益率,但如果企业的现金余额过少,又可能导致企业丧失支付能力,增加企业的财务风险。企业在现金余额的确定上面临着收益与风险的权衡,目标现金余额就是一个既能保证企业经营对现金的需要,又能使持有成本最低的现金数量。

在成熟的证券市场条件下,企业可将现金管理与有价证券管理结合起来,当现金过多时,就进行有价证券投资,以获取高于银行存款利率的报酬;而当现金较少时,就售出有价证券,以换回现金。企业目标现金余额取决于企业对现金的需要量、有价证券的利息率以及现金与有价证券之间的转换成本。

（二）应收账款管理

应收账款是企业因赊销商品或劳务而形成的应收款项,是企业流动资产的一部分。应收账款相当于企业向客户提供的短期贷款。企业提供商业信用的目的在于扩大产品销路,增加企业收益,但提供商业信用必然加大企业无法收回账款的风险,因此,企业对应收账款的管理就是对其应收账款上的投资进行收益与风险的权衡,制订出最佳的信用政策。

1. 信用政策

所谓信用政策就是通过权衡收益和风险,对最佳应收账款水平进行规划和控制的一些原则性规定,以及企业针对不同信用状况的客户采取不同政策的原则性规定。企业的信用政策包括信用标准、信用条件和收账政策。

2. 信用标准

信用标准就是企业同意给予顾客信用所要求的最低标准,它反映了应收账款的质量水平。信用标准通常用坏账损失率表示。企业可允许的坏账损失率越低,表明企业的信用标准越紧。坏账损失是由于客户违约不支付货款而造成的损失。

3. 信用条件

信用条件是企业规定客户支付除销款项的条件,包括信用期限和现金折扣两项内容。信用期限是企业为客户规定的最长付款时间,如 30 天内付款等。现金折扣是企业为使买方尽早支付货款而给予提前付款客户的货款优惠。例如"2/10,n/30"表示如在发票开出后 10 天内付款,可享受 2％的现金折扣,如超过 10 天并在 30 天内付款,则不享受折扣,全部货款必须在 30 天内付清。一般而言,客户企业放弃享受现金折扣的机会成本是很高的,因此,若没有特殊情况,一般不会放弃现金折扣。

4. 收账政策

收账政策是指企业向客户收取逾期尚未付款的应收账款的程序。收账费用是确定收账政策时需要考虑的重要因素之一。收账费用包括收账所花的邮电通信费、派专人收款的差旅费和不得已时的法律诉讼费用等。要确定适宜的收账费用水平,就要在收账费用与坏账损失和应收账款机会成本之间进行权衡。企业信用政策和收账政策的制定都面临着报酬与成本的权衡问题。制定应收账款管理最佳策略须将信用标准、信用条件和收账政策三者结合分析，决策中应比较每一种政策改变后的收益与改变后的成本，通过比较，选择最佳的政策。

（三）存货管理

存货是企业在生产经营过程中为销售或耗用而储备的物资，包括各种原材料、在产品、产成品。存货是流动资产中所占比例较大的项目，在企业中约占流动资产的50%～60%，因此，存货管理水平的高低对企业财务状况影响极大。存货管理的目的是既要充分保证生产经营对存货的需要，又要尽量避免存货积压，降低存货成本。

存货成本包括采购成本、订货成本、储存成本和缺货成本四部分。

1. 采购成本

采购成本是由买价和运杂费构成的成本。单位采购成本不受采购数量的影响，因此在确定采购批量时，一般可以不考虑采购成本，只有当供应方给予数量折扣时，才有必要考虑采购批量和采购成本。

2. 订货成本

订货成本包括订购手续费、差旅费、邮电费和仓库验收费等。订货成本一般与订货的数量无关，而与订货的次数有关，在需要量一定的情况下，每次订购批量越大，订购次数越少，则订货成本越少。

3. 储存成本

储存成本是指在生产领用和出售之前，货物或物资储存而发生的各种成本，包括仓储费、保险费、变质损耗费用、占用资金支付的利息等。一定时期的储存成本与该时期内的平均存货量成正比，订购批量越大，平均存货量就越高，从减少储存成本来看，应减少订购批量。

4. 缺货成本

缺货成本是指存货不能满足生产和销售需要时发生的损失，如停工损失、加班加点费以及由于产成品库存不足而丧失销售机会的损失等。

存货管理的首要任务就是要合理确定一次订购的批量大小，由于订货成本与订购批量成反比，储存成本与订购批量成正比，采购成本在无数量折扣时，一般与订购批量无关，缺货成本难以计量不予考虑，则存货成本主要取决于订货成本和储存成本。因此，经济订购批量就是使一定时期内订货成本和储存成本之和最低的每次订购批量。

8.3.2 固定资产管理

固定资产是指使用期限超过一年，单位价值在规定标准以上，并且在使用过程中保持原有实物形态的资产，包括房屋及建筑物、机器设备、运输设备、工具器具等。

建设项目竣工交付使用时，项目总投资中除了垫付流动资金以外的部分，即固定资产投资和建设期利息分别形成固定资产、无形资产和递延资产。其中固定资产投资中的建筑工程费用、安装工程费用和设备购置费用直接计为固定资产；其他费用中除应形成无形资产和递延资产的部分外，也是与固定资产形成有关的，自然也应计入固定资产价值。

1. 固定资产分类

企业固定资产按其经济用途和使用情况可分为以下六类：

（1）生产用固定资产。指企业生产单位和为生产服务的行政管理部门使用的各种固定资产。

（2）非生产用固定资产。指非生产单位使用的各种固定资产。如职工宿舍、俱乐部、食堂、浴室等单位所使用的房屋、设备、器具等。

（3）租出固定资产。指出租给外单位使用的多余或闲置的固定资产。

（4）未使用固定资产。指尚未使用的新增固定资产，调入尚待安装的固定资产，进行改建、扩建的固定资产，以及长期停止使用的固定资产。

（5）不需用固定资产。指本企业目前和今后都不需用，准备处理的固定资产。

（6）融资租赁固定资产。指企业以融资租赁方式租入的机器设备、运输设备和生产设备等固定资产。

2. 固定资产折旧

企业固定资产折旧，从固定资产投入使用月份的次月起，按月计提；停止使用的固定资产，从停用月份的次月起，停止计提折旧。

固定资产折旧方法有：

（1）平均年限法，亦称使用年限法。它是按照固定资产的预计使用年限平均分摊固定资产折旧额的方法。这种方法计算的折旧额在各个使用年（月）份都是相等的，折旧的累计额所绘出的图线是直线，因此该法也称直线折旧法。其计算公式如下：

$$固定资产年度折旧额 = \frac{固定资产原值 - （残值 - 清理费用）}{规定折旧年限}$$

固定资产残值率一般按照固定资产原值的 3%～5% 确定。

（2）工作量法。是按照固定资产生产经营过程中所完成的工作量计提其折旧的一种方法。该法是平均年限法派生出的方法，适用于各种时期使用程度不同的专业大型机械设备。

（3）双倍余额递减法。是加速折旧法的一种，是按照固定资产账面净值和百分比来计算折旧额。其计算公式为：

$$年折旧率 = \frac{2}{折旧年限} \times 100\%$$

$$月折旧率 = 年折旧率 \div 12$$

$$月折旧额 = 固定资产账面净值 \times 月折旧率$$

（4）年数总和法，亦称年数总额法，也是加速折旧法的一种。它是根据固定资产原值减除预计净残值后的余额，按照逐年递减的折旧率计提折旧的一种方法。其折旧率以该项固定资产预计尚可使用年数（包括当年）作分子，而以逐年可使用年数之和作分母，分母是固定的，而分子每年变动，折旧率也每年变动。其折旧率和折旧额的计算公式为：

$$当年折旧率 = \frac{尚可使用年数}{逐年使用年数之和}$$

$$折旧额 = (原值 - 预计残值) \times 当年折旧率$$

令固定资产使用年限为 n 年，固定资产原值为 C，预计净残值为 S，逐年使用年数之和为 $D\left(D = \frac{n(n+1)}{2}\right)$，则各年折旧额如下，

第 1 年折旧额 $= (C - S) \cdot \frac{n}{D}$

第2年折旧额 = $(C-S) \cdot \dfrac{n-1}{D}$

……

第n年折旧额 = $(C-S) \cdot \dfrac{1}{D}$

8.4 融资管理

融资管理涉及企业长期股权融资和长期债务融资、短期融资与营运资金政策、资本成本和资本结构决策等问题。本书简单介绍企业长期资金的融资渠道和方式。

8.4.1 股权融资

股权融资是企业通过向投资人筹集权益资金而获得企业发展所需长期资金的一种融资渠道，具体融资方式有普通股和优先股等。

1. 优先股

优先股是企业权益股本之一。优先股具有普通股和债券的混合特征，有固定面值、定期的固定股息支付、一定回收期等，因此，对企业而言，优先股融资同样具有财务杠杆作用。

相对于普通股，优先股具有两个方面的优先权，即：优先获得公司税后收益分配的权利；企业资产进行清算时，有优先获得清偿的权利。但是，相对于优先股的优先权，由于优先股股东能按时收到股息，因此，他们不具有对公司事务的表决权，只有企业无法在特定时间内支付股息，优先股股东才有一定程度的表决权。

2. 普通股

普通股是股份公司发行的无特别权利的股份，也是最基本和最标准的股份，它代表一种满足全部债权后，对企业收入和资产的所有权。在股份公司中普通股股东控制企业，组成股东大会，选举董事会，并享有分红的权利。

普通股具有面值、内在价值、市场价值、控制权和表决权等基本要素。普通股的面值是股票上注明的固定价值（我国规定普通股的面值统一为人民币1元），表明股东对公司承担的责任限度；内在价值表明每一股份实际拥有的权益的大小（即每股净资产），是普通股的账面价值；而市场价值是指普通股在证券交易市场上的交易价格，反映市场对该股票价值的度量和确认；控制权则说明普通股股东是公司的所有权人，他们控制着企业，选举董事会和监事会；而表决权则说明普通股股东在选举董事会和对其他重要事项表决时有投票权。

8.4.2 长期债务融资

长期债务融资是指企业通过负债的方式来筹集资金，并且负债期限超过一年。负债是企业一项重要的资金来源，几乎没有一家企业是仅靠股权融资，而不运用负债来筹集发展资金的，并且负债融资还能充分发挥财务杠杆的作用。由于负债融资和股权融资是两种性质完全不同的融资方式，因此，其各有不同的特点。负债融资具有以下特点：

- 筹集的资金具有使用上的时间性，需到期偿还，对企业现金流管理要求高；
- 不论企业经营的好坏，都需固定支付债务利息，形成企业的固定负担；

- 长期债务发行契约的各种保护性条款可能会使企业的财务决策灵活性降低；
- 发行成本和资本成本均比股权融资成本低，并且，不会稀释企业的每股收益和股东对企业的控制权；
- 债务融资还能使企业充分发挥财务杠杆的作用。

长期债务融资的主要方式有：长期借款和长期债券。

1. 长期借款

长期借款指企业向银行或其他非银行金融机构借入的使用期超过一年的借款，主要用于满足企业长期资金的需求，如构建固定资产、长期流动资金占用等。

长期借款的种类和方式有很多，企业可以根据自身的融资需求情况和各种借款条件加以选择。长期借款按照用途可以分为固定资产投资借款、更新改造借款、科技开发和新产品试制借款等；按照提供贷款的机构可分为政策性银行贷款、商业银行贷款、信托投资贷款和财务公司提供贷款等；按照是否提供担保品可分为抵押贷款和信用贷款；等。

2. 公司债券

公司债券是指由公司向社会公众公开发行的，不记名的，用于记载和反映债权债务关系的有价证券。而这里所指的则是期限超过一年的公司债券，其目的是筹集企业长期需求资金。公司债券是企业重要的一种债务融资工具，也是证券市场上最为活跃的交易品种。一般分为抵押债券、信用债券和其他如担保债券、可转换债券、零息债券、浮动利率债券、垃圾债券等各种形式的债券。

公司债券的期限一般较长，世界上一些大公司的债券期限甚至长达 30 年或 40 年，公司债券成为大型公司筹集长期稳定资金的重要方式；另外，由于公司债券的持有人一般是相当广泛和分散的社会公众，债券合同一经确立，就不可能变更，公司将在第三方（投资银行或证券公司等）的监督下完全执行合同，如果公司在合同期间没有能力履行而违约，则等于宣告公司破产。

8.5 建筑产品成本管理

建筑企业的施工过程，既是物化劳动和活劳动的耗费过程，又是建筑产品价值形成的过程。建筑产品的价值包括如下三部分：施工过程中耗费的物化劳动的转移价值；耗费的必要劳动创造的价值；剩余劳动创造的价值。其中前两部分构成建筑安装工程成本的基础。工程成本管理，就是对建筑企业成本的预测、计划、控制、核算、分析等一系列管理工作的总称。

8.5.1 建筑产品费用的构成

按照建设部 2003 年 10 月颁发的《建筑安装工程费用项目组成》（建标 [2003] 206 号）规定，建筑企业工程成本由直接费和间接费组成，如图 8-4 所示。

1. 直接费

直接费是指施工过程中直接耗费的构

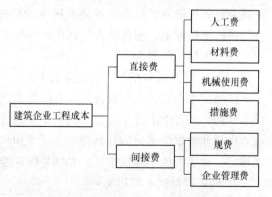

图 8-4 建筑企业工程成本构成图

成工程实体或有助于工程形成的各项支出，具体包括：

（1）人工费。指直接从事建筑安装工程施工的生产工人开支的各项费用，包括工资、奖金、工资性的津贴、生产工人辅助工资、职工福利费、生产工人劳动保护费等等。

（2）材料费。包括施工过程中耗用的构成工程实体的原材料、辅助材料、构配件、零件、半成品的费用。

（3）机械使用费。包括施工过程中使用自有施工机械所发生的机械使用费和租用外单位（含内部机械设备租赁市场）施工机械的租赁费，以及施工机械安装、拆卸和进出场费。

（4）措施费。是指完成工程项目施工，发生于该工程施工前和施工过程中非工程实体项目的费用。包括：环境保护费、文明施工费、安全施工费、临时设施费、夜间施工费、二次搬运费、模板脚手架费、已完工程及设备保护费和施工降水排水费等。

2. 间接费

间接费由规费和企业管理费组成。

（1）规费。是指政府和有关权力部门规定必须缴纳的费用。包括：工程排污费、工程定额测定费、养老保险费、失业保险费、医疗保险费、住房公积金、危险作业意外伤害保险等。

（2）企业管理费。是指施工企业为组织施工生产和经营管理所发生的费用。包括：管理人员的工资、差旅交通费、办公费、固定资产使用费、工具用具使用费、工会经费、职工教育经费、劳动保险费、财产保险费、财务费、税金等。

8.5.2 建筑产品成本计划的编制

成本计划反映企业在计划期内的成本水平降低程度。成本计划的编制是企业成本管理的重要环节，为了达到降低成本、增产增收目的，企业必须在加强管理的基础上，通过成本预测科学编制成本计划。

企业的成本计划由技术组织措施计划、管理费用计划和降低成本计划所组成，企业应根据确定的计划期施工任务和降低成本指标，在总工程师、总会计师的具体指导下，以计划部门为主，财务部门配合，会同有关部门研究编制。

成本计划的编制可分为两个阶段：

（一）第一阶段：成本预测

成本预测是编制的准备阶段，是编制成本计划的重要步骤。在成本预测阶段，要收集资料进行分析研究，提出各种降低成本的措施，并测算采取这些措施所能得到的经济效益，在这个基础上，测算能否达到预定的降低成本指标。

成本预测的步骤为：

1. 确定降低成本指标（计划降低率）

降低成本指标，也称为计划成本降低率，是计划成本降低额与预算成本的比率。降低成本指标，或者由上级主管部门根据企业的情况确定和下达，作为考核企业的一项指标，或者由企业根据已确定的计划期施工任务和利润目标的要求自行确定，报上级主管部门批准核定。确定的成本降低指标，必须是保证能实现目标利润，完成利润计划的指标。

2. 确定降低成本的措施

在降低成本指标确定后，要发动员工研究降低成本的措施。因为降低成本的目的只有在施工的全过程才能实现,所以必须发动全体职工,从企业各个部门的工作,从施工的各个环节,全面地寻找可以降低成本的薄弱环节,提出合理化建议,在广泛发动群众的基础上,应由各职能部门加以整理归纳,形成降低成本的技术组织措施。

3. 成本试算平衡

在确定降低成本的技术组织措施的基础上。要测算采取这些措施后能否实现预定的降低成本指标。这就是成本试算平衡。

成本试算平衡要做以下几方面的工作:

(1) 根据企业的历史资料确定成本项目占成本的比重,作为试算平衡的基础资料。

(2) 测算采取有关措施后的经济效果,并且确定影响工程成本变动的各项主要因素的增减情况。

(3) 测算采用各项措施后的成本降低率。一般采用如下公式:

① 由于原材料、燃料、动力等物资消耗降低而使成本降低。

$$成本降低率 = 材料费占成本比重\% \times 材料消耗降低率$$

② 由于劳动劳动生产率提高超过工资增长而使成本降低。

$$成本降低率 = 生产工资占成本比重\% \times \left(1 - \frac{1+平均工资增长\%}{1+劳动生产率提高\%}\right)$$

③ 由于节约开支、压缩管理费用而使成本降低。

$$成本降低率 = 管理费用占成本比重\% \times \left(1 - \frac{1+管理费用增长\%}{1+生产增长\%}\right)$$

(4) 将以上测算的成本降低率相加,再与降低成本指标进行比较,如达到要求,即可进行成本计划表的编制。有时经测算达不到计划要求,则应进一步发动群众挖掘潜力,反复进行试算平衡。

例如,某建筑工程公司计划期预算成本总额2200万元,降低成本指标为4.5%。经成本预测得到如下资料:

① 计划年度完成建筑安装工作量增长　　20%
② 生产工人劳动生产力提高　　　　　　15%
③ 生产工人工资增长　　　　　　　　　8%
④ 材料消耗定额降低　　　　　　　　　3%
⑤ 机械使用费降低　　　　　　　　　　2%
⑥ 其他直接费减低　　　　　　　　　　5%
⑦ 施工管理费增长　　　　　　　　　　4%

另外,根据该公司的历史资料,各成本项目占总成本的比重为:人工费10%,材料费60%,施工机械使用费7%,其他直接费8%,施工管理费15%。试测算成本降低率。

解:

材料成本降低率　　　　　　$60\% \times 3\% = 1.8\%$

人工成本降低率　　　　　　$10\% \times \left(1 - \frac{1+8\%}{1+15\%}\right) = 0.61\%$

机械成本降低率　　　　　　$7\% \times 2\% = 0.14\%$

其他直接费用降低率　　　　$8\% \times 5\% = 0.4\%$

管理成本降低率　　　　　$15\% \times \left(1 - \dfrac{1+4\%}{1+20\%}\right) = 2\%$

上述合计成本降低率4.95%，超过预定指标。

（二）第二阶段：编制成本计划表

成本计划表的编制在成本预测的基础上进行。在成本预测阶段，已经确定了各成本项目的计划成本降低率，在编制成本计划表时，进行简单的计算即可填表，其中各成本项目的预算成本按各成本项目所占比重与计划期预算成本总额相乘得到；计划降低额按各成本项目的成本降低率和计划期预算成本总额相乘得到。现将成本计划举例如表8-1所示。

成本计划表（单位：万元）　　　　　表8-1

成本项目	预算成本	计划成本	计划降低额	计划降低率
人工费	220	206.58	13.42	6.1
材料费	1320	1280.4	39.6	3
施工机械使用费	154	150.92	3.08	2
其他直接费	176	167.2	8.8	5
施工直接费	330	286	44	13.3
合计	2200	2091.1	103.9	4.95

8.5.3　建筑产品成本控制

所谓成本控制，就是在企业经营的全过程中，通过对工程成本开支的监督和调节，使工程成本控制在成本计划的范围内，以实现预定的降低成本指标。成本控制包括事前控制和施工过程中的控制两个方面。

1. 事前控制

工程成本的事前控制，就是要做到"算了再干，不能干了再算"。对于整个企业来说，实行事前控制，就要进行成本预测，编制成本计划，这一点前文已述。

对一个具体的工程来说，实行事前控制，就要在确定施工工艺方案、施工组织设计，选择机械设备，组织材料物资供应等工作时，都要经过深入的经济评价，选择最优方案。在合理确定施工方案和施工组织设计的基础上，编制施工预算，并与施工图预算进行对比，进一步提出降低成本的措施。制定单位工程降低成本计划。

2. 施工过程中的控制

首先，要以工程任务单的形式，把成本计划指标分解、下达，落实到企业各管理部门和基层班组。

其次，在施工准备工作阶段，除注意施工准备工作本身的人力、物力消耗的节约外，还应注意准备工作对成本的影响，通过各项准备工作为实现成本计划建立必要的生产技术条件。

第三，在工程正式施工过程中，则应按施工预算严格控制费用开支和各种消耗，保证实现拟订的降低成本的技术组织措施，并与施工过程其他方面的控制（进度、质量、安全等）结合起来，成为对施工过程全面控制的一个有机的组成部分。

要进行有效的成本控制，必须实行成本管理责任制，实行成本的分级管理、分口管理和全员管理。

所谓成本的分级管理,就是建立公司、处(工区)、施工队的多层次成本管理责任制。各级都要有各自的降低成本指标和成本标准,各级都要实施成本费用的控制。

所谓成本的分口管理,就是按成本费用的性质,将降低成本指标分解、落实到各有关职能部门。也就是说,成本控制要落实并渗透到各部门的具体业务中去,使各部门的工作在控制成本中发挥相应的作用。

所调成本的全员管理,就是要动员企业各部门、各生产岗位的职工,都来参与成本管理,要将每个职工的本职工作和降低成本有机地结合起来,一点一滴地减少消耗,降低成本。

总而言之,成本控制是企业各个部门、全体成员的职责,是一项贯穿施工全过程的综合性的工作。只有整个企业的管理工作做好,才能实行有效的成本控制。

3. 降低成本的主要途径

降低成本是加强成本管理的目的,也是加强成本管理的直接结果。要降低成本,必须做好各项成本管理工作,尤其要以成本预测和控制作为重点。在具体工作中,要研究降低成本的主要途径,并制订相应的技术组织措施。

(1) 合理组织施工。科学的施工管理,可以多快好省地完成施工任务。这里最主要的是合理确定施工方案和施工组织设计,做到了这一点,就能合理地调配劳动力、施工机械,合理地采购、保管和使用原材料,均衡地组织施工,就能防止因为计划不周造成人力物力的浪费,这是降低成本的最主要途径。

(2) 提高劳动生产率。劳动生产率是反映生产过程中活劳动消耗的指标。提高劳动生产率意味着单位产品劳功消耗的减少。劳动生产率提高了,就能减少工程成本中的工资费用的支出。要提高劳动生产率,加强企业的思想工作,提高职工的劳动积极性;必须重视企业的职工文化教育和技术培训,提高职工的技术水平和操作熟练程度;必须实行经济责任制,将劳动成果的大小与职工经济利益挂起钩来。

(3) 减少材料消耗。材料消耗在工程成本中一般约占 60%~70%,减少材料消耗,即可减少材料费的开支。减少材料消耗应该从储备资金循环的全过程来考虑,即从材料的采购开始,经过运输、保管、直到使用,每个环节都要注意防止积压,减少损耗,一方面降低材料的实际采购成本,另一方面减少施工过程中的损失浪费。要实行严格的定额领料制度,控制施工过程的材料实物消耗量。

(4) 提高机械设备的利用率。抓好施工机械设备的管理,提高设备完好率和利用率,可以加快施工速度。提高劳动生产率。这里的关键是合理调配机械设备和加强设备的维修保管。设备利用率提高了,就可以相应减少折旧费的支出。

(5) 提高施工质量。在施工过程中严格执行科学的操作规程和质量检验制度,可以提高施工质量,这样有两方面的意义,一方面可以减少施工过程中的返工损失,直接降低成本开支,另一方面在实行优质优价的条件下质量高的产品可以得到较多的工程收入,也就相对地加大了成本降低额。

(6) 控制管理费开支。建筑企业的管理费收入是按直接费的一定比例计算的,但其支出并不与直接费支出成正比。这样,只要扩大施工任务,就可增加管理收入,只要控制管理费开支,便可减少成本中的管理费支出、控制管理费的途径主要有两条,一是精简机构、压缩管理人员比重;二是控制费用开支标准。

8.5.4 建筑产品成本核算、分析及考核

1. 施工项目成本核算体系

施工项目成本核算是指以工程项目为对象,对施工生产过程中的各项费用进行审核、记录、汇集和核算,其核算对象根据实际情况可选择以一个单位工程,或一个单位工程中某分部工程,或将几个施工地点、结构类型及开竣工时间相近的单位工程合并作为一个核算对象等。但均应以项目经理部为核算中心,形成辐射形项目成本核算体系,如图8-5所示。

这一核算体系是以外部市场通行的市场规划和企业内部相应的调控手段相结合的原则运行的,项目经理部与各内部市场主体是租赁买卖关系,一切以经济合同结算关系为基础。

图8-5 项目成本核算体系

2. 施工项目成本核算的任务

(1) 执行国家有关成本开支范围,费用开支标准,工程预算定额和企业施工预算,成本计划的有关规定,控制费用,促使项目合理、节约使用人力、物力和财力。

(2) 及时正确地核算施工过程中发生的各种费用,计算施工项目的实际成本。

(3) 反映和监督施工项目成本计划的完成情况,为项目成本预测,参与项目施工生产、技术和经营决策提供可靠的成本报告和有关资料。

3. 施工项目成本核算的要求

为圆满完成上述任务,在施工项目成本核算中要遵守以下基本要求。

(1) 划清成本费用支出和非成本费用支出界限

即划清资本性支出和收益性支出与其他支出,营业支出与营业外支出的界限。此界限即成本开支范围的界限。其中,企业为取得期收益而在本期内发生的各项支出,应全部作为本期的成本和费用。而企业的营业外支出,因与企业施工生产经营无关,不应计入工程成本,为此,应严格按施工企业财务制度划分界限。

(2) 正确划分各种成本、费用界限

即划清施工项目工程成本和期间费用的界限,划清本期工程成本与下期工程成本的界限,划清不同核算对象之间的成本界限,划清未完工程成本与已完工程成本的界限等。只有清楚划分成本的界限,施工项目成本核算才能正确。

(3) 加强成本核算的基础工作

即建立各种财务物资的收发、领退、转移、报废、清查、盘点、索赔制度;健全原始记录和工程量统计制度;制订和修订各种内部消耗定额及内部指导价格,完善计量、检测、检验设施与制度等。

(4) 保证项目成本核算数据资料的完整性

成本核算中所运用的数据资料必须真实可靠、准确、完整、及时，依据的原始凭证要审核无误、手续齐备，还应设立必要的台账。

4. 施工项目成本核算的方法

按照《建设工程项目管理规范》（GB/T 50326—2001）规定，施工过程中项目成本的核算，宜以每月为一核算期，在月末进行。核算对象应按单位工程划分，并与施工项目管理责任目标成本的界定范围相一致。项目成本核算应坚持施工形象进度、施工产值统计、实际成本统计"三同步"的原则。施工产值及实际成本的统计，宜按照下列方法进行。

（1）应按照统计人员提供的当月完成工程量的价值及有关规定，扣减各项上缴税费后，作为当期工程结算收入。

（2）人工费应按照劳动管理人员提供的用工分析和受益对象进行账务处理，计入工程成本。

（3）材料费应根据当月项目材料消耗和实际价格，计算当期消耗，计入工程成本；周转材料应实行内部调配制，按照当月使用时间、数量、单价计算，计入工程成本。

（4）机械使用费按照项目当月使用台班和单价计入工程成本。

（5）其他直接费应根据有关核算资料进行账务处理，计入工程成本。

本 章 小 结

公司理财即公司的财务管理，是企业经营管理的重要组成部分，是有关资金获得和有效使用的管理工作。公司理财就是要合理有效地规划设计和运作"资金流"，本身不能"断流"，同时还要和"物流"能够匹配，并且共同集成到"信息流"上。

公司理财的目标是所有者财富最大化，理财目标的实现会受到法律因素、金融市场环境因素，以及宏观环境因素的影响。公司理财的对象是企业的现金及其流转。理财的内容则是投资项目的选择、资本结构的决策和股利分配政策的确定。

财务分析是指以财务报表和其他资料为依据，采用专门的分析方法，系统分析和评价企业的过去和现在的经营成果、财务状况及其变动，目的是了解企业的过去、评价现在和预测未来。

资产负债表反映某一时刻企业所有资产、负债和所有者权益的状况；损益表反映企业某一期间的经营成果；而现金流量表反映的则是企业经营、投资和融资现金流的情况。

工程成本管理是建筑企业管理的重要内容，主要包括对建筑企业成本的预测、计划、控制、核算、分析等一系列管理工作。

建筑产品费用由直接费和间接费构成。其中直接费包括人工费、材料费、机械使用费和措施费，间接费包括规费和企业管理费。企业的成本计划由技术组织措施计划、管理费用计划和降低成本计划所组成。建筑企业要实现有效的成本控制要完善事前控制和施工过程中的控制两个环节。

复 习 思 考 题

1. 关于企业理财目标有哪些不同的观点？你的观点是什么？为什么？
2. 影响企业理财目标实现的因素有哪些？
3. 企业的理财对象是什么？理财内容有哪些？

4. 资产负债表的作用是什么？其格式如何？
5. 损益表的作用是什么？其格式如何？
6. 财务分析的目的是什么？分析方法有哪些？举例说明杜邦财务分析体系的作用？
7. 固定资产折旧的方法有哪些？为什么会有这些不同折旧方法的考虑？
8. 分别说明各种融资渠道和方式的特征和利弊。
9. 说明建筑产品费用的构成。
10. 简述成本计划的编制步骤。
11. 降低工程成本的主要途径。
12. 简述施工项目成本核算的方法。

9 建筑企业供应链及物资设备管理

供应链管理（Supply Chain Management，SCM）是横向一体化管理思想的一个典型代表，它强调核心企业培育企业的核心竞争力，与供应链内的企业结成战略合作伙伴关系，充分利用企业内外的资源，达到供应链内部各参与方的共赢。建筑企业供应链包括整个建设过程，从业主的需求开始，然后是设计和建造过程，直至维修和建筑产品的最终拆除。它也包括建设过程参与的各个组织，如客户、业主、设计单位、总承包商、分包商和材料供应商等。

物资设备采购和使用是建筑企业供应链管理的关键环节之一。建筑产品所用的材料设备品种多、数量大，单项工程成本中材料设备所占的比重最大，占用的流动资金最多。建筑企业材料设备管理的目的就是贯彻节约原则，节约材料费用，降低工程成本，提高经济效益。

9.1 供应链管理的一般概念

随着工业时代的到来，人们更多强调效率与分工的重要性，因此每个企业都追求效率化及高度单一化，人们普遍认为只要本企业可以达到效率、效益最大化，整体必因此而获利并有竞争力。在这种大环境下，企业认识到，产品和服务的竞争力并非由一个企业决定，而是由从原材料到产品完成的整个过程决定。必须以协同的方式，把企业内部和外部的资源有效地整合在一起，企业之间的竞争正在演变为不同供应链之间的竞争。这种竞争模式将成为未来经济的重要特征。

9.1.1 建筑企业供应链的概念

中国国家标准《物流术语》将供应链定义为：在生产及流通过程中，涉及将产品或服务提供给最终用户活动的上游与下游企业所形成的网链结构。

美国供应链协会（Supply chain Council，简称为SCC）对供应链的定义为：供应链涵盖了从供应商的供应商到消费者的消费者，自生产至制成品交货的各种工作努力。这些工作努力可以用计划、寻找资源、制造、交货和退回五种基本流程来表述。

美国生产与库存控制协会（American Production and Inventory Control Society，简称 APICS）将供应链定义为：①供应链是自原材料供应直至最终产品消费，联系跨越供应商与用户的整个流程；②供应链涵盖企业内部和外部的各项功能，这些功能形成了向消费者提供产品或服务的价值链。

从各种不同的论述中我们可以看出供应链的以下"共性"：

(1) 供应链上存在不同行为主体。如：消费者、零售商、批发商、制造商及原材料供应商；

(2) 供应链是企业之间以及企业内部门之间的互动与合作；

(3) 供应链具有特定的功能，如提供某类商品或服务，以及某种结构特征，如有起始点和终结点，呈现出网状结构等；

(4) 供应链的业务过程和操作，可以从工作流程、实物流程、信息流程和资金流程四个方面进行分析。

供应链上的工作流程也有研究称为商流，是指业务规则、交易规则及其操作流程；实物流程也即物流，是指从供应链上游到下游直至客户手中的物质转换流程和产品流；信息流包括产品需求、订单传递、交货状态、交易条件和库存等信息；资金流包括信用条件、支付方式以及委托与所有权契约等。供应链的一般构造见图9-1。

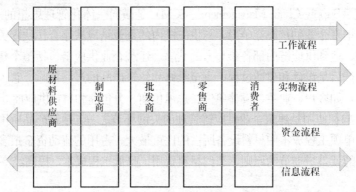

图 9-1 供应链的一般构造

就建筑企业而言，其不同在于要完成物流活动的供应链设计应同时考虑两个因素，即提供建筑施工产品（建筑物）与安装维修（或售后）服务，这可以定义成基于产品与服务的供应链设计策略（Product-Service Based Supply Chain Design，P-SBSCD），只有这样才能向客户提供优质的产品及高水平的服务，达到成本和服务之间的有效平衡，提高供应链的柔性，有效降低库存与成本，进而达到提高企业竞争力，实现市场的扩张。围绕核心企业的供应链网络结构，强调供需方的职能分工与合作，以实现整个供应链的不断增值。

建筑企业供应链是围绕总承包企业形成的，通过对物流、信息流、资金流的控制来完成，其结构形式如图9-2所示。

9.1.2 建筑企业供应链的基本类型

供应链可以从简单到复杂地分为基本供应链、段落供应链、最终供应链及全球供

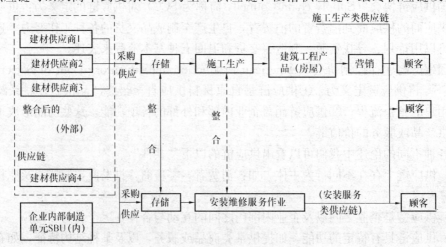

图 9-2 建筑企业供应链结构图

应链。

基本供应链（basic supply chain）：基本供应链由一家企业、该企业的直接供货商和直接客户组成，包括了供需的最小循环。它是供应链的最基本模式，每一个企业都是一个基本供应链的组成部分。

段落供应链（extended supply chain）：每个段落供应链均由若干基本供应链组成，每个段落供应链皆提供不同的部件或服务，为产品增加附加值。

最终供应链（ultimate supply chain）：各个段落供应链联合起来则成为一条最终供应链，每一个最终消费者享用的产品或服务都由一条最终供应链所提供。

全球供应链（global supply chain）：顾名思义，全球供应链是在全球范围内组合供应链。全球供应链概念是随着企业需要在世界各地选取最有竞争力的合作伙伴，结成全球供应链网络，以实现该段供应链的最优化而形成的。全球供应链不是为全球化而全球化，而是以放眼全球的眼光，根据不同产品特性和经营环境将供应、生产、市场置于最适合的地方。

每一条供应链的目标都是使供应链整体价值最大化。一条供应链所创造的价值，就是最终产品对于顾客的价值与供应链为满足顾客的需求所付出的成本之间的差额，即所谓"供应链赢利"。根据整条供应链的赢利性确定供应链的成功性，自然下一步就是寻找"供应链收入"与"供应链成本"的来源。

9.1.3 建筑企业供应链管理的内容

供应链管理（Supply Chain Management）是用于有效集成供应商、制造商、仓库和商店的一套方法，使生产出来的产品能以恰当的数量，在恰当的时间，被送往恰当的地点，从而实现在满足服务水平需要的同时，使系统成本最小。凡是对成本有影响并在满足顾客需求过程中起作用的环节，都在供应链管理考虑之列；供应链管理的目标是整个系统的效率和成本效益；供应链涵盖从企业战略层到战术层、运作层的活动。对于建筑企业来说，就是施工生产、安装维修（包括售后服务）、竣工验收。

供应链管理的基本原则包括：①以消费者为中心的原则；②贸易伙伴之间密切合作、共享赢利和共担风险的原则；③促进信息充分流动的原则。应用计算机与信息网络技术，按信息充分流动的原则，重新组织和安排业务流程，实现集成化管理。

供应链管理与传统管理有着显著的区别，可以归纳为：

（1）系统观念。把供应链看成一个整体，而不是将供应链看成是由采购、制造、分销和销售等构成的一些分离的功能块。为了有助于整体运作，供应链需要有新的业绩评估方法。

（2）战略决策。战略决策的出发点为满足消费者需求和偏好。基于最终消费者对成本、质量、交货速度、快速反应等多种要求，以及重要性排序，建立整个供应链的共同目标和行动方案。

（3）动态管理。对供应链的价值增值过程和合作伙伴关系开展动态管理。供应链管理对库存有不同的看法，从某种角度来看，库存不一定是必需的，库存只是起平衡作用的最后工具。

（4）建立新型的企业伙伴关系。通过仔细地选择业务伙伴，减少供应商数目，改变过去企业与企业之间的敌对关系为紧密合作的业务伙伴。新型企业关系表现为信息共享，有共同解决问题的协调机制等。

（5）开发核心竞争能力。供应链上的企业努力发展自身的核心竞争能力，即向专业化方向发展。企业自身核心竞争能力的形成，有助于保持和强化供应链上的合作伙伴关系。

建筑企业供应链管理是指通过前馈的信息流和反馈的物料流及信息流，将供货方、分包商、设计方直到最终用户（业主）连成一个整体的管理模式。通过管理可以使材料成本效益达到最佳。建筑企业供应链具体管理要点如下：

1. 材料采购与供应环节，建筑工程施工所需的建材品种多、数量大，除钢材、水泥、砖石、木料等大宗材料外，还涉及许多水暖、电气、安装及装饰材料。工程的材料费用占了总成本的 70% 以上，材料费用巨大，因此必须选择专业的采购人员正确履行采购职责，并与技术人员及时沟通信息，进行必要的物料价值分析，在保证工程质量的前提下尽可能降低采购成本。在采购定价上可运用发报价单、竞标和协商的手段，在采购方式上根据材料计划的要求使用集中与分散采购相结合的方式，既可以获得相应数量折扣和更好的服务，又可实现准时制的灵活采购以适应生产柔性。

供应商是供应链的重要环节，在供应商的选择上应按横向一体化的原则，通过成本、服务、质量、可靠性等方面对其进行分析、审核和认证，选择合适的供应商，充分利用企业内外的一切资源为自身服务，从战略的角度考虑与供应商发展一种战略性的伙伴关系。

2. 企业物资信息管理系统。充分利用 EDI、Internet 等先进技术，对供应链进行集成化管理，并建立基于供应链的快速敏捷的产品设计与生产运行机制。针对外界需求环境及企业内部因素的变化而造成的供应链的不确定性进行即时跟踪，做好产品的需求预测和计划，通过企业的业务流程重组来加强供应链的柔性和适应性，保证物流的及时与顺畅。

3. 运输管理。在整个供应链环节中，除了要保障有高质量、合理价格以外，还应该考虑到运距问题。运输的任务是对物资进行较长距离的空间移动。通过运输解决物资生产地和需要地间的空间距离问题，从而创造商品的空间效益，实现其使用价值，以满足需要。鉴于施工企业而言，运距不宜过长。优化路径，利用租赁的机械设备适时将材料按计划运送至各个施工现场。例：对于超大型和超重物的安装材料，可采用水路运输；一般材料均可采用公路运输、集装箱运输。

近 10 年来，水泥的增长量尤为迅速。1980 年至 2002 年，我国水泥总量由 7986 万 t 提高到 72500 万 t，年平均增长率为 10.6%，人均水泥消费量由 81.4kg 上升到 565kg。目前世界各国都普遍采用散装水泥，即是以其自然状态直接通过可回复的专用器具完成装卸、运输、储存等物流环节的。与袋装水泥相比，提高了物流效率、质量，降低了物流费用，节约了大量的资源，保证了工程质量，同时还有利于环境的保护。散装水泥由于装卸、储运采用密封和无尘作业，水泥损耗在 0.5% 以下，而袋装水泥则约有 5% 的袋损。同时，因为整个装卸、运输过程中水泥都置于专用的容器内，几乎不受外界气温及湿度的影响，水泥强度损失也小。运输管理对于整个项目工程供应系统的重要性可见一斑。

4. 库存管理。施工过程对材料的需求是连续不断的，而各种材料进场是间断的、分期分批的。为了避免材料供应中的意外或中断，保证施工的连续进行，就必须建立一定量的库存，也是一种材料储备。一般包括经常库存和安全库存。目的是在保证生产正常进行的情况下，使库存量为最小，使库存总费用最少，以提高施工项目的经济效益。对库存定量的管理方法有 ABC 分类法、定量订购法、定期订购法等。

根据目前最新的物流管理新方法，实现物料零库存。零库存（Zero Inventories），即仓库存储某种或某些物品的数量很低，甚至为"零"的一个描述。以最大限额的减少库存以至于无库存。或是在适合的时间，将适合的物料以合适的数量送往合适的地点。零库存有库存实物为零、库存实物不为零但库存资金为零和库存期中物资不为零但期末库存资金为零等三种表现。

就建筑企业及施工项目而言，零库存管理有利于盘活存量资金，减少资金占用费；有利于归口供应，集中需求，批量采购，降低采购供应成本；也有利于提高材料供应管理水平，完成施工项目的成本目标。

施工项目要实现零库存管理就要实行物料配置的动态化管理。确定供应，对供应商按物资需求的重要程度建立供应链。例如，对钢材、水泥等占用库存资金较大的主材料供应商进行招投标竞争选取；对常用五金、备用工具等选用一些具有较强能力和信誉度的，可能条件下提供一定仓库设施的供应商。经济合理，不能因零库存而加大运输成本，导致物流供应总成本增加。由于各地区交通运输情况、资源状况和物流水平的不同，再加上各个建筑企业物资管理水平也存在一定的差距，需要对一部分品种先实行零库存，根据实际情况循序渐进量力而行。

其主要实现形式有：

（1）委托保管方式。
（2）准时供应系统。
（3）看板方式。建筑企业与物资供应单位之间或施工项目内部各工序之间，以固定格式的卡片为凭证，由下一环节根据自己的生产节奏，逆生产流程方向，向上一环节指定供应，从而协调关系，做到同步准时，实现供应零库存。
（4）"水龙头"方式。这是一种像拧开自来水管的水龙头一样就可以取水而无需自己保有库存的零库存形式。主要是由供货者以自己的库存和有效供应系统承担即时供应的责任，从而使建筑企业实现零库存。
（5）无库存储备。仍保持储备，但不采用库存方式，以此达到零库存。
（6）配送方式。施工材料由专门的物资配送企业供应，从而实施零库存。此外，就现在新型产业而言，利用计算机网络技术设立一个虚拟库存，进行网上交易，也可以使物质配料配置得到更好的选择余地。

随着分工的细化，参与建筑业的企业越来越多，各个行业或多或少都存有交汇的链，需要协调以增加稳定性和对用户的灵敏反应度，不可避免的要通过网络，也不可不考虑退货管理。这是一项逆向物流活动，所谓逆向物流，即商品从消费点到起点的流动过程，以实现商品的回收和处理的目的。对于现行的建筑企业也可以采用此类管理。

9.2 建筑材料供应与管理

建筑企业的材料管理，就是对企业施工生产过程所需要的各种材料的计划、订购、运输、储备、发送和使用等所进行的一系列组织和管理工作。搞好材料管理工作，有利于企业合理使用和节约材料，保证并提高建筑产品质量，降低成本，加速资金周转，增加企业盈利。加强材料管理是改善企业各项技术经济指标和提高经济效益的重要环节。

9.2.1 建筑材料的分类

建筑材料品种规格繁多，共有23个大类，1856个品种，25445个规格，而且随着科技

9 建筑企业供应链及物资设备管理

的发展，不断有新的材料出现，为了便于材料的管理，常按不同的标准对材料进行分类。

材料，可以因分类标准和目的不同，分成许多类。各种分类各有依据，各有特点，各有作用。具体分类见表9-1。

材料分类表　　　　　　　　　　　　　　表9-1

分类依据	材料分类	材料内容	特点
按材料在生产中的作用分类	主要材料	构成工程实体的各种材料，如钢材、水泥、木材、砖瓦、石灰、油漆、五金、水管、电线、暖气片等	便于制定材料消耗定额，进行成本控制
	结构件	包括金属、木质、钢筋、钢筋混凝土等预制的结构物和物件，如屋架、钢木门窗、RC墙板、砌砖和立柱等	
	周转使用材料	具有工具性的脚手架、模板、跳板等	
	机械零配件	机械设备用的各种零配件，如轴承、电机、轮胎、传动带等	
	其他材料	不构成工程实体，但工程施工或下属企业生产必需的材料，如燃料、油料、氧气、砂纸、棉纱头等	
按材料的自然属性分类	金属材料	包括黑色金属（如钢筋、型钢等）、有色金属（铜、铝、铅、锌等）材料等	便于根据材料的物理、化学性能分别储存保管
	木材	如粗、细木作用的木材、板方材等	
	硅酸盐材料	如水泥、砖、瓦、砂、石、玻璃等	
	五金制品	如铁钉、门窗小五金、预埋件等	
	电器材料	电器开关、电线等	
	化工材料	卷材、沥青、石棉瓦等	
按材料在企业中的不同用途分类	工程用材料	包括各种工程用材料	利于企业按不同用途编制材料需用量和申请计划，分别使用和管理材料，进行成本核算
	维修用材料	包括各种维修用材料	
	试验用材料	各种试验仪器、试块制作材料等	
	劳动保护用材料	安全网、安全帽、安全绳等	
	生产管理用材料	电脑、复印机、打字机、电话、传真机等	

9.2.2 建筑材料的采购供应

建筑企业应建立统一的供料机构，对工程所需的主要材料、大宗材料实行统一计划、统一采购、统一供应、统一调度和统一核算，承担"一个漏斗，两个对接"的功能，即一个企业绝大部分材料主要通过企业层次的材料机构进入企业，形成"漏斗"；企业的材料机构既可以改变企业多渠道供应、多层次采购的低效状态；又可以把材料管理工作贯穿于施工项目管理的全过程，即投标报价、落实施工方案、组织项目管理班子、编制供料计划、组织项目材料核算、实施奖惩的全过程；同时有利于建立统一的企业内部建筑材料市场，进行材料供应的动态配置和平衡协调，有利于满足各项目的材料需求。企业法人的材料供应地位既不能被社会材料市场所代替，又不能被众多的项目管理班子所代替。

1. 项目经理部的材料采购供应权

为满足施工项目材料特殊需要，调动项目管理层的积极性，企业应给项目经理一定的材料采购权，负责采购供应计划外材料、特殊材料和零星材料，做到两层互补，不留缺口。对企业材料部门的采购，项目管理层也应有建议权。这样，施工项目材料管理的主要任务便集中于提出需用量计划，与企业材料部门签订供料合同，控制材料使用，加强现场管理，设计材料节约措施，完工后组织材料结算与回收等。随着建材市场的扩大和完善，项目经理部的材料采购供应权越来越大。

2. 企业内部材料市场

为了与社会材料市场对接，建立商品经济体制下新型的生产方式，促使企业从粗放经营转向集约经营，从速度型转向效益型，改变传统体制下承接建设单位来料、按照行政层次逐级申请、分配、领用、核销的运行方式，企业必须以经济效益为中心，在专业分工的基础上，把商品市场的契约关系、交换方式、价格调节、竞争机制等引入企业，建立企业材料市场，通过市场信号、运行规则，促进内部市场运行，满足施工项目的材料需求。

在企业的材料内部市场中，企业材料部门是卖方，项目管理层是买方。各自的权限和利益由双方签订买卖合同加以明确。除了主要材料由内部材料市场供应外，周转材料、大型工具均采用租赁方式，小型及随手工具采取支付费用方式由班组在内部市场自行采购。

材料内部市场建立后，作为卖方的企业材料部门，同时负有企业材料管理的责任。这些责任主要包括：制定本企业材料管理规章制度；发布市场信息，指导编制项目材料需用计划和降低成本计划；检查计划实施情况，总结材料管理经验教训并提出改进措施。

3. 施工项目材料供应程序

项目经理部要根据图纸和施工组织设计进行施工图预算以后提出来的。根据施工项目的材料需用量计划和施工进度计划，编制季、月度材料需用量计划，公司和项目经理部据以进行采购，运抵现场后报监理工程师验收，然后合理储存和使用，如图9-3所示。

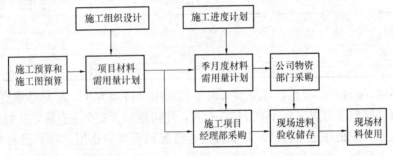

图9-3　施工项目材料供应程序图

9.2.3　建筑材料的库存管理

施工过程对材料的需求是连续不断的，而各种材料的进场则是间断的、分期分批的。为了避免材料供应中的意外或中断，保证施工的连续进行，就必须建立一定的库存，即材料储备。材料库存一般包括经常库存和安全库存两部分。经常库存是指在正常情况下，在前后两批材料到达的供应间隔内，为满足施工生产的连续性而建立的库存。经常库存的数量是周期性变化的，一般在每批材料入库后达到最高额。随着生产的消耗，在下一批材料入库前降到最低额。因此，经常库存又称周转库存。安全库存是为预防因到货误期或品种规格不符合要求等原因影响生产正常进行而建立的材料库存，它在正常情况下不予动用，是一种固定不变的库存。

施工现场的材料库存量必须经济合理,不能过多也不能过少。如果库存材料的数量过少,就会影响施工生产正常进行,造成损失;如果库存量过多,就会造成材料积压即资金的积压,增加流动资金占用和材料保管上的负担。因此,必须对库存量进行严格的控制和管理。库存管理的目标是:在保证生产正常进行的情况下,使库存量为最小,也就是使库存总费用最少,以提高施工项目的经济效益。

为了达到上述目标,库存管理主要研究解决以下两方面的问题:一是在一定时期内合理库存量是多少?即确定经济库存量和安全库存量;二是什么时候补充库存?即确定合理的订购时间。

(一) ABC 分类法

要搞好材料管理,首先就要对库存材料进行分类,抓住"关键的少数",找出重点管理的材料。施工项目所需要的材料种类繁多,消耗量、占用资金及重要程度各不相同,如果对所有的材料同等看待全面抓,势必难以管好,且经济上也不合理。只有实行重点控制,才能达到有效管理。ABC分类法就是一种科学的抓重点方法。

材料的库存价值和品种数量之间存在着一定的比例关系。大约有占品种数量5%~10%的材料,其资金的占用额达70%~75%;约有20%~25%的材料,其资金占用额也大致为20%~25%;还有65%~70%的绝大多数材料,其资金占用额只有5%~10%。根据这一规律,将品种较少但需用量大、资金占用较高的材料,划分为A类;将品种数不多、资金占用额相当的划分为B类;而将品种数量很多、占用资金比重却较少的材料划分为C类,见表9-2。

材料 ABC 类分类表 表9-2

分 类	$\dfrac{品种数}{总品种数}$ (%)	$\dfrac{占用资金额}{总占用资金额}$ (%)
A 类	5~10	70~75
B 类	20~25	20~25
C 类	65~70	5~10
合 计	100	100

根据ABC类材料的特点,可分别采取不同的库存管理方法。A料是重点管理材料,对其中的每种材料都要规定合理的经济库存量,尽可能减少安全库存量,并对库存量随时进行严格盘点。控制好这类材料,对节省资金将起到重要的作用。对B类材料也不能忽视,也要认真管理,控制其库存。对于C类材料,可采用简化的方法管理,如定期检查库存,适当加大订货批量等。

(二) 定量订购法

定量订购法是指某种材料的库存量由最高库存消耗到最低库存之前的某一预定的库存量水平时,就提出并组织订货,每次订货的数量是一定的。提出订货时的库存量称为订购点库存量,简称订购点。每次订货的数量称为订购批量。

1. 订购点(库存量)

当材料库存达到订购点库存量时,就提出订购。订购点库存量是由订购期间内的材料需要量和安全库存量所组成。即:

备运时间是指从提出订货到验收入库为止的时间。它包括订货、运输、验收的时间,有的材料还包括加工前的准备时间。

安全库存量是用来防止缺货风险的，它的确定要综合考虑仓库保管费用和缺货费用。如果安全库存量大，则缺货的概率小，这将降低缺货费用；反之，将增加仓库保管费用。因此，合理的安全库存量应能使这两种费用之和为最小，其值决定于仓库保管费用、缺货费用和发生缺货的概率。由于缺货费用很难测定，故通常采用经验估计或数理统计方法求安全库存量。

2. 经济订购批量的确定

经济订购批量是指某种材料的订购费用和仓库保管费用之和最低时的订购批量。

订购费用包括采购人员的工资、差旅费、采购手续费、检验费等。订购费用的特点是随着订购次数的增加而增加。通常年需要量一定时，订购费用又随订购批量的增加而减少。

仓库保管费是指材料在库或在场所需要的一切费用，主要包括库存材料占用流动资金的利息、仓库及仓库机械设备的折旧费和修理费、燃料动力费、采暖通风照明费；仓库管理费，如仓库职工工资及办公费、管理费；库存材料在保管过程中的损耗以及由于技术进步而使库存材料性能陈旧贬值而带来的损失等。仓库保管费用的特点是随库存量的增长而增长，也就是说与订购批量成正比。通常以年度为期限，按平均库存值的百分率表示。

订购批量与订购费用、仓库保管费用、总费用的关系如图 9-4 所示。

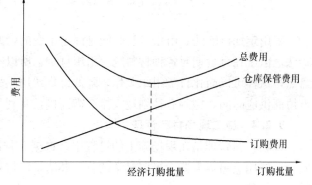

图 9-4 订货批量和费用的关系

订购费用和仓库保管费用之和，即总费用为最小时的经济订购批量的计算公式推导如下。

P 为单位材料订购的费用，R 为年订购量，C 为单位保管费用，I 为单位材料年度保管费率，Q 为每次订购批量，则年度总费用 T_C 为：

$$T_C = \frac{R}{Q} \cdot P + \frac{CQ}{2} \cdot I \tag{9-1}$$

T_C 为最小时的订购批量 Q^* 即为：

$$\frac{dT_C}{dQ} = -\frac{RP}{Q^2} + \frac{CI}{2} = 0$$

则

$$Q^* = \sqrt{\frac{2RP}{CI}} \tag{9-2}$$

定量订购法由于订购时间不受限制，所以在材料需要量波动较大的情况下适应性强，可以根据库存情况考虑需要量的变动趋势随时组织订货，补充库存，这样安全库存可以少设一些。但采用这种方法要求外部货源充足，即能根据需要随时供货。

（三）定期订购法

定期订购法是事先确定好订货采购的时间，例如每月、每季或每旬订购一次，到达订货日期就组织订货，订货的周期相等，但每次订货的数量不一定相等。

采用定期订购法，一是需要确定订购周期，即多长时间订一次货，具体什么时间订货;二是需要确定每次的订购数量。

1. 订购周期

订购周期,一般是先用材料的年需要量除以经济订购批量求得订购次数,然后用365天除以订购次数。即:

$$订购周期 = \frac{365}{年需要量 / 经济订购批量} \tag{9-3}$$

订购的具体日期应考虑提出订购时的实际库存量高于安全库存量,并满足订购期间的材料需要量。

2. 订购数量

每次订购的数量是根据下一次到货前所需材料的数量减去订货时的实际盘存量而定。其计算公式为:

$$订购数量 = (订购天数 + 供应间隔天数) \times 平均日需要量 + 安全库存量 - 实际库存量 \tag{9-4}$$

采用定期订购法,由于订货时间是固定不变的,所以其保险储备必须考虑采用定期订货法,由于在订货期对各种材料统一组织订货,所以不要求平时对每种材料严格实行永续盘点,这样可以简化订货组织工作,降低订货费用。另外,这种订货方式可以事先与供货方协商供应时间,做到有计划地安排产需衔接,有利于双方实行均衡生产。

9.2.4 施工现场材料管理

现场材料管理是在现场施工的过程中,根据工程施工、场地环境、材料保管、运输、安全、费用支出等需要,采取科学的管理办法,从材料进场到成品产出的全过程中所进行的材料管理。

1. 施工前的现场材料管理

施工前的现场材料管理主要包括如下内容:

(1) 调查现场环境。包括:工程合同的有关现场规定,工程概况,工程地点及周围已有建筑、道路交通、运输条件,主要材料、机具、构件需用量、施工方案、施工进度计划、需用人数、临时建筑及其用料情况等。

(2) 参与进行施工平面使用规划。材料管理部门参与施工平面使用规划,并注意以下问题。

尽量使材料存放场地接近使用地点,以减少二次搬运和提高劳动效率;存料场地及道路的选择不能影响施工用地,避免倒运;存料场地应能满足最大存放量的要求;露天料场要平整、夯实、有排水设施;现场临时仓库要符合防火、防雨、防潮、防盗的要求;现场运输道路要符合道路修筑要求,循环畅通,有周转余地,有排水措施。

2. 施工过程中的现场材料管理

施工过程中的现场材料管理主要包括如下内容:

(1) 建立健全现场材料管理责任制。项目经理全面负责,划区划片,包干到人,定期组织检查和考核。

(2) 加强现场平面管理。要根据不同施工阶段材料供应品种和数量的变化,调整存料场地,减少搬运,方便施工。

(3) 有计划地组织材料进场。要掌握施工进度,搞好平衡,及时提供用料信息,按计划组织材料进场，保证施工需要。

（4）保持存料场地整齐清洁。各种进场材料、构件要按照施工总平面图堆放整齐，做到成行、成线、成垛、成堆，经常清理、检查。

（5）认真执行现场材料收、发、领、退、回收管理标准，建立健全原始记录及台账，定期组织盘点，抓好业务核算。

（6）严格进行使用中的材料管理。采取承包和限额领料等形式，监督和控制班组合理用料；加强检查，定期考核，努力降低材料消耗。

3. 竣工收尾后的现场材料管理

（1）估计未完工程用料，在平衡的基础上，调整原用料计划，控制进场，防止剩余积压，为完工清场创造条件。

（2）提前拆除不再使用的临时设施，充分利用可以利用的旧料，节约费用，降低成本。

（3）及时清理、利用和处理各种破、碎、旧、残料、料底和建筑垃圾等。

（4）及时组织回收退库。对设计变更造成的多余材料，以及不再使用的周转材料，抓紧作价回收，以利于竣工后迅速转移。

（5）做好施工现场材料的收、发、存和定额消耗的业务核算，办理各种材料核销手续，正确核算实际耗料状况，在认真分析的基础上找出经验与教训，在新开工程上加以改进。

9.3 建筑机械设备管理

机械设备是在企业生产中供长期、反复使用的，基本保持其原有实物形态和功能的劳动资料和物资资料的总称。建筑企业的机械设备通常是指建筑企业拥有或租赁的，为施工生产服务的各种生产性机械设备。它包括起重机械、土方铲运机械、桩工机械、钢筋混凝土机械、木工机械以及各类汽车、动力设备、焊接切割机械、测试仪器等。采用机械化施工，是提高劳动生产率，加快施工速度的主要途径，是实现建筑工业化的重要环节。要充分发挥施工机械和机械化的优越性，就必须加强机械管理，按机械运转规律办事，合理组织机械和配备人员，采用先进的施工技术和科学的管理方法，不断提高机械化施工水平。因此，机械设备的管理是企业管理的一个重要方面。

机械设备管理是对机械设备运动全过程的管理。即从选择机械设备开始，投入生产领域使用、磨损、补偿，直至报废退出生产领域为止的全过程管理。

一个企业拥有的机械装备的数量、实用性、先进性、配套情况以及管理水平，决定着这个企业的机械化施工水平。在一定时间内完成一定的工作量，使用机械的数量应该是越少越好，用少量的机械完成尽可能多的任务，这才是高水平。

9.3.1 机械设备的选择

建筑企业的机械设备装备又称技术装备，是指企业通过购买或自制等方式，占用机械设备的情况。其目的是既要保证施工需要，又要使每台机械设备发挥最大效率，以达到最佳经济效益。总的原则是技术上先进、经济上合理、生产上适用。建筑企业机械设备的装备形式有三种：自行制造、购买和租赁。由于影响企业机械设备装备的因素很多，必须进行技术经济分析和企业内、外部条件的分析来决定采用何种形式的机械设备。

(一) 技术条件

1. 生产效率

机械设备的生产效率以单位时间完成的产量来表示,也可用功率、速度等技术参数表示。原则上机械设备生产效率愈高愈好,但具体选择时,还应考虑与施工项目的生产任务相适应。

2. 可靠程度

指对工程质量的保证程度。一般以机械设备在规定的时间内,在规定的使用条件下,无故障地发挥规定机能的概率。

3. 易维修性

指维修的难易程度。维修性好一般是指设备结构简单、零部件组合合理、通用性和标准化程度高、容易检验、拆卸迅速、互换性好。

4. 节约程度

指能源和材料的消耗程度。尽可能选用能源消耗低、原材料加工利用程度高的设备。

5. 安全、环保性能

加强设备的安全性,防止和消除设备的"三废"污染,充分考虑设备的安全性和环保性是企业必须注意的大问题,同时防止人身事故的发生,也是保证施工顺利进行的条件。

6. 成套性

指机械设备要配套,应使设备在性能、能力方面相互配套,以提高机械设备的综合效率。

7. 灵活性

根据机械使用特点,要求选用轻便、灵活、多功能、适应性强、结构紧凑、重量轻、体积小、拼装方便的机械设备等。

8. 专用性和通用性

专用机械一般是指大功率、大容量、大能力的大型机械,专业性强,适用于大工程、特殊工程需要。通用机械一般是指组装的多功能机械,适用于不同工程对象的不同要求。

(二) 经济评价

1. 投资回收期法

根据机械设备一次性投资费用和采用新设备后在各方面所带来的节约额,计算投资回收期。在其他条件相同的情况下,投资回收期最短的设备为最优设备。计算公式如下:

$$机械设备投资回收期(年) = \frac{投资额(元)}{采用新设备后的年节约额(元/年)} \tag{9-5}$$

2. 年费用法

将机械设备的最初一次性投资和残值在整个寿命期内按一定的复利利率,换算成每年的维持费,得出不同设备的年总费用,据此进行比较、分析,选择费用最小的为最优设备。计算公式如下:

机械设备年费用 = 一次投资 × 资本回收系数 — 残值 × 偿债基金系数 + 年维持费

$$资本回收系数 = \frac{i \cdot (1+i)^n}{(1+i)^n - 1} \tag{9-6}$$

$$偿债基金系数 = \frac{i}{(1+i)^n - 1} \tag{9-7}$$

式中　i——年利率

　　　n——设备寿命期（年）

【例 9-1】　市场上有两种型号的机械设备可供选择，其费用支出如表 9-3 所示，试问采用何种型号设备为佳？

费用支出表　　　　　　　　　　　　　　表 9-3

设备型号	A	B
一次投资（元）	70000	100000
残值（元）	7000	10000
设备寿命（年）	10	10
年维持费（元）	25000	20000
年利率（i）	6%	6%

【解】　先计算资本回收系数和偿债基金系数：

$$资本回收系数 = \frac{i \times (1+i)^n}{(1+i)^n - 1} = \frac{0.06 \times (1+0.06)^{10}}{(1+0.06)^{10} - 1} = 0.13587$$

$$偿债基金系数 = \frac{i}{(1+i)^n - 1} = \frac{0.06}{(1+0.06)^{10} - 1} = 0.07587$$

可以得出 A 型设备每年总费用：$70000 \times 0.13587 - 7000 \times 0.07587 + 25000 = 33979.81$ 元

B 型设备每年总费用：$100000 \times 0.13587 - 10000 \times 0.07587 + 20000 = 32828.30$ 元

计算结果表明：B 型设备的年总费用比 A 型设备少，故选 B 型设备。

9.3.2　机械设备的使用管理

机械设备的使用管理是设备管理的基本环节，只有正确、合理地使用机械，才能减轻机械磨损，保持机械的良好工作性能，充分发挥机械的效率，延长机械的使用寿命，提高机械使用的经济效益。机械设备的使用管理，应做以下几项工作：

1. 正确选配机械，合理组织机械施工

机械设备的选配应遵循切实需要、实际可能和经济合理的原则，根据工程特点，经济合理地为工程配好设备，同时又必须根据设备的性能和特点，合理地安排施工生产任务，例如垂直运输机械选择时，要考虑其起重、起重高度和回转半径，还要考虑其本身的构造形式、运输条件等，避免"大机小用"、"精机粗用"，以及超负荷运转现象。

2. 合理配备操作工人

多人操作或多班作业的机械设备，在指定操作人员的基础上，任命一人为机长，全面负责，一人使用保管一台机械或一人管理多台机械设备者，该人即为机长，对所管机械负责；大型机械运行中还要配备指挥；掌握中小型机械设备的班组在机械设备和操作人员不能固定的情况下，应任命机（组）长对所管理的机械负责。

3. 建立和健全设备使用责任制

定人、定机、定岗责任制，实行操作证制度；严格执行设备使用的技术规定，如机械设备、技术试验规定，机械设备走合期限规定，冬期使用机械设备的规定。

4. 创造良好的环境和工作条件

工作场地宽敞、整洁、明亮,夜晚施工现场照明充足;配备必要的保护、安全、防潮装置,有些设备还需配备降温、保暖、通风等装置;建立润滑管理系统(即定人、定点、定质、定量、定期);配备必要的测量、控制和保险的仪表和仪器装置;开展设备竞争。

5. 建立机械设备技术档案

机械设备的原始资料,包括使用、保修说明书,附属装置及工具明细表,出厂检验合格证,易损零件图册等;机械技术试验和验收记录、交接清单;机械运行和消耗汇总记录;历次主要修理和改装记录及有关资料;机械事故记录及资料;其他有参考价值的技术资料。

6. 设立机械设备的考评指标

企业应建立系统的机械设备的考评指标,以更好地进行设备的管理,常用的指标如表 9-4 所示。

机械设备常用指标表　　　　　　　　　表 9-4

考核指标		计 算 公 式
机械装备水平	技术装备率	技术装备率(元/人)= $\dfrac{\text{全年机械平均价值(元)}}{\text{全年平均人数(人)}}$
	动力装备率	动力装备率(千瓦/人)= $\dfrac{\text{全年机械平均动力数(千瓦)}}{\text{全年平均人数(人)}}$
装备生产率	装备生产率(%)	装备生产率(%)= $\dfrac{\text{全年完成的总工作量(元)}}{\text{机械设备的净值(元)}} \times 100\%$
完好率、利用率、机械效率	完好率	日历完好率(%)= $\dfrac{\text{报告期完好台数}}{\text{报告期日历台日数}} \times 100\%$ 制度完好率(%)= $\dfrac{\text{报告期完好台数}}{\text{报告期制度台日数}} \times 100\%$
	利用率	日历利用率(%)= $\dfrac{\text{报告期实作台日数}}{\text{报告期日历台日数}} \times 100\%$ 制度利用率(%)= $\dfrac{\text{报告期实作台日数}}{\text{报告期制度台日数}} \times 100\%$
	机械效率	机械效率= $\dfrac{\text{报告期机械实际完成的实物工程总量}}{\text{报告期机械平均总能力}}$ 机械效率= $\dfrac{\text{报告期内同种机械实作台班数}}{\text{报告期内同种机械平均台数}}$(台班/台)
主要器材、燃料等消耗率	消耗率	消耗率= $\dfrac{\text{主要器材、燃料实际消耗量}}{\text{主要器材、燃料定额消耗量}} \times 100\%$
	单位消耗率	单位消耗率= $\dfrac{\text{主要器材、燃料实际消耗量}}{\text{实际完成工作量}} \times 100\%$
施工机械化程度	工种机械化程度(%)	工种机械化程度(%)= $\dfrac{\text{某工种工程利用机械完成的实物量}}{\text{某工种工程完成的全部实物量}}$
	综合机械化程度(%)	综合机械化程度(%)= $\dfrac{\sum\left(\begin{array}{c}\text{各工种工程用机}\\\text{械完成的实物量}\end{array} \times \begin{array}{c}\text{各该工种工程}\\\text{人工定额工日}\end{array}\right)}{\sum\left(\begin{array}{c}\text{各工种工程完成}\\\text{的总实物工程量}\end{array} \times \begin{array}{c}\text{各该工种工程}\\\text{人工定额工日}\end{array}\right)} \times 100\%$

9.3.3 机械设备的维护与修理

机械的管理、使用、保养、修理四个环节之间,存在着相互影响不可分割的辩证关系，管好、养好、修好的目的是为了使用。但只强调使用，忽视管理、保养、修理，则不能达到更好的使用目的。要做到科学的使用机械，不能违反机械运转的自然规律。具体内容见表9-5。

机械设备的检查、保养、修理要点　　　　　　表 9-5

类 别	方 式	要 点
检 查	每日检查	每日交接班时由操作人员执行的检查，一般同日常保养结合起来，其目的是及时发现设备不正常状况
	定期检查	按照检查计划，在操作人员参与下，定期由专职人员执行，全面准确了解设备实际磨损情况，以决定是否进行修理
保 养	日常保养	简称"例保"。操作人员在每日（班）开机前，使用间隙和停机后按规定项目和要求进行的保养作业，作业内容有：清洁、润滑、紧固、调整、防腐等
	强制保养	又称"定期保养"，是指每台机械设备运转到规定的时限（保养周期）时必须进行的保养，周期由设备的磨损规律、作业条件、维修水平及经济性所确定。大型机械设备可实行一至四级（三、四级由专业机修工进行，操作工参加）保养，其他一般机械为一至三级保养
修 理	小 修	对设备全面清洗、部分解体、局部修理，以维修工人为主，操作人员参加
	中 修	指大修间的有计划有组织的平衡性修理，以整机为对象，解决动力、传动、工作部分耐用力不平衡问题
	大 修	对机械设备全面解体修理，更换所有零件，校调精度，以恢复原有生产性能，延长其使用寿命

9.3.4　机械设备的更新与改造

设备更新是指用技术性能更完善，效率更高，经济效益更显著的新型设备替换原有技术上不能继续使用，或经济上不合算的陈旧设备。进行设备更新是为了提高企业技术装备现代化水平，以提高工程质量和生产效率，降低消耗，提高企业竞争力。机械设备更新的形式分为原型更新和技术更新。

原型更新是指同型号的机械设备以新换旧。机械设备经过多次大修，已无修复价值，但尚无新型设备可替代，只能选用原型号新设备更换已陈旧的设备以保持原有生产能力，保证设备安全运行。

技术更新是指以结构更先进、技术更完善、效率更高、性能更好、能源消耗少、外观新颖的设备来代替落后陈旧的设备。它是企业实现技术进步的重要途径。

（一）设备原型更新分析

1. 设备的劣化

一般情况下，随着设备使用期的增加，经营成本（包括：能源费、保养费、修理费、停机损失等）每年以某种速度在递增，这种经营成本的逐年递增称为设备的劣化。若年经营成本的劣化增量是均等的，则经营成本成线性增长，如图9-5所示。

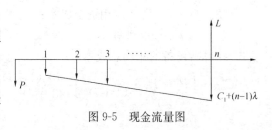

图 9-5　现金流量图

2. 设备原型更新期

设每年经营成本增加额为 λ，则

(1) 第 n 年时经营成本为：

$$C_n = C_1 + (n-1)\lambda \tag{9-8}$$

式中 C_n——经营成本的初始值，即第一年的经营成本；

n——设备使用年数。

(2) n 年经营成本的平均值为：

$$C_n = C_1 + \frac{n-1}{2}\lambda \tag{9-9}$$

(3) 年平均总费用

$$AC_n = \frac{P - L_n}{n} + C_1 + \frac{n-1}{2}\lambda \tag{9-10}$$

式中 P——设备购置费；

L_n——第 n 年末的设备残值。

(4) 设备原型更新的最佳时期（n_0）的确定

设 L_n 为一常数，令 $\dfrac{d(AC_n)}{dn} = 0$ 则

$$n_0 = \sqrt{\frac{2 \times (P - L_n)}{\lambda}} \tag{9-11}$$

【例 9-2】 设有一台设备，购置费 $P = 8000$ 元，预计残值 $= 800$ 元，经营成本初始值 $C_1 = 800$ 元/年，年运行成本劣化值 300 元/年，求该设备更新的最佳时期。

【解】

$$n_0 = \sqrt{\frac{2 \times (P - L_n)}{\lambda}} = \sqrt{\frac{2 \times (8000 - 800)}{300}} = 6.9 (\text{年})$$

（二）出现新设备条件下的更新分析

在科学技术日新月异的条件下，由于无形磨损的作用，很可能在设备经营成本尚未升高到该用原型设备替代之前，就已出现工作效率更高和经济效果更好的设备。此时，就要在继续使用旧设备和购置新设备这两种方案中进行选择，亦即要确定旧设备的剩余经济寿命。在有新型设备出现的情况下，设备更新可采用年度边际成本法计算，步骤如下：

1. 计算旧设备的年度边际成本

$$MC_n = C_n + (L_{n-1} - L_n) + L_{n-1} \cdot i \tag{9-12}$$

式中 MC_n——第 n 年旧设备的年边际成本；

C_n——第 n 年旧设备的经营成本以及损失额；

$(L_{n-1} - L_n)$——第 n 年资产折旧费；

$L_{n-1} \cdot i$——资产占用资金成本；

i——年利率。

2. 计算新设备的年均总成本

$$AC'_n = \left[P' - L'_n \cdot \frac{1}{(1+i)^n} \right] \cdot \frac{i \cdot (1+i)^n}{(1+i)^n - 1} + \sum_{j=1}^{n} C'_j \cdot \left[\frac{1}{(1+i)^j} \cdot \frac{i \cdot (1+i)^n}{(1+i)^n - 1} \right] \tag{9-13}$$

式中　AC'_n——新设备的平均总成本；
　　　P'——新设备的购置费；
　　　L'_n——新设备的残值；
　　　C'_j——新设备第 j 年的经营成本。

【例 9-3】　某旧设备再继续使用一年的边际成本如表 9-6 所示。现有的新设备价格为 41800 元，寿命 15 年，年经营成本 1600 元，残值 3700 元，利率 $i=10\%$，试分析是否应对旧设备进行更新。

旧设备的年边际费用计算表　　　　　　　　　　　表 9-6

新设备产量和质量提高增加收入 1500	旧设备现在出售价值 7700
新设备工资节约 1210	旧设备一年后出售价值 6600
新设备作业费节约 4400	旧设备继续使用的资产占用资金成本②770
旧设备年经营费 1100	旧设备资产折旧费③1100
旧设备经营费及损失①11560	旧设备的边际成本 ④=①+②+③=13430

【解】
(1) 计算旧设备的边际成本，如表 9-6 所示 13430 元
(2) 计算新设备的年均总成本

$$AC'_n = \left[41800 - 3700 \times \frac{1}{(1+0.1)^{15}}\right] \times \frac{0.1 \cdot (1+0.1)^{15}}{(1+0.1)^{15}-1} + 1600 = 6979.15 \text{ 元}$$

比较新旧设备年成本的计算结果，用新设备换旧设备，每年可节约开支

$$13430 - 6979.15 = 6450.85 \text{ 元}$$

因此，应尽快更换旧设备。

本　章　小　结

供应链管理（Supply Chain Management）是用于有效集成供应商、制造商、仓库和商店的一套方法，使生产出来的产品能以恰当的数量，在恰当的时间，被送往恰当的地点，从而实现在满足服务水平需要的同时，使系统成本最小。供应链管理的目标是整个系统的效率和成本效益；供应链涵盖从企业战略层到战术层、运作层的活动。建筑企业的材料管理，就是对企业施工生产过程所需要的各种材料的计划、订购、运输、储备、发送和使用等所进行的一系列组织和管理工作。

材料可以因分类标准和目的不同，分成许多类。一个企业绝大部分材料主要通过企业层次的材料机构进入企业，项目经理部有部分的材料采购供应权。材料的库存管理主要是确定合理的库存量、订购时间和订购数量，以保证生产的正常进行同时库存量最小。库存管理的方法目前主要使用 ABC 分类法、定量订购法和定期定购法。现场材料管理通过施工前的现场材料管理、施工过程中的现场材料管理和竣工收尾后的现场材料管理，实现从材料进场到成品产出的全过程中所进行的材料管理。

机械设备管理是对机械设备运动全过程的管理。即从选择机械设备开始，投入生产领域使用、磨损、补偿，直至报废退出生产领域为止的全过程管理。机械设备的管理包括对

机械设备选择、使用、检查维修和改造更新四个方面。选择机械设备时，主要从技术和经济进行考虑。经济评价的方法主要有投资回收期和年费用两种。

复习思考题

1. 简述供应链的概念。
2. 供应链有哪些基本类型？
3. 说明供应链管理的内容。
4. 列举建筑企业供应链管理的要点。
5. 建筑材料有哪几种分类方法？
6. 项目经理部应获得哪些材料的采购权？
7. 库存管理主要解决哪些问题？
8. 简述 ABC 分类法在库存管理中的应用。
9. 材料的现场管理主要包括哪些内容？
10. 机械设备的技术性能主要有哪几个方面？
11. 怎样进行机械设备的使用管理？
12. 简述机械设备的强制保养的要点。

10 建筑企业信息管理

信息是企业经营管理和决策的基础，在互联网络和信息技术的高速发展时代下，如何迅速高效的收集、处理和运用各种信息成为决定企业竞争能力的关键因素。如果企业充分正确的利用计算机和互联网技术的发展，开发适合企业的管理信息系统，提高企业的信息化水平，企业的管理水平和效率都将能获得极大的提高。

10.1 企业信息管理概述

10.1.1 数据和信息的基本概念

1. 数据

在日常工作中，我们大量接触的是各种数据，数据和信息既有联系又有区别。数据有不同的定义，从信息处理的角度出发，可以给数据如下的定义：数据是客观实体属性的反映，是一组表示数量、行为和目标，可以记录下来加以鉴别的符号。

数据，首先是客观实体属性的反映，客观实体通过各个角度的属性的描述，反映其与其他实体的区别。例如，在反映某个建筑工程质量时，我们通过对设计、施工单位资质、人员、施工设备、使用的材料、构配件、施工方法、工程地质、天气、水文等各个角度的数据搜集汇总起来，就很好地反映了该工程的总体质量。这里各个角度的数据，即是建筑工程这个实体的各种属性的反映。

数据由多种形态，这里所提到的数据是广义的数据概念，包括文字、数值、语言、图表、图形、颜色等多种形态。计算机对此类数据都可以加以处理，例如：施工图纸、管理人员发出的指令、施工进度的网络图、管理的直方图、月报表等都是数据。

2. 信息

数据和信息是不可分割的。信息来源于数据，又高于数据，信息是数据的灵魂，数据是信息的载体。对信息有不同的定义，从辩证唯物主义的角度出发，信息的定义为：信息是对数据的解释，反映了事物（事件）的客观规律，为使用者提供决策和管理所需要的依据。

信息首先是对数据的解释，数据通过某种处理，并经过人的进一步解释后得到信息。信息来源于数据，信息又不同于数据。原因是数据经过不同人的解释后有不同的结论，因为不同的人对客观规律的认识有差距，会得到不同的信息。这里，人的因素是第一位的，要得到真实的信息，要掌握事物的客观规律，需要提高对数据进行处理的人的素质。

通常人们往往在实际使用中把数据也称为信息，原因是信息的载体是数据，甚至有些数据就是信息。

使用信息的目的是为管理和决策服务。信息是决策和管理的基础，决策和管理依赖信息，正确的信息才能保证决策的正确，错误的信息则可能造成决策的失误，管理则更离不开信息。传统的管理是定性分析，现代的管理则是定量管理，定量管理离不开系统信息的支持。

  3. 信息的时态

  信息有三个时态：信息的过去时是知识，现代时是数据，将来时是情报。

  （1）知识是前人经验的总结，是人类对自然界规律的认识和把握，是一种系统化的信息。在人类实践过程中，一方面总结、保存原有的知识，另一方面继承、发展、更新、革新，产生新的知识，丰富了原有的知识，是无止境的。知识是必须掌握的，但不能局限于原有的知识，要对知识创新，用发展的眼光看待知识。

  （2）信息的现在时是数据。数据是人类生产实践中不断产生信息的载体，要用动态的眼光来看待数据，把握住数据的动态节奏，就掌握了信息的变化。通过数据，进一步加工产生知识。数据是信息的主体，比知识更难掌握，也是信息系统的主要组成部分。用计算机处理数据的目的，就是要用现代手段把握好数据的节奏，及时提供信息。

  （3）信息的将来时是情报。情报代表信息的趋势和前沿，情报往往要用特定的手段获取，有特定的使用范围、特定的目的、特定的时间、特定的传递方式，带有特定的机密性。在实际工作中，一方面要重视科技、经济、商业情报的收集，另一方面也要重视工程范围内情报的保密。从信息处理的角度，情报往往是最容易被工程技术人员忽视的信息部分。

10.1.2 信息的特点和信息管理的任务

企业信息具有下列特点：

1. 真实性

事实是信息的基本特点，也是信息的价值所在。要千方百计找到事物真实的一面，为决策和管理服务。不符合事实的信息不仅无用而且有害，真实、准确地把握好信息是处理数据的最终目的。

2. 系统性

在实际中，不能片面地处理数据，片面地产生、使用信息。信息本身就需要全面地掌握各方面的数据后才能得到。信息也是系统中的组成部分之一，要求从系统的观点来对待各种信息，才能避免工作的片面性。

3. 时效性

由于信息在工程实际中是动态、不断变化、不断产生的，要求及时处理数据，及时得到信息，才能做好决策和工程管理工作，避免事故的发生，真正作到事前管理，信息本身有强烈的时效性。

4. 不完全性

使用数据的人对客观事物认识的局限性、不完全性是难免的。

5. 层次性

信息的使用者是有不同的对象的，不同的决策、不同的管理需要不同的信息，因此针对不同的信息需求必须分类提供相应的信息。一般把信息分为决策级、管理级、作业级三个层次，不同层次的信息在内容、来源、精度、使用时间、使用频度上是不同的。决策级需要更多的外部信息和深度加工的内部信息。

企业管理者承担着项目信息管理的任务,也是整个项目的信息中心,负责收集各种信息,作各种信息处理,并向上级、向外界提供各种信息。企业的信息管理的任务主要包括:

(1) 组织企业基本情况的信息,编制企业信息手册。企业管理的任务之一是按照企业的任务、生产要求设计企业经营管理中的信息和信息流,确定它们的基本要求和特征,并保证在实施过程中信息流通畅。

(2) 报告及各种资料的规定,例如资料的格式、内容、数据结构要求。

(3) 按照企业组织和产品生产过程建立企业管理信息系统流程,在实际工作中保证这个系统正常运行,并控制信息流。

(4) 文档管理工作。

10.1.3 现代信息科学的发展

现代信息技术正突飞猛进地发展,给企业管理带来许多新的问题,特别是计算机联网、电子信箱、Internet 网的使用,造成了信息高度网络化的流通。这不仅表现在企业内部,而且还表现在企业和企业及企业各职能部门之间以及项目与外界环境(国际的和国内的)之间。例如:

● 企业财务部门直接可以通过计算机查阅项目的成本和支出,查阅项目采购订货单。
● 项目负责人可直接查阅企业库存材料和设备供应状况。

因此企业和项目之间、企业内部多个部门之间形成了如图 10-1 所示的信息流通。

现代信息技术对现代企业管理有很大的促进作用,同时又会带来很大的冲击。人们必须全面研究它的影响,特别是可能产生的负面影响,以使人们的管理理念、管理方法、管理手段更适应现代建筑企业的特殊性。

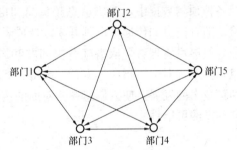

图 10-1 部门间信息流通

1. 现代信息技术加快了企业管理系统中的信息反馈速度和系统的反应速度,人们能够及时查询工程进展情况的信息,进而能及时地发现问题,及时作出决策。

2. 透明度增加,人们能够了解企业和项目的全貌。总目标容易贯彻,项目经理和上层领导容易发现问题。下层管理人员和执行人员也更快、更容易了解和领会上层的意图,使得各方面协调更为容易。

3. 信息的可靠性增加。人们可以直接查询和使用其他部门的信息,这样不仅可以减少信息的加工和处理工作,而且在传输过程中信息不失真。

4. 与传统的信息处理和传输方法相比,现代信息技术有更大的信息容量。人们使用信息的宽度和广度大大增加。例如项目管理职能人员可以从互联网上直接查询最新的工程招标信息、原材料市场行情。

5. 使企业风险管理的能力和水平大为提高。由于现代市场经济的特点,工程项目的风险越来越大。风险管理需要大量的信息,而且要迅速获得这些信息,需要十分复杂的信息处理过程。现代信息技术使人们能够对风险进行有效的迅速的预测、分析、防范和控制。

6. 现代信息技术使人们更科学、更方便地管理大型的、特大型的、特别复杂的项目，实施多项目的管理，即一个企业同时管理许多项目，管理远程项目，如国际投资项目、国际工程等。这些显示出现代信息技术的生命力，它推动了整个企业管理的发展，提高了项目管理的效率，降低了管理成本。

7. 现代信息技术在企业管理中应用带来的问题。现代信息技术虽然加快了信息的传输速度，但并未能解决心理和行为问题，甚至有时还可能引起反作用：

（1）按照传统的组织原则，许多网络状的信息流通（例如对其他部门信息的查询）不能算作正式的沟通，只能算非正式的沟通。而这种沟通对企业管理有着非常大的影响，会削弱正式信息沟通方式的效用。

（2）在一些特殊情况下，这种信息沟通容易造成各个部门各行其事，造成总体协调的困难和行为的离散。

（3）容易造成信息在传递过程中的失真、变形。

（4）容易造成信息污染：

由于现代通信技术的发展，人们可以获得的信息量大大增加，也大为方便，使人们在建立管理系统时容易忽视或不重视传统的信息加工和传输手段，例如由下向上的浓缩和概括工作似乎不必了，上级领导可以直接查看资料，实质上造成了上级领导被无用的琐碎的信息包围的状态，导致领导者没有决策所需要的信息。各项目组织成员的信息处理的工作量增加。人们以惊人的速度提供和获得信息，被埋在一大堆打印输出文件、报告、计划以及各种预测数据中，造成信息超负荷和信息消化不良。如果项目中发现问题、危机或风险，随着信息的传递会漫延开来，造成恐慌，各个方面可能各自采取措施，导致行为的离散，使项目管理者采取措施解决问题和风险的难度加大。人们通过非正式的沟通获得信息，会干扰对上层指令、方针、政策、意图的理解，结果造成执行上的不协调。由于现代通信技术的发展，使人们忽视面对面的沟通，而依赖计算机在办公室获取信息，减少获得软信息的可能性。

10.2 企业管理信息系统

管理信息系统（Management Information System 简称 MIS）是一门新兴科学。它是近年来随着管理科学、信息科学、计算机科学与通信技术的不断发展和相互交融逐渐形成的一门综合性、边缘性学科。管理信息系统作为现代化管理的重要手段和标志，已经成为管理活动中必不可少的一个组成部分。

10.2.1 企业管理信息系统的构成

管理信息系统是用系统思维的方法以计算机和现代通信技术为基本信息处理手段和传输工具，能为管理决策提供信息服务的人机系统。企业管理信息系统是以整个企业生产经营活动为对象的复杂系统，包括各职能子系统，如财务、合同、技术等要素子系统，还包括企业经理的经营决策子系统，如图10-2和图10-3所示

管理信息系统主要由硬件、软件、数据库、运行规程以及系统工作人员构成的。硬件包括计算机和有关的各种设备，主要完成输入、输出、通信、存储数据和数据处理等功能。软件分系统软件和应用软件两类。系统软件主要用于计算机的管理、维护、

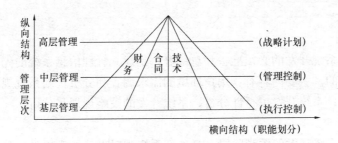

图 10-2　企业管理信息系统与管理活动关系示意图

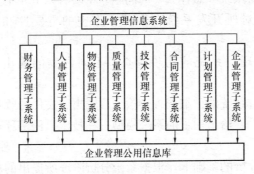

图 10-3　企业管理信息系统的构成

控制以及程序的装入和编译等功能；应用软件是完成具体管理功能，提供信息的程序，如财务管理软件、工资核算软件等。数据库是系统中数据文件的逻辑组织，它包括了所有应用软件使用的数据。运行规程是对系统的使用要求，它包括用户手册、操作手册和运行手册等内容。系统的工作人员主要包括系统的分析人员、设计人员、系统实施人员，操作人员、系统的管理人员和数据准备人员等。计算机系统在不同管理系统中的作用和影响是有区别的，计算机系统所支持的管理活动层次可分为事务处理系统、管理信息系统、决策支持系统和专家系统。

(1) 事务处理系统。主要处理企业基层作业活动形成的基本文件，如仓库管理中的入库通知单、技术文档管理等，适用于企业的最低层管理活动—作业控制。

(2) 管理信息系统。处理企业结构化的决策管理问题，如企业质量数据分析等，适用于企业的中层管理活动与管理控制。

(3) 决策支持系统。主要处理企业半结构化或非结构化一类问题的决策，是管理信息系统到专家系统发展的中间阶段，如多方案投资分析等，适用于企业的中层管理控制活动或企业的高层管理。

(4) 专家系统。集中专家知识和经验，模仿专家思维处理企业非结构化的决策问题，具备启发性、直观性和灵活性，是管理信息系统发展的最高阶段，如企业投标决策中的标价确定等问题，适用于高层管理。

10.2.2　企业管理信息系统的开发步骤

任何一个系统都有发生、发展和消亡的过程，新系统在旧系统的基础上产生、发展、老化、淘汰，最后又被更新的系统所取代。这个系统的发展更新过程被称为系统的生命周期。在管理信息系统的开发过程中，把实施过程划分为互相衔接又明确区分的各个阶段，借以实现管理控制，有利于把复杂问题简单化，实现过程条理化。管理信息系统开发的主要步骤如下：

1. 总体规划

总体规划是系统开发的必须准备和总部署，是建立管理信息系统的先行工程，它是在系统开发前进行的。主要内容有：用户环境的需求调查和分析；新系统规划设计；新系统实施的初步计划；系统开发可行性分析；系统开发的策略规划和分析。

2. 系统分析

系统分析是系统开发的关键阶段，又称新系统逻辑设计。逻辑设计是指在逻辑上构造新系统的功能，即解决新系统"做什么"的问题。主要有以下4个步骤。

(1) 问题的提出。对所开发系统在管理工作中的重要性和所要解决的问题进行论述。

(2) 可行性研究。现行系统的初步调查；不同方案的提出和比较；开发费用的估计。

(3) 系统调查。现行系统的详细调查；输入、输出、文件的收集和整理。

(4) 初步模型的确立。给出初步的系统模型；在技术、经济环境的约束下修正模型。

3. 系统设计

系统设计是在系统分析的基础上，根据系统分析阶段所提出的新系统逻辑模型，建立起新系统的物理逻辑，具体地说，就是根据新系统逻辑模型的主要功能和要求，结合实际的设计条件，详细地确定出新系统的结构，为系统实施阶段准备全部必要的技术资料和有关文件。系统设计分成以下两个阶段进行。

(1) 详细设计。处理逻辑的设计；文件设计；输入、输出设计。

(2) 编写各种说明。对程序的详细要求说明；系统的用户界面说明。

4. 系统实施

系统实施是继系统规划、系统分析、系统设计之后又一个重要阶段。它将按照系统设计选定的方案具体实施。这一阶段的主要任务有以下4个方面。

(1) 编程。选择合适的高级语言编制程序。

(2) 调试。单项程序调试；几个模块的联合调试；用户界面的调试。

(3) 人员培训。对参与管理人员进行培训，使其掌握（或了解）该程序的特点和使用方法。

(4) 系统转换。

5. 系统运行与维护

新系统在试运行成功后，进入系统转换步骤，接下来就进入到系统运行维护阶段。这标志着目标系统开发已经结束，计算机管理信息系统已经建成。

(1) 正常运行。系统的正常运转，系统的维护。

(2) 系统评价与系统补充。

10.2.3　企业管理信息系统的开发实例

从分析系统的功能出发，讨论系统的逻辑结构模式，为企业实际开发提供一些参考和思路。图10-4所示为某建筑企业管理信息系统总体功能结构图。图10-5和图10-6所示为某建筑企业经营管理和工程管理子系统流程图。

10.2 企业管理信息系统

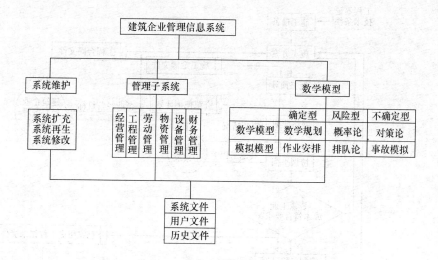

图 10-4 建筑企业管理信息系统总体功能结构图

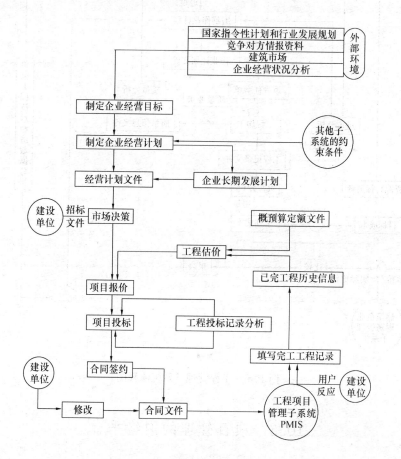

图 10-5 经营管理子系统流程图

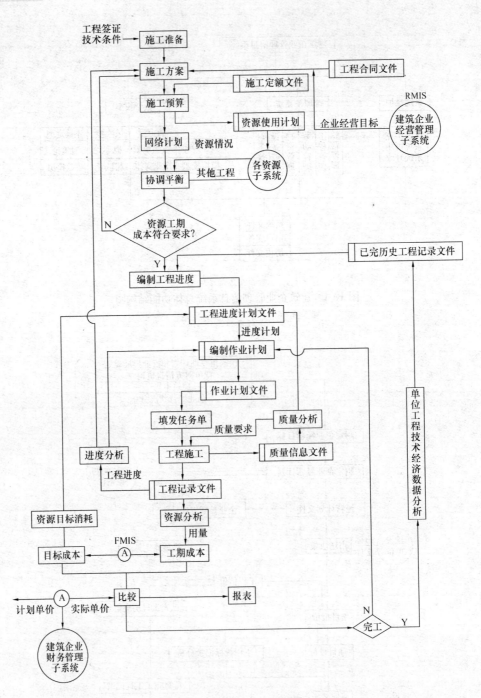

图 10-6 工程管理子系统流程图

10.3 项目管理的网络平台

随着信息技术的发展和在工程领域的广泛应用,工程建设的信息化趋势越来越为明显。这些趋势表现在多个不同的方面,如工程设计中数字化建筑模型的应用,造价估算中市场价格信息的自动收集、进度控制中工程进度信息的全面收集和自动反馈等。在这些趋势中一个比较突出的发展方向是在网络平台上进行的建设项目管理。

计算机网络在技术领域的应用已经有相当长的历史，尤其是在国外一些研究机构和大专院校。互联网的出现成为了计算机网络发展的一个突破，在上世纪 90 年代迅速进入了人们的生活，并很快在商业领域得到了经营者的青睐。网上交易、协同商务等经营活动应运而生，并且迅速发展壮大，成为了多种新的商业经营模式。互联网的应用也很快影响到了工程建设领域，在计算机网络尤其是互联网上进行的信息沟通、文档管理、协同工作等各种活动进入了工程技术和管理人员的工作范围。这些工作都属于建设项目管理活动中的一个部分，并与其他多种建设项目管理活动息息相关，故将其概括称为网络平台上的建设项目管理。

项目管理的网络平台一般搭建在局域网或互联网上，为项目管理提供服务，主要用于项目管理过程中的信息交流、文档管理和工作协调。影响一个项目管理网络平台成败的因素有多个方面，如平台的构成情况、平台搭建的过程细节、在网络平台上实施项目管理的客观条件等。只有全面考虑了这些因素，采取了相应的对策和充分的保障措施，才有可能保障项目管理网络平台在建设项目实施过程中的成功应用。

10.3.1 项目管理网络平台的构成

项目管理网络平台在构成上主要包括了两个方面：硬件系统和软件系统（图 10-7）。硬件系统包括整个网络平台运行所需要的服务器、个人电脑和相应的网络设施，如果是互联网，还会包括与互联网相连的硬件设备。不同的网络、不同的系统、不同的软件对硬件都会有不同的要求，但都需要硬件具有安全、稳定和高速度的性能。软件系统包括网络平台运行过程中所需要的各种软件，如电脑的操作系统软件、办公应用软件、项目管理应用软件、网络通信软件以及网络系统运行软件等。

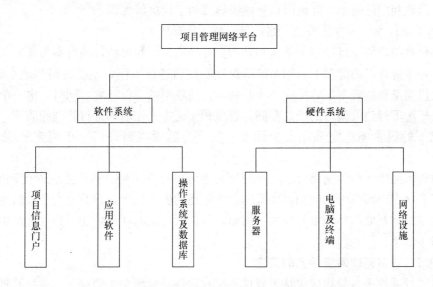

图 10-7 项目管理网络平台的构成

软件系统中最为核心的是网络系统运行软件。不管项目管理网络平台是在局域网或者是在互联网上运行，都需要有一个系统软件对服务器进行管理，对服务器中所存储的数据进行管理，对网络所连接的电脑或终端进行管理并为整个网络的运行提供支持，对通过电脑或终端进入到网络中活动的用户群体进行管理和服务并约束和规范其网络行为。因而，项目管理网络平台的系统运行软件是整个软件系统的核心软件。

这一类的项目管理网络平台系统软件在实际使用中有各种各样的名称，不同的软件开发商可能会使用不同的名字并有各自的定义。本书采用一个得到广泛接受的名字：项目信息门户（Project Information Portal），并按照其定义来讨论这种网络平台系统软件。

按照定义，项目信息门户指的是在网络基础上对项目信息进行集中存储和管理的系统运行软件，它为项目用户提供个性化的项目信息入口，并提供相互之间信息交流和沟通的渠道，从而为建设项目参与各方营造一个高效、稳定、安全的网络项目管理工作环境。

项目信息门户的定义描述了这种系统软件几个方面的特征，也体现了网络平台上项目管理的几个比较明显的优势。

1. 项目信息的集中存储和管理

与传统建设项目信息的分散保存和管理不同，项目信息门户是以建设项目为中心对项目信息进行集中存储与管理，在分散的项目参与各方之间实现了信息共享，有利于提高信息交流的效率，降低信息交流的成本，提高信息交流的稳定性、准确性和及时性。它不是一个简单的文档系统，它通过信息的集中管理和门户设置为项目参与各方提供一个开放、协同、个性化的信息交流环境。

2. 项目用户的个性化信息入口和相互之间信息沟通的渠道

根据项目实施需要和项目岗位责任设置情况，项目信息门户为每一项目成员设定了相应的信息处理和信息管理的职责和权限。在职责许可的条件下，项目成员可以从工程建设管理信息平台上最大限度地获取所需要的建设项目信息，在系统设定的范围和工作流程内有效地处理和利用工程信息，实现对工程信息管理全过程的有序和有效参与，从而提高对建设项目信息利用的效率，降低因信息缺损导致的工程决策失误。

3. 建设项目参与各方共同的网络项目管理工作环境

项目信息门户使项目信息的传递和处理变得异常方便和灵活，项目参与各方都可以根据需要，在系统许可的情况下利用系统所提供的便利进行工作，不受时间和地点的限制，从而大大提高工作的效率，并形成一个共同的、高效率的工作环境。同时，由一个系统软件在网络环境下对建设项目的信息存储、管理和交流等工作活动进行管理和监控，避免了人为情况下的很多不稳定和不安全因素，从而为建设项目提供一个稳定和安全的工作环境。

项目管理网络平台的网络可以是局域网，也可以是互联网。由于互联网使用的普及，也由于互联网在空间范围和使用群体范围上所体现的极大优势，目前绝大多数的项目信息门户软件都是在互联网环境下开发的。因而，通常所讨论的项目信息门户也往往指的是互联网环境下的项目信息门户。

10.3.2 项目管理网络平台的搭建

项目管理网络平台的构成包括了硬件系统和软件系统两个主要部分，项目管理网络平台的搭建也主要从这两个方面进行考虑和实施。在软件方面要从项目管理工作需要的角度出发，考虑购置合适的项目信息门户软件产品，或租用相应的服务，考虑与该系统兼容的有关软件产品的选用，并进行相应的整合。在硬件方面要根据系统的特点和软件使用的需要，综合考虑不同硬件产品的性能价格比，选用适当的硬件产品，包括服务器（如果需要）、网络设施和终端等不同的硬件，构成可靠的电脑网络，并与软件系统相结合成为稳定的项目管理网络平台。

除了软、硬件系统的选择外，网络平台使用者的培训也是搭建项目管理网络平台过程中一个重要的环节。每一个用户对项目管理网络平台使用的熟练程度直接决定了网络平台功能所能发挥的程度。用户群体对系统功能的使用越熟练，项目管理网络平台的优势越可能得到充分的发挥。因而，对项目管理网络平台使用者的培训在平台搭建的过程中不可或缺。

概括起来，搭建一个项目管理的网络平台需要进行项目需求分析、项目信息门户产品选择、硬件系统购置、软件购置、系统安装、系统调试和人员培训以及系统内的权限和工作流程设定等多个环节的工作。这些工作从总体上可以分为四个阶段：

1. 准备阶段

对项目基本情况进行调查，确定项目组织结构、项目管理组织结构、项目信息分类及处理工作流程等，同时根据项目基本情况确定对有关软件系统和硬件设备的基本要求，并由业主方决定并采购相关的软件系统和硬件设备。

2. 安装阶段

安装硬件设备并进行有关软件和数据库的安装，对服务器及系统管理员进行培训，根据项目基本情况进行用户、权限、文档、工作流程等的设定，并对主要用户进行培训。

3. 试运行阶段

经初步培训的用户根据各自的职责和权限在工程建设管理信息平台上进行相关的操作，提供反馈信息，对系统作逐步调整，并对项目参与各方的用户进行深入的培训。

4. 运行开始

项目管理网络平台正式投入运行，各种工程信息开始输入平台的信息管理系统，信息处理及相应的项目管理工作也在网络平台上展开，建设项目建设开始以网络平台为基础的信息化管理阶段。

上述四个阶段的工作流程可以概括为如图 10-8 所示的工作实施流程框图。

上述工作步骤所描述的是为一个特定的建设项目专门设定一个项目管理网络平台的平台搭建工作步骤。而在相当多的情况下，项目管理的网络平台经常是为多个建设项目提供服务，单个的建设项目不需要再重复其中的某些步骤。或者项目管理网络平台是由专业的商业运营单位所提供的商业化服务，平台的搭建也可以直接跳过某些工作步骤，如网络硬件、服务器及系统软件的购买和安装、系统管理员的培训等。

项目管理网络平台开始正式运行后，仍然需要根据情况的变化经常地对各个用户的工作权限进行设定和调整，对信息处理的工作流程进行调整和完善，对项目参与各方的合作方式和方法进行协调，以完全适应网络平台上项目管理工作的要求和需要。所以，项目管理网络平台的搭建工作在某种程度上是动态的、持续进行的工作，对平台的调整和维护将一直延续到项目管理工作的最终完成。

10.3.3 项目管理网络平台的实施条件

项目管理网络平台的实施条件除了搭建过程中所需要的硬件设备和软件产品外，对系统管理人员和员工所进行的工作培训、对项目管理岗位职能和工作流程所作的相对应的设

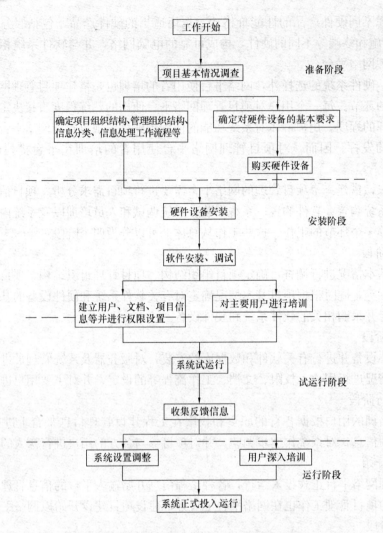

图10-8 项目管理网络平台搭建工作流程

置和安排等也是必不可少的重要因素。这四个方面被称之为项目管理网络平台实施的四个基本条件：硬件、软件、教育件和组织件。

（一）硬件和软件

硬件和软件系统对项目管理网络平台的作用十分明显，作为网络平台实施的两个基本条件，它们的重要性不言而喻。

（二）教育件

教育件是指在搭建和推行项目管理网络平台的过程中一系列的宣传、培训、操作演示和练习等活动，主要是为了让相关的工作人员了解项目管理网络平台的基本情况，在思想上认识项目管理网络平台的对于项目实施的重要作用，在使用上熟悉有关的功能和操作，在具体的工作中充分适应在网络环境下相互之间的配合和协作。教育件主要包括以下三个方面的内容：

（1）对项目管理网络平台基本情况的介绍和对其重要作用的宣传

这主要是为了让参与项目实施的各个方面能充分认识到项目管理网络平台实施的重要

性，激发出应用网络平台的积极性。

(2) 对项目管理网络平台硬件及软件系统基本功能的介绍和对操作使用的培训

这主要是为了让网络平台的用户对特定的硬件和软件系统的功能有充分的了解，熟悉这些功能的特点和使用方法，从而能熟练地进行个人操作。

(3) 对项目管理网络平台上信息管理、信息交流和组织协调等工作方法的介绍和工作方式的适应

在网络平台上进行工作，更多的是参与项目的各个方面相互之间的交流和协作。因而，需要让所有的用户了解网络平台上整体的信息管理工作方法，熟悉相互之间信息交流的工作程序，适应在网络平台上进行组织协调的工作模式，从而使项目管理网络平台上的众多用户能相互适应、相互配合和充分合作，在网络空间中融合成一个整体性的项目工作班子。

(三) 组织件

组织件是指在搭建和推行项目管理网络平台的过程中一系列的组织调整、系统内的设置以及系统的运行和适应等工作步骤，主要是为了能将现实中的建设项目实施组织和项目管理班子在虚拟的网络环境中进行重建，将实际的建设项目工作过程在网络环境中得到真实反映并能顺利进行。组织件主要包括以下三个工作步骤：

1. 组织调整

项目管理网络平台环境下的组织调整，包括组织结构、岗位职能和工作流程等。新的项目管理网络平台的环境对传统的项目组织和项目管理岗位会有新的要求，在某些方面会有所改变，尤其是与项目信息处理、文档管理、沟通协调等职能有关的组织部门、岗位责任、工作程序等。在搭建网络平台时就应该按照相应的要求对上述环节进行调整以适应新的工作环境和工作方式。例如，在传统的建设项目管理中，文档管理往往是由专职人员负责的，而在网络平台上，由于信息处理的便捷，文档管理的责任往往分散到了多个相关的工作岗位上，相应的岗位责任和职能都需要进行相应的调整。

2. 组织设定

项目管理网络平台上的组织设定，包括与组织结构和岗位职能相对应的用户权限设定、职能分组设定和工作流程设定等。在项目管理网络平台上，项目组织中的分工、项目管理的职能、项目实施的组织协调等需要通过一定的系统设定来实现。不同的系统软件对组织设定有不同的实现方式，但一般都是通过用户权限设定、职能分组设定和工作流程设定这三个方面来进行实现的。其中用户权限设定是最基本的工作步骤，包括了用户对项目文档管理的权限（管理、编辑、阅读、浏览、禁止等）、用户对信息交流和组织协调的权限（信息收发、工作安排等）等。职能分组设定是根据各个用户的岗位职能对其进行分类安排，使工作内容相近的用户组成相应的紧密联系的组织协调群体，如项目采购组、项目财务组等。工作流程设定是根据不同环节的工作程序构成，在系统内设置相应的工作步骤，形成不同的信息处理和组织协调的工作流程。

(四) 组织程序运行和适应

项目管理网络平台上组织程序的运行和适应，包括对用户个人权限设置情况的适应和对相关工作流程环节的适应。实际工作环境和网络平台工作环境的差异，实际的工作职能和网络平台环境下的工作职能的差异，实际的项目实施工作程序和网络平台环境下工作流

程之间的差异等,这些都需要参与建设项目实施的各个方面通过一定的过程来进行适应和调整,从而使整个项目班子能完全融入到项目管理网络平台的工作环境中。

在项目管理网络平台实施的四个条件中,硬件和软件是两个基本的条件,教育件和组织件是两个无形的而又十分重要的条件。在项目管理网络平台的实际应用中,教育件和组织件往往成为了决定其成败的关键因素。

10.4 工程文档管理

10.4.1 文档管理的任务和基本要求

在实际工程中,许多信息由文档系统给出。文档管理指的是对作为信息载体的资料进行有序地收集、加工、分解、编目、存档,并为项目各参加者提供专用的和常用的信息的过程。文档系统是管理信息系统的基础,是管理信息系统高效率运行的前提条件。

许多项目经理经常哀叹在项目中资料太多、太复杂。办公室到处都是文件,太零乱,没有秩序,要找到一份自己想要的文件却要花很多时间,不知道从哪里找起。这就是项目管理中缺乏有效的文档系统的表现。实质上,一个项目的文件再多,也没有图书馆的资料多,但为什么人们到图书馆却可以在几分钟内找到自己要找的一本书呢?这就是由于图书馆有一个功能很强的文档系统。所以在项目中也要建立像图书馆一样的文档系统。

文档系统有如下要求:

1. 系统性,即包括项目相关的,应进入信息系统运行的所有资料,事先要罗列各种资料种类并进行系统化。

2. 识别性,各个文档要有单一标志,能够互相区别,这通常通过编码实现。

3. 专门化,文档管理责任的落实,即有专门人员或部门负责资料工作。

对具体的项目资料要确定谁负责资料工作?什么资料?针对什么问题?什么内容和要求?何时收集、处理?向谁提供?如图 10-9 所示。

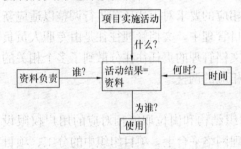

图 10-9 项目资料确定流程

通常文件和资料是集中处理、保存和提供的。在项目过程中文档可能有三种形式:

(1) 企业保存的关于项目的资料,这是在企业文档系统中,例如项目经理提交给企业的各种报告、报表,这是上层系统需要的信息。

(2) 项目集中的文档,这是关于全项目的相关文件。这必须有专门的地方并由专门人员负责。

(3) 各部门专用的文档,它仅保存本部门专门的资料。

当然这些文档在内容上可能有重复,例如一份重要的合同文件可能复制三份,部门保存一份、项目一份、企业一份。

10.4.2 工程文件资料内容和特点

资料是数据或信息的载体。在项目实施过程中资料上的数据有两种,即内容性数据和说明性数据,如图 10-10 所示。

1. 内容性数据。它为资料的实质性内容，如施工图纸上的图、信件的正文等。它的内容丰富，形式多样，通常有一定的专业意义，其内容在项目过程中可能有变更。

2. 说明性数据。为了方便资料的编目、分解、存档、查询，对各种资料必须作出说明和解释，用一些特征加以区别。它的内容一般在项目管理中不改变，由文档管理者设计。例如图标、各种文件说明、文件的索引目录等。

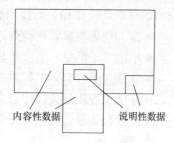

图 10-10 两种数据资料

通常，文档按内容性数据的性质分类，而具体的文档管理，如生成、编目、分解、存档等以说明性数据为基础。

在项目实施过程中，文档资料面广量大，形式丰富多彩。为了便于进行文档管理，首先得将它们分类。通常的分类方法有以下几种。重要性：必须建立文档，值得建立文档，不必存档；资料的提供者：外部，内部；登记责任：必须登记，存档，不必登记；特征：书信，报告，图纸等；产生方式：原件，拷贝；内容范围：单项资料，资料包（综合性资料），例如综合索赔报告、招标文件等。

工程项目文档管理的内容主要包括：工程施工技术管理资料、工程质量控制资料、工程施工质量验收资料、竣工图四大部分。

1. 工程施工技术管理资料

工程施工技术管理资料是建设施工全过程中的真实记录，是施工各阶段客观产生的施工技术文件。主要内容包括：

- 图纸会审记录文件
- 工程开工报告相关资料（开工报审表、开工报告）
- 技术、安全交底记录文件
- 施工组织设计（项目管理规划）文件
- 施工日志记录文件
- 设计变更文件
- 工程洽商记录文件
- 工程测量记录文件
- 施工记录文件
- 工程竣工文件

2. 工程质量控制资料

工程质量控制资料是建设工程施工全过程全面反映工程质量控制和保证的依据性证明资料。应包括：工程项目原材料、构配件、成品、半成品和设备的出厂合格证及进场检（试）验报告、施工试验记录和见证检测报告、隐蔽工程验收记录文件以及交接检查记录等。

3. 工程施工质量验收资料

工程施工质量验收资料是建设工程施工全过程中按照国家现行工程质量检验标准，对施工项目进行单位工程、分部工程、分项工程及检验批的划分，再由检验批、分项工程、分部工程、单位工程逐级对工程质量做出综合评定的工程质量验收资料。但是，由于各行各业、各部门的专业特点不同，各类工程的检验评定均有相应的技术标准，工程质量验收资料的建立均应按相关的技术标准办理。具体内容为：
- 施工现场质量管理检查记录
- 单位（子单位）工程质量竣工验收资料
- 分部（子分部）工程质量验收记录文件
- 分项工程质量验收记录文件
- 检验批质量验收记录文件

4. 竣工图

竣工图是指工程竣工验收后，真实反映建设工程项目施工结果的图样。它是真实、准确、完整反映和记录各种地下和地上建筑物、构筑物等详细情况的技术文件，是工程竣工验收、投产或交付使用后进行维修、扩建、改建的依据，是生产（使用）单位必须长期妥善保存和进行备案的重要工程档案资料。竣工图的编制整理、审核盖章、交接验收应按国家对竣工图的要求办理。承包人应根据施工合同约定，提交合格的竣工图。

10.4.3 工程文档系统的建立

资料通常按它的内容性数据的性质分类。工程项目中常常要建立一些重要的资料的文档，如合同文本及其附件，合同分析资料信件、会谈纪要、各种原始工程文件（如工程日记、备忘录）、记工单、用料单、各种工程报表（如月报，成本报表，进度报告）、索赔文件、工程的检查验收、技术鉴定报告等。

（一）资料特征标识（编码）

有效的文档管理是以与用户友好和较强表达能力的资料特征（编码）为前提的。在项目实施前，就应专门研究，建立该项目的文档编码体系。最简单的编码形式是用序数，但它没有较强的表达能力，不能表示资料的特征。一般项目编码体系有如下要求：

（1）统一的、对所有资料适用的编码系统；
（2）能区分资料的种类和特征；
（3）能随便扩展；
（4）对人工处理和计算机处理有同样效果。

通常，项目管理中的资料编码有如下几个部分：

1. 有效范围

说明资料的有效/使用范围，如属某子项目、功能或要素。

2. 资料种类

（1）外部形态不同的资料，如图纸、书信、备忘录等；
（2）资料的特点，如技术的、商务的、行政的等。

3. 内容和对象

资料的内容和对象是编码的着重点。对一般项目，可用项目结构分解（WBS）的结果作为资料的内容和对象。但有时它并不适用，因为项目结构分解是按功能、要素和活动进行的，与资料说明的对象常常不一致。在这时就要专门设计文档结构。

4. 日期号

相同有效范围、相同种类、相同对象的资料可通过日期或序号来区别，如对书信可用日期/序号来标识。

这几个部分对于不同规模的工程要求不一样。如对一个小的仅一个单项的工程，则有效范围可以省略。

这里必须对每部分的编码进行设计和定义。例如某工程用个数码作资料代码，见图 10-11。

(二) 索引系统

为了资料使用的方便，必须建立资料的索引系统，它类似于图书馆的书刊索引。

图 10-11 某工程资料编码结构

项目相关资料的索引一般可采用表格形式。在项目实施前，它就应被专门设计。表中的栏目应能反映资料的各种特征信息。不同类别的资料可以采用不同的索引表，如果需要查询或调用某种资料，即可按图索骥。

例如信件索引可以包括如下栏目：信件编码、来（回）信人、来（回）信日期、主要内容、文档号、备注等。

这里要考虑到来信和回信之间的对应关系，收到来信或回信后即可在索引表上登记，并将信件存入对应的文档中。

索引和文档的对应关系，见图 10-12。

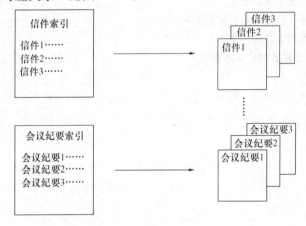

图 10-12 索引和文档的对应关系

本 章 小 结

信息首先是对数据的解释，数据通过某种处理，并经过人的进一步解释后得到信息。信息有三个时态：信息的过去时是知识，现代时是数据、将来时是情报。现代信息技术对现代企业管理有很大的促进作用，同时又会带来很大的冲击，有必要对这种影响进行了解，使其更好地为企业管理服务。

管理信息系统是用系统思维的方法以计算机和现代通信技术为基本信息处理手段和传输工具，能为管理决策提供信息服务的人机系统。企业管理信息系统是以整个企业生产经营活动为对象的复杂系统，包括各职能子系统，如财务、合同、技术等要素子系统，还包括企业经理的经营决策子系统。管理信息系统开发有总体规划、系统分析、系统设计、系统实施和系统运行与维护五个主要步骤。

项目管理的网络平台一般搭建在局域网或互联网上，为项目管理提供服务，主要用于项目管理过程中的信息交流、文档管理和工作协调。项目管理网络平台的构成包括了硬件系统和软件系统两个主要部分。项目管理网络平台的实施除了搭建过程中所需要的硬件设备和软件产品外，对系统管理人员和员工所进行的工作培训、对项目管理岗位职能和工作流程所作的相对应的设置和安排等也是必不可少的重要因素。

　　文档管理指的是对作为信息载体的资料进行有序地收集、加工、分解、编目、存档，并为项目各参加者提供专用的和常用的信息的过程。文档系统是管理信息系统的基础，是管理信息系统有效率运行的前提条件。

复习思考题

1. 简述信息的概念。
2. 说明数据和信息的区别与联系。
3. 企业信息管理有哪些任务？
4. 简述企业管理信息系统的构成。
5. 管理信息系统的开发要经过哪些步骤？
6. 举例说明项目管理门户的优势。
7. 简述项目网络平台实施的条件。
8. 试分析项目网络平台对企业组织的影响。
9. 简述工程项目文档管理的任务。
10. 简述工程项目文档管理的基本要求。

11 建筑市场与营销

市场营销早在商品交换初期已经形成,但成为一种理论,则是20世纪50年代在西方"买方市场"条件下产生的。市场营销理论认为,企业只要善于发现和了解顾客需求,更好地满足顾客需要,就可能实现企业的经营目标。著名管理经济学家托马斯·彼得斯曾指出,在瞬息万变的市场竞争中,"不要老想着分享市场,而是要考虑创造市场"。营销系统的基本组合为4P:即产品(Production)、价格(Price)、渠道(Placing)和促销(sales Promotion)。由于建筑产品具有"加工定货"的特征,再加上产品周期性强、单件生产等特点,使其在营销对象、营销市场动态、营销过程、促销手段等方面表现出独特的运作方式。建筑市场营销的目的不应只以提高既存的市场占有率为满足,而是要把着眼点放在开拓新领域、创造新市场上,创造更高明、更先进的市场营销策略,激发市场潜在需求。

11.1 市场需求与市场研究

11.1.1 市场与市场需求

(一)市场与市场需求

市场是和商品经济相联系的一个经济范畴,它是随着社会分工和商品生产、商品交换的产生而产生和发展的。市场的概念有狭义和广义之分。狭义的市场,是指具体的交易场所,人们通常都习惯于把一定时间、一定地点进行商品买卖的地方称为市场。广义的市场,是指商品交换关系的总和,即包括交易场所和市场机制。市场营销所研究的是广义概念的市场,是抽象的市场,但它又包含了所有具体的市场。

市场活动的中心内容是商品买卖,它必须具备三个条件:即存在买方与卖方,有可供交换的商品,有买卖双方都能接受的交易价格和交易条件。这三者都具备了,才能实现商品转移和交换,形成现实的而不是观念上的市场。

菲利普·科特勒(Philip Kotler)认为市场是"由一切具有特定要求或欲望,并且愿意和可能从事交换,来使需求和欲望得到满足的潜在顾客所组成"。所谓欲望是指人们想得到某些具体满足物的愿望。需求是指在市场上表现出来的、有能力购买并且愿意购买某种物品的欲望。需求可以分为消费品需求和工业品需求。消费品需求通过个人或家庭购买用于生活消费目的的物品反映出来。而工业品需求是通过企业、政府机关和各类组织等购买用于生产、运行、消费目的的物品而表现出来。

(二)影响市场需求的因素

影响市场需求的因素有很多,包括政治法律因素、经济因素、人口因素、社会文化因素、科技因素以及企业市场营销活动等等。

1. 政治法律因素

在任何社会制度下,市场需求都必定受到政治与法律环境因素的影响和制约,市场需求的规模和形式或受其制约，或受其推动。如政府对有些商品的控购、专卖等等。

2. 人口因素

包括总人口、性别、年龄结构、地理分布、家庭单位和家庭结构等，也包括人们的购买行为和消费欲望等。如总人口数和人均国民收入水平的高低决定市场需求规模的大小。人口多，购买力高，则商品需求就多，尤其是衣食住行等基本生活品的消费更是直接受总人口数的影响。

3. 社会文化环境因素

市场需求也会受到社会文化环境因素的影响。社会文化环境是指人的文化教育、职业、社会阶层、宗教信仰、风俗习惯、价值观等因素。这些因素都会影响到需求欲望和购买行为，在市场上表现出需求的多样性和复杂性。

4. 经济因素

影响市场需求的经济因素是指社会购买力。一定时期由社会各方面用于购买商品的货币支付能力，即社会购买力，是构成实际市场需求的要素之一，甚至是更为重要的因素。因为，市场需求的大小，归根到底取决于购买力的大小。社会购买力的大小取决于国民经济的发展水平。经济发展快，社会购买力就大，市场需求就旺盛；反之，经济衰退，市场需求就会缩小。

5. 价格因素

从市场需求规律来看，影响市场需求量的最关键因素是该商品本身的价格水平。在其他因素不变和购买力水平一定的条件下，商品的价格高，可购买的数量就少；反之，价格低，市场需求量就大。

影响市场需求的因素有很多，以上只列出一些基本要素，其他因素如企业营销活动也能影响市场需求方式和需求规模的变化；再如科技因素，技术进步使许多梦想称为现实；快捷舒适的航空业的出现，使旅游市场的需求规模越来越大等。这些因素都会影响市场需求。

11.1.2 市场营销

市场营销（Marketing）是市场经济高度发展的产物，是一种经济活动。市场营销是个人和集体通过创造，提供出售，并同别人交换产品和价值，以获得其所需之物的一种社会和管理过程。市场营销策略是企业经营战略的组成部分。企业市场营销管理是计划和执行关于商品、服务和主意的观念、定价、促销和分销，以创造能符合个人和组织目标的交换的一种过程。这个过程包括分析、计划、执行和控制；它覆盖商品、服务和主意；它建立在交换的基础上，其目的是产生对有关各方的满足。

企业的市场营销活动，总是在一定的思想和价值观念指导下进行的。所谓市场营销管理哲学，也就是企业在开展市场营销活动过程中在处理企业、顾客和社会三者利益方面所持的态度、思想和价值观念。一般认为：生产观念、产品观念、推销观念、市场营销观念、社会营销观念是五种有代表性的市场营销管理哲学。

1. 生产观念

生产观念认为，顾客喜爱那些可以随处买得到的、价格低廉的产品。生产导向型组织的管理机构总是致力于获得高生产效率和广泛的销售覆盖面。在这种观念指导下，企业的任务就是提高生产和流通效率，降低成本和价格，扩大市场占有份额和利润。

2. 产品观念

产品观念认为，顾客最喜欢高质量、多功能和具有某些特色的产品，在产品导向型组织里，管理机构总是致力于生产优质产品，并不断地改进产品，使之日臻完善。只要注意提高质量，做到物美价廉，就一定会产生好的销售业绩。顾客会自动慕名前来，因而无需花大力气开展推销活动。这种观念只注意自己产品的质优价廉，而忽视市场需求的动态变化和多样性，将导致产品创新能力的下降。

3. 推销观念

推销观念认为，如果听其自然的话，顾客通常不会足量购买某一组织的产品。因此，该组织必须积极推销和进行大量促销活动。在买方市场条件下，企业运用推销手段和广告措施，刺激顾客的购买欲望，向现实买主大肆兜售其产品，以期压倒竞争对手，提高市场占有份额，取得丰厚的利润。由于这种观念是建立在企业产品基础上的推销活动，因而本质上还是生产什么销售什么，这种观念对企业短期利益的实现有益，而对长期战略目标是不适宜的。

4. 市场营销观念

市场营销观念认为，实现组织诸目标的关键在于正确确定目标市场的需要和欲望，并且比竞争对手更有效、更有利地传送目标市场所期望满足的东西。它要求公司既进行外部营销，又进行内部营销。内部营销是指成功地雇佣、训练和尽可能激励员工很好地为顾客服务的工作。在新的市场条件下，又出现了网络营销、协调营销等新概念。

5. 社会营销观念

社会营销观念认为，组织的任务是确定诸目标市场的需要、欲望和利益，并以保护或者提高顾客和社会福利的方式，比竞争者更有效、更有利地向目标市场提供所期待的满足。这种观念强调，要将企业利润、顾客需求和社会效益三个方面统一起来，更突出企业作为社会系统中的技术经济子系统对社会的责任和作用，而不再是单纯的赢利机器。

营销管理的五种观念是一定的市场背景和社会条件下的产物，由于现代市场经济体系的层次性，多样性和复杂性，尤其在我国目前市场体系转轨过程中，既不存在绝对的卖方市场，也不存在绝对的买方市场，同时市场环境受到各种条件的限制和制约，因此要灵活运用上述营销管理思想。随着生产力的发展，改革的深入，供求态势的变化，企业应及时调整自己的营销观念和营销方法。

11.1.3 市场研究方法与设计

（一）市场研究的概念

随着社会经济的日趋复杂和市场竞争的激烈，过去生产者决定市场供需的卖方市场，逐渐转变为顾客决定市场供需的买方市场，于是生产者为了要事先了解顾客的需要和市场的状况，从而决定企业的生产方向和营销活动，更好地将产品转移到顾客手中，就有了市场研究活动和市场营销活动的产生。

市场研究是市场营销活动的一个重要因素。它把消费者、客户、公众和营销者通过信息联系起来，这些信息有以下职能：识别、定义市场营销机会和可能出现的问题，制定、优化市场营销组合并评估和预测其效果。美国市场营销协会（AMA, American Management Association）在 1988 年对市场研究的定义是：市场研究是通过市场信息把消费者、客户和大众与市场营销人员连接起来的活动，市场信息是用来确认和界定市场营销机会与威胁；产生、改进和评估市场营销活动；反映市场营销成果；改进对市场营销过程的了解和把握。

市场研究可以分为狭义的和广义的两类。狭义的市场研究是指以企业的产品和竞争对手为对象，分析和预计竞争对手的市场活动，并以科学的方法搜集、分析和预计顾客购买以及使用商品的数量、意见、动机和行为等有关资料。广义的市场研究是对社会市场运行环境及其社会生产、分配、交换和消费循环活动中各种经济现象和经济规律的研究。

（二）市场调查的程序

市场调查是搜集、记录、分析有关市场营销资料和信息，为市场预测和营销战略战术决策提供可靠的信息依据的营销活动。

企业的市场调查包括一切与企业有关的社会、经济、政治环境和日常活动范围内的各种现象的调查研究，可以是专题性调研，也可以是对广泛问题的调研。市场调查可分成两个方面的工作：一方面是对企业外部资料的调查研究；另一方面是对企业内部基本力量的调查研究，概括起来，建筑企业的市场调研主要包括如下内容：

(1) 市场需求调研。主要包括当前和潜在的用户、各种建筑类型的需求量，用户的分布情况，各种用户对建筑产品的评价等。市场需求调研可使企业掌握建筑市场的需求情况及发展趋势，了解用户的心态，从而为企业的经营方针和长远规划提供依据。

(2) 市场供应的调研。主要包括各种建筑类型的可供量，建筑材料、构配件、建筑机械设备、劳务市场等的供应情况，社会生产发展水平及技术水平等。市场供应的调研有助于了解企业在市场中的地位，对制定战略目标是有益的。

(3) 市场竞争状况调研。主要包括竞争对手的数量、分布情况及潜在竞争者的情况，竞争对手的工程质量、工期、服务态度及履约情况，各竞争对手企业状况及信誉等。市场竞争状况调研对于认识本企业在竞争中所处的地位，以便采取相应的竞争方法是十分有利的。

(4) 对建筑市场参与单位的调研。主要包括对建筑设计院，建设单位主管部门，有关管理公司、咨询公司的调研。对建筑市场参与单位的调研，有利于企业和参与单位之间的协作和配合，以便为企业的市场经营战略提供更为翔实的依据。

(5) 企业外部总体环境的调研。主要包括国家的方针、政策以及颁布的统一的规章制度，各种法律、法规，国民经济的发展，文化科学技术的发展，自然情况的变化等。企业外部总体环境的调研对企业的战略、策略目标都有较大影响与制约作用，是十分重要的。

市场调查的程序有以下七个方面组成：

1. 确定问题

首先应该了解问题所在，调查人员才有可能设计一个完备的调研计划，调查开始时，应明确要解决哪些问题，以及问题的重点所在。

2. 选择途径

形成问题以后，根据调查目的，应该决定搜集资料的范围，提出所需资料的获得途径。资料可分为直接资料和间接资料二类。所谓直接资料又称第一手资料，是营销调查者通过观察、询问、实验等手段和方法直接获得的资料。间接资料又称二手资料，它包括内部资料和外部资料二方面。内部资料有企业的各种凭证、报表、报告、预测等资料；外部资料可来自于政府机关、金融机构、咨询机构、大学、报刊杂志等。

3. 决定调查方式

根据资料的性质，应决定采用何种调查方式。如有间接资料可资利用，应尽量利用，这样可以省时省力。如果必须搜集直接资料，那么应该决定：调查方法；调查对象；调查地点；调查时间；调查频率。

4. 搜集资料

搜集资料工作包括对搜集资料人员的选择、训练、控制和考核等工作。

5. 资料分析整理

搜集来的资料，应该加以分析和鉴别，通过整理，使资料系统化、简单化和表格化，达到准确、完整和实用的目的。

6. 编写报告

报告代表整个调查过程的最后结果，编写的报告供企业管理人员在决策时作参考。编写报告时应注意：围绕调查目的、重点突出、事实清楚、简明扼要、中肯客观。

（三）市场调查的基本方法

进行市场调查，必须采取科学合理的调查方法和技术，这样才能收到事半功倍的效果。市场调查方法可以分为三类，即：观察法、访问法和实验法。

1. 观察法

通过被调查者进行直接观察，在被调查者不察觉的情况下观察和记录他（她）的行为、反应和感受的方法。观察法也有许多具体的方法，如直接观察法、行为记录法等。直接观察法，即派人对被调查者直接观察。行为记录法，是在被调查者同意的前提下，用某种装置记录被调查者的行为。

2. 访问法

对被调查者进行访问，要求他回答一些问题来搜集资料的方法称为访问法。访问法又可分为直接访问和间接访问两种方法。可以采用登门拜访、邀请面谈或开座谈会等形式进行。也可以利用各种通信工具或问卷进行调查的方法称为间接访问。

3. 实验法

将范围一定的特定市场作为实验场所，进行实验，并采用适当方法收集、分析实验数据，进而了解市场的一种方法。从某种意义上说，实验法是把事物放在某一特定的条件下进行观察，因而也可认为是一种特殊的观察法。较为流行的展销会、交易会、订货会、试销门市部等就是这种方法的主要形式。

11.2　建筑市场供求分析

11.2.1　建筑市场的概念和特点

（一）建筑市场的概念

建筑市场是建筑活动中各种交易关系的总和。这是一种广义市场的概念，即既包括有形市场，如建设工程交易中心，又包括无形市场，如在交易中心之外的各种交易活动及各种关系的处理。建筑市场是一种产出市场，它是国民经济市场体系中的一个子体系。

按《中华人民共和国建筑法》的规定，上述定义中的"建筑活动"，"是指各类房屋建筑及其附属设施的建造和与其配套的线路、管道、设备的安装活动"。定义中的"各种交易关系"包括供求关系、竞争关系、协作关系、经济关系、服务关系、监督关系、法律关系等等。各种交易关系是在市场主体之间进行的。"市场主体"包括发包方、承包方和为建筑活动服务的中介服务方。交易的对象是市场的客体。建筑市场的客体包括有形商品，如建筑工程、建筑材料、建筑机械、建筑劳务等；也包括无形商品，如各种服务、建筑技术等。

（二）建筑市场的特点

对建筑市场的概念定义，不同于"卖主构成行业，买主则构成市场"的概念。其最主要原因是建筑市场的主要客体建筑工程是一种特殊的商品。这种商品具有固定性、多样性和庞大性的特点；它的生产具有流动性、单件性（一次性）和露天性的特点。这些特点与一般产业市场的交易对象及其生产的特点是相对立的。因此建筑市场便具有与其他产业市场不同的许多特点。

1. 建筑市场交易对象的社会性

建筑市场的交易对象主要是建筑产品，所有的建筑产品都具有社会性，涉及公众利益。例如，建筑产品的位置、施工和使用，影响到城市的规划、环境、人身安全。政府作为公众利益的代表，必须加强对建筑产品的规划、设计、施工、交易和竣工验收管理。

2. 生产与交易活动的统一性

建筑市场的生产活动和交易活动交织在一起，从工程建设的咨询、设计、施工发包与承包，到工程竣工、交付使用和保修，发包方与承包方进行的各种交易（包括生产），都是在建筑市场中进行的，都自始至终共同参与。即使不在施工现场进行的商品混凝土供应、构配件生产、建筑机械租赁等活动，也都是在建筑市场中进行的，往往是发包方、承包方、中介组织都参与活动。交易的统一性使得交易过程长、各方关系处理极为复杂。因此，合同的签订、执行和管理、就显得非常重要。

3. 建筑市场主要交易对象的单件性

建筑产品，具有单件性或一次性。因此，建筑市场交易的主要对象建筑产品不可能批量生产，建筑市场的买方只能通过选择建筑产品的生产单位来完成交易。建筑产品都是各不相同的，都需要单独设计，单独施工。因此无论是咨询、设计还是施工，发包方都只能在建筑产品生产之前，以招标要约等方式向一个或一个以上的承包商提出自己对建筑产品的要求，承包方则以投标的方式提出各自产品的价格，通过承包方之间在价格和其他条件上的竞争，决定建筑产品的生产单位，由双方签订合同确定承发包关系。建筑市场的交易方式的特殊性就在于，交易过程在产品生产之前开始，因此，业主选择的不是产品，而是产品的生产单位。

4. 建筑市场交易价格的特殊性

建筑产品的价值量很大，少则几十万元，多则数十亿元乃至数百亿元。因此交易中价值量的确定与企业节约资金、降低成本和盈利等关系很大。可以采用的计价形式也很多，如单价形式、总价形式、成本加酬金等形式均可选用；可以根据合同的约定作调整，也可以按照工程合同约定不作调整；可以采用预付款按月结算的办法，也可以在竣工后一次结算或分阶段结算。每件产品，都要根据特定的情况，由交易双方协商确定价格和调整方法。

5. 建筑市场交易活动的长期性

一般建筑产品的生产周期需要几个月到几十个月，在这样长的时间里，政府的政策、市场中的材料、设备、人工的价格必然发生变化，同时，还有地质、气候等环境方面的变化影响，因此，工程承包合同必须考虑这些问题，作出进行调整的规定。

6. 建筑市场交易活动的阶段性

建筑市场在不同的阶段具有不同的交易形态。在实施前，它可以是咨询机构提出的可行性研究报告或其他的咨询文件；在勘察设计阶段，可以是勘察报告或设计方案及图纸；在施工阶段，可以是一幢建筑物、一个工业群体；可以是代理机构编制的标底或预算报告；甚至可以是无形的，如咨询单位和监理单位提供的智力劳动。各个阶段的严格管理，是生产合格产品的保证。

7. 建筑市场交易对象的整体性和分部分项工程的相对独立性

建筑产品是一个整体，无论是一个住宅小区、一座配套齐全的工厂或一栋功能完备的大楼，都是一个不可分割的整体，要从整体上考虑布局，设计及施工，都要求有一个高素质的总承包单位进行总体协调。各专业施工队伍分别承担土建、安装、装饰的分包施工与交工。所以建筑产品交易是整体的。但在施工中需要逐个分部分项工程进行验收，评定质量，分期结算，所以交易中分部分项工程有相对独立性。

8. 建筑市场交易活动的不可逆转性

建筑市场交易一旦达成协议，设计、施工等承包单位就必须按照双方约定进行设计和施工，一旦竣工，则不可能退换、不能再加工。所以对工程质量有着严格的要求。设计、施工和建材必须符合国家的规范、标准和规定，特别是隐蔽工程，必须严格检查合格后，方可进入下一道工序施工。

11.2.2　建筑市场需求分析

建筑产品无论是作为生产资料和生活资料，都是人们最基本的消费需要。这种消费需要主要是通过建筑市场和房地产市场得到满足的。因此它形成了对建筑市场的需求。建筑市场的需求有以下特征。

（1）需求有鲜明的个性

由于需求的个性，形成了建筑产品的多样性。作为生活资料，它受人们的喜好差异、教育程度、文化素养、对艺术的鉴赏能力、社会地位、经济收入、使用范围等的不同而呈现个性。作为生产资料，它又受生产技术、使用范围、企业规模、企业组织、盈利水平、发展战略、生产能力等差异影响而呈现个性。

（2）需求具有鲜明的区域性

在建筑产品市场中，由于产品的固定性，不存在物流流通，从而呈现区域性的特点。建筑市场的需求因地区而异。地区内的社会、经济、文化、技术、风俗、风格不同，使建筑产品的需求呈现地区多样性，同一地区的产品造型、规格也日益多样化，需求总量地区差异很大。

（3）需求的间断性

对特定的需求者来说，需求具有一次性，许多建筑产品因此而不能连续需求，产生了需求的间断性。这就使得建筑市场的消费者相对缺乏建筑产品作为商品交换对象的知识和经验，容易导致建筑产品消费需求与消费能力之间的矛盾，客观上容易产生对建筑产品需求满足程度较低、而对建筑产品的需求过热现象，导致需求变化的不稳定性，其波动幅度大于一般市场。

(4) 需求价格弹性小

需求价格弹性是指价格变动一定比率而引起的需求量变动率，表示需求量变动对价格变动的敏感程度。建筑产品的需，表明建筑产品需求价格弹性小于1，表明建筑产品需求量变动幅度小于价格变动幅度，即价格变动幅度大，不会使需求变动幅度相应增大，无论是对建筑产品作为生活资料或生产资料来说，都是如此。

(5) 需求具有相当程度的计划性

这是由于对建筑产品的需求在总体上表现为固定资产投资。固定资产投资规模是有计划进行的。当计划性合理而又可行，符合客观经济规律时，使得建筑市场的需求呈现出稳定、连续发展的局面，有利于充分利用社会资源和提高社会生产力。反之，则可能造成建筑市场需求大起大落，引起供求关系失衡，不利于建筑业和建筑市场发展。提高固定资产投资计划的科学性是使建筑市场总体供求关系保持动态平衡的必要条件之一。

11.2.3 建筑市场供应分析

建筑市场的供应具有以下特征：

1. 供给弹性大

供给弹性是指供给变动率与价格变动率之比，表示供给量变动对价格变动的敏感程度。建筑业是劳动密集型产业，通过增加劳动力数量来扩大生产能力是既简便又适用的途径。中小型企业成立不需要大量资金，不一定要掌握特殊、高难的技术，劳动力转行是很顺利的。建筑产品生产所消耗的材料，大多数属于常用材料，其生产技术和工艺并不复杂，容易扩大生产能力，因此生产能力扩大受原材料的制约不大。这就使得供给量的变动引起的价格变动小，故供给弹性大于1。当然，不同的建筑产品供给弹性不尽相同，建筑产品的规模愈小、技术愈简单，供给弹性愈大。

2. 供给被动地适应需求

一般的市场供给决定需求状况，需求也可以反作用于供给。供给不是被动地适应需求，而是通过不断改进、完善原有产品、并不断开发新产品来主动地适应需求，甚至还能引导消费和需求。故在一般市场中，供求双方基本处于平等地位。但是在建筑市场中，供给者不能像一般商品生产者那样，通过对市场估计、分析、预测，自主决定所生产的产品种类、数量、价格等内容，而主要是由需求者决定的，供给者只能接受订货生产，按需求者要求的产品形式、功能、质量、价格、供货时间等进行生产。在建筑市场中，不仅供给者总体要适应需求者总体，而且供应者个体更要适应需求者个体，这就表现了供给者的严重被动性。因此，供给者生产的计划性、科学性，产品的规划性，都显得较差。建筑市场的供应者必须努力寻求改变这种被动状态的方针和战略。

3. 供给的内容是生产力

一般市场的供给内容是产品，是其使用价值。而在建筑市场中，供给的内容是能生产各种建筑产品的生产能力。决定这一特征的是建筑生产的订货特点。在建筑市场中不会出现由于供过于求而导致的产品过剩或不适销对路的现象。建筑市场中对建筑产品使用价值的需求和供给，在总量上永远是平衡的。建筑市场中供求关系的不平衡，则是由体现需求总量的投资额与体现供给总量的生产能力之间的不平衡来反映。因此，市场机制的调整对象不是具有使用价值的建筑产品，而是生产这种使用价值的生产能力，其调节机制主要是通过由于供求关系变化而产生的价格变化来实现的。建筑市场的这一特征使得供过于求不会造成社会产品资源的浪费。但这一特征并不能避免产生建筑产品生产能力供过于求的现象。如果供过于求，不能充分发挥现有生产能力的作用，同样也是社会劳动资源的浪费，导致建筑生产效率下降和社会总产品的减少，其后果也很严重。因此，应尽可能使建筑生产能力与投资需求之间保持大致平衡、动态平衡。

4. 供给方式多种多样

作为供给方的设计单位和施工单位，向需求者提供的是不同生产阶段的服务，也即不同形态的产品。设计单位除供应设计产品（设计图说）之外，还可提供咨询服务，为需求者监督施工生产过程，甚至还可能与施工单位一起共同向需求者提供最终产品。施工单位既可以在最终向需求者提供最终产品，又可以提供阶段产品或部分产品，既可以多施工单位联合起来向需求者提供产品，还可以与设计单位联合，共同向需求者提供最终产品。这一特征使建筑市场的供求关系比一般市场复杂得多。以哪种方式供给，主动权并不在供给者，大多数情况下都由需求者决定。各种不同的供给方式为需求者提供了多种选择的可能性，客观上为需求与供给的最佳结合创造了条件。

11.2.4 建筑市场供求关系的变化

在研究建筑市场供求关系变化时，应注意以下几点：

1. 宏观市场与微观市场的区别

这里所指的宏观市场，是建筑市场的总体及相应的供求关系；这里所指的微观市场，是指某一特定建筑产品所表现出来的供求关系。在建筑市场总体供求关系基本平衡的条件下，在许多情况下宏观市场和微观市场的变化规律都有所不同。这是因为，建筑产品的供给者不能向市场提供具有使用价值的最终建筑产品与需求者进行交换，而总是先与特定的需求者确定交换关系，再根据特定要求进行生产。在确定这种关系时，竞争很激烈，供给者由需求者选定。因此，在微观建筑市场中，建筑产品的需求者总是处于买方有限垄断的地位。建筑市场也给供应者选择需求者提供了各种机会。供应者是否参与某一特定工程的竞争是他的自由。当然，这种自由是有限度的。一旦供给者决定参与竞争，总希望取胜。所以微观市场的供求关系对需求者有利。建筑市场中的供求关系，以微观市场表现得最为直接，即使在总体供求关系基本平衡的条件下，微观市场的综合作用也会影响宏观市场。当建筑市场的供给者不够成熟，缺乏对宏观市场的了解和意识时，微观市场的这种综合作用表现得更为突出。

2. 总体供求关系对建筑市场类型的影响

总体供求关系失去平衡，建筑市场的类型亦将随之变化。建筑市场的类型如何变化，应分别从供大于求和供小于求两方面分析。

当建筑市场中出现供大于求的情况时，各类建筑产品的市场类型均向对需求者有利的方向发展。大型建筑产品的市场变为买方有限垄断型；中型建筑产品的市场虽然仍为买方不完全竞争型，但其比例增大或买方不完全竞争性加强；小型建筑产品市场则由完全竞争型转变为买方不完全竞争型。从微观市场分析，宏观市场的供大于求，将大大加剧微观市场中供给者之间竞争的激烈程度，使需求者处于相对垄断的地位。

如果建筑市场出现供小于求的状况，各类建筑产品的市场应当向对供给者有利的方向变化，但是否能实现这种变化或市场类型变化如何，则取决于供小于求的程度。当供小于求较为显著时，大型建筑产品市场转变为卖方有限垄断型，中型建筑产品的市场转变为卖方不完全竞争型；小型建筑产品的市场转变为卖方不完全竞争型。宏观市场供小于求的状况降低了微观市场供给者之间竞争的激烈程度，但除了少数具有技术优势的大型建筑企业之外，供给者一般并不能处于相对垄断的地位。当宏观市场供小于求的情况不甚明显时，微观市场的特征与供求关系平衡条件下宏观市场的特征基本一致。

3. 建筑市场的供给弹性与需求或价格变化的关系

建筑市场的供给弹性较大，是针对需求或价格的提高而言，其原因在于建筑业可以通过吸收农业或其他行业非技术劳动力来扩大生产能力。但是如果建筑产品的需求或价格降低，建筑业的剩余劳动力却难以向其他行业转移，要么降低效率，要么失业。在这种情况下，供给弹性就显得较小，至少与需求或价格提高时的供给弹性变化程度有所不同。在建筑市场机制较为完善时，建筑市场供给弹性两个方向的变化不会有很大差异。

但是，当建筑市场机制不够完善时，建筑市场供给弹性的"方向性"就特别明显。这样便使得建筑市场的总体供求关系失去平衡，而且总是处于供大于求的局面，而不会出现供小于求的局面。这将加剧建筑市场供给者间的竞争，形成买方市场。这显然不利于建筑市场的健康发展。建筑市场供给弹性的方向性是经济不发达和市场机制不完善的产物。要想避免这种方向性，应从发展经济和完善市场机制两方面下工夫。

4. 联合承包对供求关系的影响

在供给量一定的情况下，多个供给者的联合承包使建筑生产要素更新组合，并不改变宏观市场供求总量之间的关系，一般也不会改变建筑市场的类型。但在一定程度上扩大了供给者生产能力的平均规模，减少了供给者的数目，降低了微观市场的竞争激烈程度，改变了微观市场的供求关系，削弱了需求者相对垄断的地位，对供给者显然有利。联合承包还加强了不同供给者相互之间的了解，有助于减少供给者在其他场合下单独承包或联合承包的盲目性，有利于对宏观市场的了解和在微观市场中决定自己的竞争策略，有可能使微观市场的供求关系与宏观市场的供求关系在一定程度上趋于一致。联合承包在建筑市场供给者生产能力平均规模较小时应用较多。反之则应用较少。是否进行联合承包，在大多数情况下由供给者自己决定，服从于竞争的需要。

11.3 营销策略与工程任务的获取

11.3.1 市场营销组合策略

企业在正确的市场营销管理哲学指导下开展市场营销活动的一个重要步骤，就是制定切实可行的市场营销组合策略。市场营销组合策略是企业经营战略的延伸和具体化。

（一）目标市场及其策略

所谓目标市场，是指企业进行市场细分之后，拟选定进入并为之服务的市场或市场面。这个目标市场由有相似需要的购买者群体所组成。市场细分化是一种把一个市场划分成不同购买者群体的行为，这些购买者群体可能值得为其提供独立的产品和/或营销组合。每一个细分市场都是由具有类似需求倾向的购买者构成的群体。因此，分属不同的细分市场的顾客对同一产品的需要与欲望存在着明显差别，而属同一细分市场的顾客对同一产品的需要与欲望存在着相似性，并且对相同的市场营销组合具有极为相似的反应。

有效的细分市场应具有如下的特点：该细分市场是可衡量的。即该细分市场的购买力和规模大小能被衡量，且有明确的个性特征，有相似的消费需求和购买行为；该细分市场具有一定的规模范围，能够适应企业扩大发展的要求；该细分市场是企业有能力占领的，即在该细分市场上，企业能发挥自己的长处，且在财力、物力、人力、技术等方面都有能力去占领的；该细分市场是对企业有利可图的，就是企业的有效的市场营销策略的实施，在该细分市场上能够获得的利润和好处要比其他市场更加优越。

在评估各种不同的细分市场时，企业必须考虑三个因素，即细分市场的规模和发展、细分市场结构的吸引力、公司的目标和资源。企业在市场细分的基础上，可以选择最为有利的目标市场，制定自己的目标市场策略。企业选择目标市场策略一般有下面三种：

1. 无差异市场策略

实行无差异市场策略，就是把整体市场看作一个大的同质的目标市场，不考虑顾客实际存在的差异，只以单一的产品、单一的花色品种投向整个市场，并在这一目标市场上只运用单一的市场营销组合，力求适合尽可能多的顾客的需求。如专业性建筑企业，主要从事基础工程、安装、装修、土建施工等专业领域，力求做好自己的主业。

2. 差异性市场策略

差异性市场策略是指企业把大的市场分成若干细分市场，根据自己的条件，同时为两个或两个以上的细分市场服务，设计不同的产品，并在销售渠道、促销和订价等方面都加以相应的变化，以不同的营销组合去满足各个细分市场的需要。

3. 密集性市场策略

密集性市场策略又称集中化市场策略，是指企业把自己的力量集中在某一个或几个细分市场上，实行专业化生产或销售，使企业在这些细分市场上有较大的市场占有率，以替代在较大市场上的较小的市场占有率。

选择目标市场作为企业的一种营销策略，具有长期性的特点。因此，选择市场策略是很重要的，不能随心所欲，而要考虑到企业本身的特点及产品和市场的状况。企业在选择市场策略时须考虑以下因素：

● 企业实力。如果企业有足够的相对优势，在人、财、物等方面基础比较雄厚，可以选择差异性市场策略或无差异市场策略，若企业实力不足，则应采用密集性市场策略。

● 产品的特性。产品性质相近，使用面广的通用产品，宜采用无差异性市场策略，对差异性大的产品，应采用差异性市场策略或密集性市场策略。

● 市场的特性。凡消费者或顾客的需求比较接近，购买量很大，购买动机和行为没有多大差异的市场，可采用无差异市场策略；否则，则宜于选择差异性或密集性市场策略。

● 产品所处的生命周期阶段。产品处于引入期和成长期时，竞争者少，宜采用无差异市场策略，以进一步探测市场需求和潜在需求。当产品进入成熟期时，宜采用差异性市场策略，以开拓新市场。产品进入衰退期，则应采取密集性市场策略，集中于最有利的细分市场，以延长产品的寿命周期。

（二）市场营销组合

市场营销组合，即企业为了满足目标市场的需要而采用的可控制的基本因素的组合。尤金·麦卡锡（Eugene J. McCauthy）把这些因素概括为四个变量"4Ps"，即：（1）产品

(Product)；(2) 价格 (Price)；(3) 销售渠道 (Place)；(4) 促销 (Promotion)。这样，企业的市场营销组合策略可以用下面的函数表示：

$$S_{ij} = \varphi(P_{ij}^1, P_{ij}^2, P_{ij}^3, P_{ij}^4) \tag{11-1}$$

式中　S_{ij}——第 j 个目标市场的第 i 种市场营销组合；

　　　P_{ij}^1——第 j 个目标市场的第 i 种市场营销组合的产品策略；

　　　P_{ij}^2——第 j 个目标市场的第 i 种市场营销组合的价格策略；

　　　P_{ij}^3——第 j 个目标市场的第 i 种市场营销组合的渠道策略；

　　　P_{ij}^4——第 j 个目标市场的第 i 种市场营销组合的促销策略。

菲利普·科特勒（Philip Kotler）的整体市场营销理论认为：在实行贸易保护的条件下，企业的市场营销战略，除了"4Ps"之外，还必须加上两个"P"，即政治力量（Political Power）和公共关系（Public Relation）。

1981 年布姆斯和比特纳（Booms and Bitner）建议在传统市场营销理论 4Ps 的基础上增加三个"服务性的 P"，即：人（People）、过程（Process）、物质环境（Physical Evidence）三个要素，构成了服务营销理论的 7Ps 组合。

罗伯特·劳特伯恩提出了与代表销售者观点的"4Ps"相应的顾客"4Cs"：即顾客需要与欲望（Customer needs and wants）；对顾客的成本（Cost to the customer）；便利（Convenience）；沟通（Communication）。因此，想获胜的公司必须经济方便地满足顾客需要，同时和顾客保持有效的沟通。

11.3.2　工程任务获取的方式与途径

（一）招揽工程工作的目标

招揽工程工作是施工企业（承包企业）的基本任务。如果一个企业揽不到承包对象，业务就停顿了。因此，施工企业必须揽到一定数量的工程任务才能保持适当的营业量水平。

招揽工程工作的目标是为了保持适当的营业量水平。它可能是下降的趋势，可能是维持现状，也可能是根据企业的长远目标，随时有上升的要求。如果把招揽工程的目标仅仅看成是维持企业现有职工的职业，或者看成是谋求最大利润，那就不全面了。

招揽工程的工作，可以视为施工企业实际揽到的工程项目及招揽工作采用的各种方式或手段。招揽工程要受到施工企业的时间与经济条件的约束。也就是说，它不可能花费很多资金去进行这项工作，使揽到的工程得不偿失。

（二）招揽工程的方式

采用什么方式去招揽工程，是施工企业必须认真对待的一个问题。是安排一个人（或几个人）负责还是一个职能部门负责，视其企业的规模和市场竞争的激烈程度而定，企业规模大，市场竞争激烈，招揽工程的工作可由一个部门去经办。他们的专职工作就是为企业招揽生意。

在施工企业中，无论是谁承担招揽工程的工作，其采用的方式基本相同，主要有：

1. 广告宣传。如采用样板工程广告、科技成果广告、多种经营的商品或劳务服务广告、印刷公司情况介绍、绘制公司标志等。

2. 个人接洽或组织派人联系。这种方式是一种广泛而有效的方式，特别是对小型工程更为适宜。建设单位与施工企业采取协商办法建立的合同，大部分是通过个人或组织联系达成的。

3. 通过建设单位的招标广告发现招揽目标，这是很普遍的方式。一般来说，当工程的规划、设计及财务预算完成后，并领取了建造许可证，建设单位就进行登报或电视招标发包。

4. 公共联系。即指通过与政府有关部门（如发改委、建委、建行等单位）、科研设计单位、上级主管单位、行业协会、城市综合开发公司等单位联系获得招揽工程的信息或推荐和介绍等方式。

实践证明，企业获得任务最根本的条件是企业本身的信誉，这种信誉是靠企业素质所形成的实力和经营成绩而建立起来的。同时，注意发展和搞好用户关系也是很重要的，但不能采取违反政策和法律的经营手段。

（三）工程招投标的形式与要求

《招标投标法》规定，招标分公开招标和邀请招标两种方式。

世界银行贷款项目中的工程和货物的采购，可以采用国际竞争性招标、有限国际招标、国内竞争性招标、询价采购、直接签订合同、自营工程等采购方式。其中国际竞争性招标和国内竞争性招标都属于公开招标，而有效国际招标则相当于邀请招标。

1. 公开招标

公开招标又称无限竞争性招标，招标人在公共媒体上发布招标公告，提出招标项目和要求，符合一定条件的一切法人或者组织都可以参加投标竞争，都有同等竞争的机会。按规定应该招标的建设工程项目，一般应采用公开招标方式。

公开招标的优点是招标人有较大的选择范围，可在众多的投标人中选择报价合理、工期较短、技术可靠、资信良好的中标人。但是公开招标的资格审查和评标的工作量比较大，耗时长、费用高，且有可能因资格预审把关不严导致鱼目混珠的现象发生。

2. 邀请招标

邀请招标亦称有限竞争性招标，招标人事先经过考察和筛选，将投标邀请书发给某些特定的法人或者组织，邀请其参加投标。

为了保护公共利益，避免邀请招标方式被滥用，各个国家和世界银行等金融组织都有相关规定：按规定应该招标的建设工程项目，一般应采用公开招标，如果要采用邀请招标，需经过批准。

对于有些特殊项目，采用邀请招标方式确实更加有利。根据我国的有关规定，有下列情况之一的，经批准可以进行邀请招标：

（1）项目技术复杂或有特殊要求，只有少量几家潜在投标人可供选择的；

（2）受自然地域环境限制的；

（3）涉及国际安全、国家机密或者抢险救灾，适宜招标但不宜公开招标的；

（4）拟公开招标的费用与项目的价值相比，不值得的；

（5）法律、法规规定不宜公开招标的。

招标人采用邀请招标的方式，应当向三个以上具备承担招标项目的能力、资信良好的特定的法人或者其他组织发出投标邀请书。

11.3.3 工程招标投标的实施

（一）工程招投标的程序

建设工程招投标程序一般分为3个阶段：①招标准备阶段，从办理招标申请开始，到发出招标广告或邀请招标函为止的时间段；②招标阶段，也是投标人的投标阶段，从发布招标广告之日起到投标截止之日的时间段；③决标成交阶段，从开标之日起，到与中标人签订合同为止的时间段。

我国建设工程公开招标程序如图11-1所示。

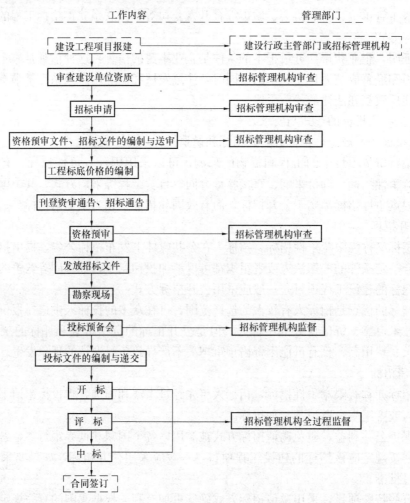

图11-1 建设工程公开招标程序

（二）资格预审

招标人可以根据招标项目本身的特点和要求，要求投标申请人提供相关资质、业绩和能力等的证明，并对投标申请人进行资格审查。资格审查分为资格预审和资格后审。

资格预审是指招标人在招标开始之前或者开始之初，由招标人对申请参加投标的潜在投标人进行资质条件、业绩、信誉、技术、资金等多方面的情况进行资格审查。经认定合格的潜在投标人才可以参加投标。

通过资格预审可以使招标人了解潜在投标人的资信情况，包括财务状况、技术能力以及以往从事类似工程的施工经验，从而选择优秀的潜在投标人参加投标，降低合同授予不合格的投标人的风险；通过资格预审，可以淘汰不合格的潜在投标人，从而有效地控制投标人的数量，减少多余的投标，进而减少评审阶段的工作时间，减少评审费用，也为不合格的潜在投标人节约投标的无效成本；通过资格预审，招标人可以了解投标人对项目投标的兴趣。如果潜在投标人的兴趣大大低于招标人的预料，招标人可以修改招标条款，以吸引更多的投标人参加竞争。

资格预审是一个重要的过程，要有比较严谨的执行程序，一般可以参考以下程序：

（1）由业主自行或者委托咨询公司编制资格预审文件。主要内容包括：工程项目简介，对潜在投标人的要求，各种附表等。

（2）在国内外有关媒体上发布资格预审广告，邀请有意参加工程投标的单位申请资格审查。

（3）在指定的时间、地点开始出售资格预审文件，并同时公布对资格预审文件答疑的具体时间。

（4）投标意向者对于资格预审文件有疑问的，以书面形式将问题提交业主，业主以书面形式回答。对于任何一个投标意向者问题的答复，均要求同时通知所有购买资格预审文件的投标意向者。

（5）投标意向者在规定的截止日期之前报送资格预审文件。

（6）由业主组织资格预审评审委员会，对资格预审文件进行评审，并将评审结果及时以书面形式通知所有参加资格预审的投标意向者。

（三）投标文件的编制

投标文件是投标活动的一个书面成果，它是投标人能否通过评标、决标而签订合同的依据。因此，投标人应对投标文件的编制给予高度的重视。

最终确定报价后，便可编写投标文件。编制投标文件也称填写投标书，或编制报价书。投标文件的编写要完全符合招标文件的要求，一般不带任何附加条件，否则会导致废标。

1. 投标文件的内容

投标文件一般包括以下七个方面的内容：

（1）投标书。其中，投标书、投标书情况汇总表、密封签必须有法人单位公章、法定代表人或其委托代理人的印鉴。

（2）投标保证书。

（3）报价表。因合同类型而异，单价合同一般将各类单价列在工程量表上。有时业主要求提供单价分析，则需按招标文件规定将主要的或全部单价均附上单价分析表。

（4）施工规划。包括各种施工方案、施工进度计划表或资源安排直方图。

（5）施工组织机构表、主要工程管理人员人选及其简历。

（6）如欲将部分项目分包给其他承包商，则须将分包商情况写入投标文件。

（7）其他必要的附件和资料，如投标保函，承包商营业执照，承包商投标全权代表的委托书及姓名、地址，能确认投标者财务状况的银行或其他金融机构的名称和地址等。

2. 编制投标文件的准备工作

在投标文件正式编制前，投标人首先应组织投标班子，确定人员的分工。仔细阅读招标文件中的投标须知、投标书及附表、工程量清单、技术规范等部分。发现需业主解释澄清的问题，应组织讨论。需要提交业主组织的标前会的问题，应书面寄交业主。标前会后发现的问题应随时函告业主。来往信函应编号存档备查。投标人应根据图纸审核工程量清单中分项、分部工程的内容和数量。发现错误，应在招标文件规定的期限内向业主提出。此外，还需注意收集现行定额、综合单价、取费标准、市场价格信息和各类有关标准图集，并熟悉政策性调价文件。

3. 编制投标文件的注意事项

（1）投标文件必须采用招标文件规定的文件表格格式。填写表格应符合招标文件的要求，否则在评标时就被认为放弃此项要求。重要的项目和数字，如质量等级、价格、工期等如未填写，将作为无效或作废的投标文件处理。

（2）投标文件应打印清楚、整洁、美观。所有投标文件均应由投标人的法定代表人签署，加盖印章以及法人单位公章。

（3）应核对报价数据，消除计算错误。各分项、分部工程的报价及单方造价、全员劳动生产率、单位工程一般用料、用工指标、人工费和材料费等的比例是否正常等，应根据现有指标和企业内部数据进行宏观审核，防止出现大的错误和漏项。

（4）如招标文件规定投标保证金为合同总价的某一百分比时，投标人不宜过早开具投标保函，以防止泄露自己一方的报价。

（5）投标文件必须严格按照招标文件的规定编写，切勿对招标文件要求进行修改或提出保留意见。如果投标人发现招标文件确有不少问题，应将问题归纳为以下三类，区别对待处理：

对投标人有利的，可以在投标时加以利用或在以后提出索赔要求，这类问题投标者在投标时一般不提。

发现的错误明显对投标人不利的，如总价包干合同工程项目漏项或工程量偏少的，这类问题投标人应及时向业主提出质疑，要求业主更正。

投标者企图通过修改招标文件的某些条款或希望补充某些规定，以使自己在合同实施时能处于主动地位的问题。在准备投标文件时，以上问题应单独写成一份备忘录摘要。但这份备忘录摘要不能附在投标文件中提交，只能自己保存，留待合同谈判时使用。这就是说，当招标人对该投标书感兴趣、邀请投标人谈判时，投标人再根据当时的情况，把这些问题一个一个地拿出来谈判，并将谈判结果写入合同协议书的备忘录中。

（四）投标策略

投标策略研究的实质是在保证质量与工期的前提下，寻求一个好的报价。承包商为了中标并获得期望的效益，在投标程序的全过程中几乎都要研究投标报价的技巧问题。

如果以投标程序中的"开标"为界，可将投标的策略分为两个阶段，即开标前的投标策略和开标至订立合同前一阶段的投标策略。

1. 开标前的投标技巧

（1）价格重分配（或不平衡报价）策略

价格重分配策略原则上适用于一切分期付款工程合同，但对单价合同最有效。单价合同中工程量清单的计价细目单价只要在合理的范围内，通常不会影响评标。单价重分配是对常规报价的优化，其实质是在保持总报价不变的前提下，通过提高工程量清单中一些计价细目的综合单价、降低另外一些细目的单价来使所获工程款收益现值由于价格改变而增大，目的是"早收钱"或"快收钱"，即赚取由于工程量改变而引起的额外收入，改善工程项目的资金流动，赚取由通货膨胀引起的额外收入。

"单价重分配"的原则一般有以下几条：
- 固定项目宁低勿高。
- 先期开工的项目（如开办费、土方、基础等隐蔽工程）的单价报高价，后期开工的项目如高速公路的路面、交通设施、绿化等附属设施的单价报低价。
- 经过核算工程量，估计以后工程量会增加的项目的单价报高价，工程量会减少的项目的单价报低价。
- 图纸不明确或有错误的、估计今后会修改的项目的单价报高价，估计今后会取消的项目的单价报低价。
- 没有工程量，只填单价的项目（如土方工程中挖淤泥、岩石、土方超运备用单价）的单价报高价。
- 对于暂定金额项目，分析其由承包商做的可能性大时，其单价报高价，反之，报低价。
- 对于允许价格调整的工程项目，当利率低于通胀率时，则后期施工的工程细目的单价报高价，反之，报低价。

需要注意的是：不平衡报价要适度，一般浮动不要超过10%；对"钢筋"、"混凝土"等常规项目最好不要提高单价；如果业主要求提供"工程预算书"，则应使工程量清单综合单价与预算书一致；统一标段中工程内容完全一样的计价细目的综合单价要一致，整个工程所用的工料机单价也要一致。

(2) 零星用工（计日工）

零星用工一般可稍高于项目单价表中的工资单价。原因是零星用工不属于承包总价的范围，发生时实报实销，可多获利。

(3) 多方案报价法

多方案报价法是在招标人容许有多个方案选择时采用的方法，通常分为财务性方案（如工期）和技术性方案。投标单位在研究招标文件和进行现场勘察过程中，如果发现有设计不合理并且可以改进之处，或者可以利用某种新技术使造价降低，除了完全按照招标文件要求提出基本报价之外，可另附一个建议方案用于选择性报价。选择性报价应附有详细的价款分析表，否则可能被拒收。另外选择性报价还应附有全面评标所需的一切资料，包括对招标文件所提出的修改建议、设计计算书、技术规范、价款细目、施工方案细节和其他有关细节。

投标人应注意，业主只考虑那些在基本报价之下的选择性报价，亦即选择性报价应低于基本报价。当投标人采取多方案报价时，必须在所提交的每一份文件上都标明"基本报价"或"选择性报价"字样，以免造成废标。在选择性报价方案中明确，如果采用此方案，工期会提前、质量会提高、造价可降低多少等，这将会对业主产生极大的吸引力，有利于本单位中标。而对投标单位来说，虽然降低了报价，但实际成本也降低了，而成本降低幅度可能要大于报价降低幅度（如选择性报价方案中由于采用某种新技术使报价降低了2%，但实际成本可能降低了3%），这样，投标单位既有可能顺利中标，又仍然有利可图。此外，如果可能的话，投标人还可以趁机修改合同中不利于投标人的条款。

(4) 开口升降报价法

这种方法是把投标看成是取得议标资格的步骤，并不是真的降低报价，只是在详细研究招标文件的基础上，将其中的疑难问题（如有特殊技术要求或造价较高）找出，作为活口，暂不计入报价，只在报价单中适当加以注释，这样其余部分报的总价就会很低，甚至低到其他投标人无法与之竞争的程度（有时称"开口价"），以此来吸引业主，从而取得与之议标的机会。在与业主议标的过程中，投标人利用自己丰富的施工经验对"活口部分"提出一系列具有远见卓识的方案和相应报价，既赢得了业主的信任，又提高了自己的报价并且获得了工程的承包权。

投标人拟采用开口报价时，一定要注意招标文件是否允许这种做法。招标文件如果明确规定了疑难问题的澄清办法或合同明确要求必须按给出的格式报价，这种办法就不能使用。

（5）突然袭击法

投标竞争激烈，为迷惑对方，可有意泄露一点假情报，如不打算参加投标，或准备投高报价标，却在投标截止之前几个小时突然前往投标，并压低标底，从而使对手措手不及而败北。

（6）低投标价夺标法

这是一种非常手段。如为减少企业大量窝工造成的亏损，或为打入某一市场，或为挤走竞争对手保住自己的地盘，可以制定亏损标，力争夺标。但若企业无经济实力，信誉又不佳，此法不一定奏效。

（7）联保法

若一家企业实力不足，可联合其他企业分别进行投标。无论哪一家中标，都联合进行施工。

2. 开标后的谈判技巧

招标人通过公开开标这一程序可以得知众多投标人的报价，但低报价并不一定中标，需要综合各方面的因素反复考虑，并经过议标谈判，方能确定中标者。所以，开标只是选定中标候选人，而非确定中标者。投标人可以利用议标谈判施展竞争手段，从而变原投标书中的不利因素为有利因素，以增加中标的机会。

议标谈判又称评标答辩。谈判的内容主要是：其一，技术谈判，业主从中了解投标人的技术水平、控制质量及工期的保证措施、特殊情况下采用何种紧急措施等。其二，业主要求投标人在价格及其他问题上（如自由外汇的比例、付款期限、贷款利率等）作出让步。可见，这种议标谈判中，业主处于主动地位。正因为如此，有的业主将中标后的合同谈判一并进行。

议标谈判的方式通常是选2～3家条件较优者进行磋商，由招标人分别向他们发出议标谈判的书面通知，各中标候选人分别与招标人进行磋商。

从招标的原则来看，投标人在投标有效期内是不能修改其报价的，但是，某些议标谈判对报价的修改例外。

议标谈判中的投标技巧主要有：

（1）降低投标报价

投标价格不是中标的惟一因素，但却是中标的关键因素。在议标中，投标人适时提出降价要求是议标的主要手段。需要注意的是：其一，要摸清招标人的意图，在得到招标人希望降价的暗示后，再提出降价的要求。因为，有些国家关于招标的法规中规定，已投出的投标书不得作出任何改动，否则，投标即为无效。其二，降价幅度要适当，不得损害投标人自己的利益。

降低投标价格可以从以下三方面入手，即降低投标利润、降低经营管理费和设定降价系数。投标利润的确定，既要围绕争取最大未来收益这个目标而订立，又要考虑中标率和竞争人数因素的影响。通常，投标人准备两个价格，既准备了应付一般情况的适中价格，又准备了应付竞争条件下的特殊环境的替代价格，即通过调整报价利润所得出的总报价。两个价格中，后者可以低于前者，也可以高于前者。经营管理费，应作为间接成本进行计算，为了竞争的需要，也可适当降低这部分费用。降低系数，是指投标人在投标报价时，预先考虑一个可能降价的系数。如果开标后需要降价应对竞争，就可以参照这个系数进行降价；如果竞争局面对投标人有利，则不必降价。

（2）补充投标优惠条件

除中标的关键性因素价格外，在议标谈判中，还可以考虑其他许多重要因素，如缩短工期、提高质量、降低支付条件要求、提出新技术和新设计方案（局部的），以及提供补充物资和设备等，以优惠条件争取招标人的赞许，争取中标。

（五）评标

评标的目的是根据招标文件确定的标准和方法，对每个投标人的标书进行评价比较，以选出最优评标价的投标人。

评标分为评标准备、初步评审、详细评审、编写评标报告等过程。

初步评审主要是进行符合性审查，即重点审查投标书是否实质上响应了招标文件的要求。审查的内容包括：投标资格审查、投标文件完整性审查、投标担保的有效性、与招标文件是否有显著的差异和保留等。如果投标文件实质上不响应招标文件的要求，将作无效标处理，不必进行下一阶段的评审。另外还要对报价计算的正确性进行审查，如果计算有误，通常的处理方法是：大小写不一致的以大写为准；单价与数量的乘积之和与所报的总价不一致的应以单价为准；标书正本和副本不一致的，则以正本为准。这些修改一般应由投标人代表签字确认。

详细评审是评标的核心，是对标书进行实质性审查，包括技术评审和商务评审。技术评审主要是对投标书的技术方案、技术措施、技术手段、技术装备、人员配备、组织结构、进度计划等的先进性、合理性、可靠性、安全性、经济性等进行分析评价。商务评审主要是对投标书的报价高低、报价构成、计价方式、计算方法、支付条件、取费标准、价格调整、税费、保险及优惠条件等进行评审。

评标方法可以采用评议法、综合评分法或评标价法，可根据不同的招标内容选择确定相应的方法。

根据《招标投标法》第三十七条规定，评标应由招标人依法组建的评标委员会负责。对于依法必须进行招标的项目，评标委员会由招标人代表和有关技术、经济等方面的专家组成，成员人数为5人以上单数，其中技术、经济等方面的专家不得少于成员总数的三分之二。评委会专家由招标人从国务院有关部门提供的专家名册或代理机构专家库内选择，一般招标项目可采取随机抽取方式，特殊项目由招标人直接确定。

评标结束应该推荐中标候选人。评标委员会推荐的中标候选人应当限定在1~3人，并标明排列顺序。

11.4 市场预测分类与技术方法

市场预测是在对影响市场供求变化的诸因素进行调查研究的基础上，运用科学的方法，对未来市场商品供应和需求的发展趋势以及有关的各种因素的变化，进行分析、估计和判断。预测的目的在于最大限度地减少不确定性对预测对象的影响，为科学决策提供依据。

11.4.1 市场预测的类型

市场预测实质上是对市场商品需求量与销售量的预测，或者说是对商品生产量或商品资源量的预测。预测总是具体的，表现为采用一定的预测方法对特定商品在一定时间内与一定地域范围内需求量与销售量的预测，或者是对相关供需指标与效益指标的预测。据此，市场预测可从方法、对象、时间、空间等多个角度进行分类。

（一）按预测活动的空间范围分类

1. 宏观市场预测

宏观市场预测是全国性市场预测。它同宏观经济预测，即对整个国民经济总量和整个社会经济活动发展前景与趋势的预测相联系。为了对全国性市场的需求量和销售量作出科学预测，从而为企业的发展提供宏观经济指导，或者为了依据宏观经济发展指标对企业或地区市场的经营预测提供基础性资料，宏观经济预测是必不可少的。宏观经济预测提供的预测值有：国民生产总值及其增长率、国内生产总值及其增长率、人均国民收入及其增长率、物价总水平和商品零售总额、工资水平和劳动就业率、投资规模及其增长率、积累和消费结构、产业结构、国际收支的变化等。宏观经济预测还包括世界范围的市场动态、商品结构、进出口贸易行情、国际金融市场对国际贸易的影响趋势等。宏观市场预测的直接目标是商品的全国性市场容量及其趋势变化，商品的国际市场份额及其变化，相关的效益指标及各项经济因素对它的影响。

2. 微观市场预测

微观市场预测以一个企业产品的市场需求量、销售量、市场占有率、价格变化趋势、成本与诸效益指标为其主要预测目标，同时与相关的其他经济指标的预测密不可分。

（二）按预测对象的商品层次分类

1. 单项商品预测

这是对某种具体商品的市场状态与趋势的预测，例如，粮食市场预测、棉花市场预测、食用油市场预测、钢材市场预测、汽车市场预测等。单项商品预测仍需分解和具体化，包括对各单项商品中不同品牌、规格、质量、价格的商品需求量与销售量，以及效益指标等进行具体的预测。

2. 同类商品预测

这是对同类商品的市场需求量或销售量的预测。大的类别有生产资料类预测与生活资料类预测。每一类别又可分为较小的类别层次，如生活资料类预测可分为食品类、衣着类、日用品类、家电类等。按不同的用途与等级，上述各类生活资料还可分为更具体的类别层次，如家电类可分为电视类、音响类、冰箱类、微波炉类等。

3. 目标市场预测

按不同消费者与消费者群的需要划分目标市场，是市场营销策略与经营决策的重要依据。目标市场预测可分为中老年市场预测、青年市场预测、儿童市场预测、男性市场预测、妇女市场预测等。

4. 市场供求总量预测

市场供求总量可以是商品的总量，也可用货币单位表示商品总额。市场供求总量预测包括市场总的商品需求量预测与总的商品资源量预测，也可以表示为市场总的商品销售额预测。

（三）按预测期限的时间长短分类

市场预测是对未来某一段时间内市场的状态与趋势作出的判断与估计，由于预测对象与预测目的不同，对预测期限的长短要求也存在差异。具体可分为：

（1）近期预测：一般指一年以内，以周、旬、月、季为时间单位的市场预测。
（2）短期预测：通常指预测期为 1～2 年以内的市场预测。
（3）中期预测：一般指预测期为 2～5 年的市场预测。
（4）长期预测：通常指预测期为 5 年以上的市场预测。

一般来说，预测期越长，预测结果的准确度越低。由于企业面对瞬息万变的市场，为降低经营风险，力图使市场预测值尽可能精确，故多侧重于近期或短期预测。不过，在企业制定中长期发展规划时，或对重大项目做可行性研究时，又不能不做好中长期预测。还需指出，考虑到技术开发与产品开发的周期相对较长，技术寿命周期也较长，企业在做技术预测时，近期、短期、中期、长期的时间周期应较上述时间为长，短期为 1～5 年，中期为 5～15 年，长期为 15～50 年。

（四）按预测方法的不同性质分类

1. 定性市场预测

定性市场预测是根据一定的经济理论与实际经验，对市场未来的状态与趋势作出的综合判断。例如，根据产品生命周期理论，对产品在预测期内处于新生期、成长期、成熟期抑或衰退期作出的判断，就是一种定性预测。定性预测是基于事实与经验的分析判断，它无需依据系统的历史数据建立数学模型。

2. 定量市场预测

定量市场预测是基于一定的经济理论与系统的历史数据，建立相应的数学模型，对市场的未来状态与趋势作出定量的描述，对各项预测指标提供量化的预测值。定量预测通常包含点值预测与区间值预测。

在实际预测工作中，尽可能将定性预测与定量预测相结合，以提高预测值的准确度与可信度。

11.4.2 市场预测技术

市场预测的方法很多，由粗略的估计，到比较精确的预测，有定性分析方法，也有定量分析方法。这些方法各有特点，互有短长，也都有一定的适用场合，应用时应根据企业本身的具体条件、已经掌握的信息资料以及对预测所要求的准确度等来加以选择。

1. 个人判断法

个人判断法是凭借个人的知识、经验和综合分析能力，对预测对象未来发展变化趋势作出的推断。这种方法简便易行,能迅速得到预测结果,但有一定的片面性,且易受当时环境气氛的影响。实践中常和其他预测方法结合使用。

2. 专家会议法

专家会议法又称专家意见法。它是根据预测的目的和要求,向有关专家提供一定的背景资料,通过会议的形式对某一经济现象及其发展趋势进行推断。这种方法简便易行,占有的信息资料和考虑的影响因素较多,可以充分发挥集体智慧的作用,弥补个人知识和经验的不足。但受专家个性和心理因素或其他专家的意见的影响或左右,同时受参加人数和讨论时间的限制,会影响预测的科学性和准确性,为此要注意专家的选择和操作技巧。

3. 德尔菲法

德尔菲法的基本过程是:先由各个专家对所预测事物的未来发展趋势独立提出自己的估计和假设,经公司分析人员(调查主持者)审查、修改、提出意见,再回到各位专家手中,这时专家们根据综合的预测结果,参考他人意见修改自己的预测,再开始下一轮估计。如此往复,直到对未来的预测基本满意为止。

这种方法进行预测的准确性,主要取决于专家的专业知识和与此相关的科学知识基础,以及专家对市场变化情况的洞悉程度,因此依靠的专家必须具备较高的水平。

4. 市场试验法

企业收集到的各种意见的价值,不管是购买者、销售人员的意见,还是专家的意见,都取决于获得各种意见的成本、意见可行性和可靠性。在这种情况下,就需要利用市场试验这种预测方法。

5. 时间序列分析

在时间序列模型中,自变量就是观察值的时间序列 X_1, X_2, ……, X_t,因变量为预测值 Y_t,其一般模型为:

$$Y_t = f(X_1, X_2, \cdots\cdots, X_t) \tag{11-2}$$

(1) 简单平均数法

$$\overline{X} = \frac{X_1 + X_2 + \cdots + X_n}{N} = \frac{\sum X}{N} \tag{11-3}$$

式中　　$\overline{X}$——预测销售量;

X_1、X_2、…、X_n——各时期(年、季、月)销售量;

N——时期数。

(2) 加权移动平均法

加权移动平均数=资料期各期销售量×各期的权数÷各期的权数之和。即:

$$\overline{X} = \frac{\sum f_i X_i}{\sum f_i} \tag{11-4}$$

其中,f_i——权数。

(3) 指数平滑法

假设有无穷时间序列 X_1, X_2, ……, X_t, ……,它的加权平均数为:

$$\overline{X} = \alpha_0 X_t + \alpha_1 X_{t-1} + \alpha_2 X_{t-2} + \cdots\cdots + \alpha_i X_{t-i} + \cdots\cdots$$

其中:

$$1 \geqslant \alpha_i \geqslant 0 \quad i = 0, 1, 2, \cdots\cdots \tag{11-5}$$

且 $\sum \alpha_i = 1$

如果令： $\alpha_i = \alpha(1-\alpha)^i$，$i = 0, 1, 2 \cdots\cdots$ (11-6)

且 $0 < \alpha < 1$

则 $\sum_{i=0}^{\infty} \alpha_i = \sum_{t=0}^{\infty} \alpha(1-\alpha)^i = \alpha + \alpha(1-\alpha) + \alpha(1-\alpha)^2 + \cdots\cdots = 1$ (11-7)

故而可用这样的 α_i 作为权数，对整个时间序列进行加权平均。由于 α_i 具有指数的形式，所以叫做指数加权平均数法或指数平滑法。一次指数平滑法的基本算式为：

$$Y_t = \alpha X_t + \alpha(1-\alpha)X_{t-1} + \alpha(1-\alpha)^2 X_{t-2} + \cdots\cdots$$
$$= \alpha X_t + (1-\alpha)Y_{t-1} \tag{11-8}$$

式中 Y_t 为在 t 时刻的指数平滑值，即在 t 时刻作出的对 $t+1$ 时刻的预测值；

Y_{t-1} 为 $t-1$ 时刻作出的对 t 时刻的预测值；

X_t 为 t 时刻实际值；

α 为加权因子或平滑系数，取值范围为 $0 < \alpha < 1$。

【**例 11-1**】 某公司前几年的销售统计资料如表 11-1 所示。设 $\alpha = 0.1$，$Y_{1999} = 40$ 千万元，用一次指数平滑法求出 2006 年的销售预测值。

实际年销售量（单位：千万元）　　　　　　　　　　表 11-1

年份	2000	2001	2002	2003	2004	2005
实际销量	44	50	45	60	55	70

【**解**】 $\alpha = 0.1$，$Y_{1999} = 40$，

$Y_{2000} = \alpha X_{2000} + (1-\alpha) \cdot Y_{1999}$
$= 0.1 \times 44 + (1-0.1) \times 40 = 40.40$

$Y_{2001} = \alpha X_{2001} + (1-\alpha) \cdot Y_{2000}$
$= 0.1 \times 50 + (1-0.1) \times 40.4 = 41.36$

由此类推，则得 2006 年的预测值 Y_{2005} 为：

$Y_{2005} = 0.1 \times 70 + (1-0.9) \times 44.7 = 47.23$

也就是该公司 2006 年的预测销售量约为 47。

6. 回归分析法

回归分析是一种数据统计方法，是建立在大量实际数据基础上，寻求随机性现象的统计规律的一种方法。通过对预测对象的数据分析，可以找出变量之间的相互依存关系，这种关系叫相关关系。回归分析划分为一元回归、二元回归、多元回归、线性回归和非线性回归等分析方法。

一元线性回归公式为：

$$y = a + bx \tag{11-9}$$

式中 y——因变量；

x——自变量；

a——系数（截距）；

b——回归系数。

x 与 y 的变化关系，将在回归系数的制约下呈现出规律性的变化。

依据最小二乘法，可以推倒出系数 a，b 的估计值：
$$\hat{a} = \bar{y} - b\bar{x}$$

$$\hat{b} = \frac{\sum x_i y_i - \bar{x}\sum y_i}{\sum x_i^2 - \bar{x}\sum x_i} = \frac{\sum(x_i - \bar{x})(y_i - \bar{y})}{\sum(x_i - \bar{x})^2} \tag{11-10}$$

式中 $\bar{x} = \frac{1}{n}\sum x_i, \bar{y} = \frac{1}{n}\sum y_i$

求得的回归方程为：

$$\hat{y} = \hat{a} + \hat{b}x = \bar{y} + \frac{\sum x_i y_i - \bar{x}\sum y_i}{\sum x_i^2 - \bar{x}\sum x_i}(x - \bar{x}) \tag{11-11}$$

相关系数 R：

$$R = \frac{n\sum x_i y_i - \sum x_i \sum y_i}{\sqrt{[n\sum x_i^2 - (\sum x_i)^2][n\sum y_i^2 - (\sum y_i)^2]}} \tag{11-12}$$

当 R 值接近 ± 1 时，表明 x 与 y 之间的线性关系强，当 R 接近于 0 时，x 与 y 之间的线性关系就弱。一般，当 $|R|$ 小于 0.6 时，就不能用线性回归方程进行预测。

【例 11-2】 某建筑企业每月完成的工程产值与某种材料用量的数据如 11-2 所示，试建立月产值（X）与材料需用量（Y）的回归方程，并预测月产值为 20 时材料的需用量。

月产值与零件需用量关系　　　　　　　　　　表 11-2

月产值（千万元）	1	3	5	7	11
需用量（万吨）	2	4	8	9	10

首先我们将一些数值求出：然后，由一元线性回归方程（11-19）、（11-20）对 a、b 的算法

$$\sum y_i = 33, \quad \sum x_i = 27, \quad \sum x_i^2 = 205, \quad \sum x_i y_i = 227$$

得到：$\hat{b} = \dfrac{\sum x_i y_i - \bar{x}\sum y_i}{\sum x_i^2 - \bar{x}\sum x_i} = \dfrac{227 - \dfrac{27}{5}\times 33}{205 - \dfrac{27}{5}\times 27} = 0.82$

$$\hat{a} = \bar{y} - b\bar{x} = \frac{33}{5} - 0.82\times \frac{27}{5} = 2.17$$

因而，回归方程为：
从而，当 $x = 20$ 时，

$$\hat{y} = 2.17 + 0.82x$$

也即，当月工程产值为 20 时，材料的需用量预测值为 18.57 万吨。

$$\hat{y} = 2.17 + 0.82 \times 20 = 18.57$$

11.4.3　市场预测技术实例

【背景】

某公司设备管理部门拟测算年本公司混凝土搅拌机的需求量，需掌握该年度混凝土的总耗用量和季度高峰耗用量，以对全公司的搅拌机进行综合平衡。

围绕预测问题收集 2007 年以前混凝土的实际耗用量，以及和混凝土耗用量相关联的

工程任务情况，估计 2007 年的经营形式。

据估计，该公司 2007 年可望承担的工程如表 11-3 所示。该公司 1991～2006 年的混凝土实际用量及建筑施工面积如表 11-4 所示。2004～2006 年施工产值的季节变化如表 11-5 所示。

2007 年工程任务情况估计　　　　　　　　　　　　　　　　表 11-3

工程类别	项目个数	施工面积（万 m^2）	搭接工程个数
大	6	50	2
小	30	42	12
合计	36	92	14

混凝土用量及施工面积统计　　　　　　　　　　　　　　　表 11-4

年份	混凝土用量（千立方米）	施工面积（万 m^2）	年份	混凝土用量（千立方米）	施工面积（万 m^2）
1991	26	50	1999	41	70
1992	27	52	2000	42	71
1993	29	55	2001	44	73
1994	31	57	2002	48	76
1995	32	60	2003	50	79
1996	34	62	2004	53	82
1997	35	63	2005	56	86
1998	40	68	2006	60	90

施工产值季节变化统计（万元）　　　　　　　　　　　　　表 11-5

年份/季度	一季度	二季度	三季度	四季度	全年合计
2004	1840	2210	2304	2180	8534
2005	2265	2950	2670	2160	10045
2006	1640	2940	3310	3800	11690
三年合计	5745	8100	8384	8140	30269
三年平均	1915	2700	2761.33	2713.33	10090
各类比重（%）	18.98	26.76	27.37	26.89	100.00

【问题】

试预测 2007 年的混凝土的总耗用量和分季耗用量。

【分析】

1. 2007 年混凝土总耗用量预测

根据收集到的资料，本问题可利用时间序列的各种方法预测，也可以用回归的方法预测。现根据施工面积和混凝土用量中间的关系，直接用一元线性回归方法预测 2007 年混凝土总耗用量。

设：x——施工面积；

y——混凝土耗用量。

依照一元线性回归法的原理，有：

$$y = a + bx$$

其中 $a = \bar{y} - b\bar{x}$

$$b = \frac{\sum_{i=1}^{n} x_i y_i - \bar{x} \sum_{i=1}^{n} y_i}{\sum_{i=1}^{n} x_i^2 - \bar{x} \sum_{i=1}^{n} x_i}$$

列表计算公式中的有关参数见表 11-6。

$$\bar{x} = \frac{\sum_{i=1}^{n} x_i}{n} = \frac{1094}{16} = 68.38$$

$$\bar{y} = \frac{\sum_{i=1}^{n} y_i}{n} = \frac{648}{16} = 40.5$$

回 归 参 数 计 算　　　　　　表 11-6

序	年份	x_i	y_i	x_i^2	$x_i y_i$
1	1991	50	26	2500	1300
2	1992	52	27	2740	1404
3	1993	55	29	3025	1595
4	1994	57	31	3249	1767
5	1995	60	32	3600	1920
6	1996	62	34	3844	2108
7	1997	63	35	3969	2205
8	1998	68	40	4624	2720
9	1999	70	41	4900	2870
10	2001	71	42	5041	2982
11	2002	73	44	5329	3212
12	2003	76	48	5776	3648
13	2004	79	50	6241	3950
14	2005	82	53	6724	4346
15	2006	86	56	7396	4816
16	2007	90	60	8100	5400
Σ		1094	648	77022	46243

将上述数据代入回归参数计算公式：

$$b = \frac{46243 - 68.38 \times 648}{77022 - 68.38 \times 1094} = 0.8729$$

$$a = 40.5 - 0.8729 \times 68.38 = -19.19$$

将 a 和 b 的值代入待定直线方程，得

$$y = -19.19 + 0.8729x$$

据资料，2007 年可望承担施工面积 92 万 ㎡，故 2007 年混凝土耗用量为

$$y=-19.19+0.8729×92=61.12$$

即 2007 年混凝土耗用量的预测值为 61.12。

2. 2007 年各季混凝土耗用量预测

为了推算混凝土各季的耗用量，可以根据表 11-5 中施工产值各季的比重间接测算 2007 年各季混凝土的耗用量。

一季度混凝土耗用量为　61.12 × 18.98％ = 11.60
二季度混凝土耗用量为　61.12 × 26.76％ = 16.36
三季度混凝土耗用量为　61.12 × 27.37％ = 16.73
四季度混凝土耗用量为　61.12 × 26.89％ = 16.44

显然，施工高峰期为三季度，设备管理部门应根据三季度的混凝土耗用量来测算搅拌机的最大需求量。

本 章 小 结

市场营销活动已渗透到现代经济社会的每个角落，企业要在复杂多变的市场经济环境生存和发展，就必须在正确的市场营销观念的指导下，开展有效的市场营销活动。

建筑市场研究是建筑企业市场营销活动的前提。建筑市场具有与其他产业市场不同的特点。研究建筑市场的供求关系变化时，要注意宏观市场与微观市场的区别、总体供求关系对建筑市场类型的影响、建筑市场供给弹性与需求或价格变化的关系以及联合承包对供求关系的影响等。

建筑企业的市场调研主要是对市场需求、市场供应、市场竞争状况、建筑市场参与单位以及企业外部总体环境的调查。可以采用观察法、访问法、实验法以及各种随机抽样的调查方法，并辅以数理统计技术，对建筑市场进行科学的调查研究。为了对建筑市场未来需求进行预测，企业可使用个人判断法、专家会议法、德尔菲法、市场试验法、时间序列法、回归统计分析方法等预测方法。这些方法的适应性，根据预测的目的的不同而有所不同。

建筑企业的市场营销策略首先要解决对目标市场的选择，可以采取无差异市场策略、差异化市场策略和密集性市场策略来有效地实现企业的市场定位。建筑企业工程任务的获取基本采用招标的方式，招标包括公开招标和邀请招标。本章重点介绍了工程招标投标的实施过程，包括资格预审、投标文件的编制、投标策略以及评标的方法。

复习思考题

1. 什么是市场营销活动？
2. 建筑市场具有哪些特征？
3. 建筑企业获取工程的途径有哪些？
4. 市场细分的有效性表现在哪些方面？
5. 招标文件应包含哪些具体内容？
6. 试简述工程招标和投标的基本步骤。
7. 请结合工程实例谈谈招投标过程中技巧的运用。
8. 试比较各种市场预测方法的优缺点。
9. 为某建筑企业进入稳定区域市场设计一份调查表（调查内容自定），哪些因素最有可能考虑进去？

12 建筑现场施工管理

所谓施工管理就是对完成最终产品的全部过程所进行的管理，或者说施工管理就是从签订工程承包合同到工程交工验收的时间范围内，对施工全过程进行合理地计划、组织指挥和控制。

施工管理的目标包括项目的投资目标、进度目标和质量安全目标。其中投资目标指的是项目的总投资和施工的成本目标。进度目标指的是项目动用的时间目标，也即是项目交付使用的目标。项目的质量目标不仅涉及施工的质量，还包括设计质量、材料质量、设备质量和影响项目允许或运营的环境质量等。质量目标包括满足相应的技术规范和技术标准的规定，以及满足业主方相应的质量要求。

项目的投资目标、进度目标和质量安全目标之间既有矛盾的一面，也有统一的一面，它们之间的关系是对立统一的关系。要加快进度往往需要增加投资，欲提高质量往往也需要增加投资，过度地缩短进度会影响质量安全目标的实现，这都表现了目标之间关系矛盾的一面；但通过有效的管理，在不增加投资的前提下，也可缩短工期和提高工程质量，保证工程的安全性，这反映了关系统一的一面。

施工管理的基本任务是合理组织生产力，使施工过程中的各生产要素在时间上、空间上均衡衔接，紧密结合，协调一致，使企业的人力、物力、财力得到充分利用，从而按质、按量、按期、节省地完成施工任务。

为了多、快、好、省地完成施工任务，需要做好多方面的管理工作。广义的施工管理涉及企业与施工直接有关的各项管理工作，例如工程施工计划、施工准备与作业管理、技术管理、质量管理、劳动管理、机械设备管理与物资管理等。若从狭义上来讲，生产管理仅指现场施工管理，包括施工准备、现场施工组织、交工验收等项管理工作，主要内容集中在建筑施工方案策划、施工计划的编制、施工现场的布置、施工安全管理和现场文明施工等方面。这些都是施工企业生产管理的核心内容，也是整个企业管理的中心环节。

12.1 建筑施工方案的策划

12.1.1 施工方案的编制内容

为了严格施工方案的编制要求，《建设工程项目管理规范》（GB/T 50326—2001）第4.3.7条规定，施工方案应包括下列内容：施工流向和施工顺序；施工阶段划分；施工方法和施工机械选择；安全施工设计；环境保护内容及方法。

如果该方案是包含在项目管理规划大纲或项目管理实施大纲中，上述内容能满足施工的要求。如果对一分项工程单独编制施工方案，则上述内容略显单薄。通常来讲，对一分项工程单独编制的施工方案应主要包括以下内容：

（1）编制依据。

(2) 分项工程概况和施工条件，说明分项工程的具体情况，选择本方案的优点、因素以及在方案实施前应具备的作业条件。

(3) 施工总体安排。包括施工准备、劳动力计划、材料计划、人员安排、施工时间、现场布置及流水段的划分等。

(4) 施工方法工艺流程，施工工序，四新项目详细介绍，可以附图附表直观说明，有必要的进行设计计算。

(5) 质量标准。阐明主控项目、一般项目和允许偏差项目的具体根据和要求，注明检查工具和检验方法。

(6) 质量管理点及控制措施。分析分项工程的重点难点，制定针对性的施工及控制措施及成品保护措施。

(7) 安全、文明及环境保护措施。

(8) 其他事项。

12.1.2 施工方案的编制方法及技巧

（一）施工方案的编制依据

施工方案的编制依据主要是：施工图纸，施工组织设计、施工现场勘察调查资料和信息，施工验收规范，质量检查验收标准，安全操作规程，施工机械性能手册，新技术、新设备、新工艺等。还要依靠施工组织设计人员本身的施工经验、技术素质及创造能力。

施工现场调查的内容包括：

(1) 地形、地质、水文、气象等自然条件。

(2) 技术经济条件。指"三通一平"情况，材料，预制品加工和供应条件，劳动力及生活设施条件，机械供应条件，运输条件，企业管理情况，市场竞争情况等。

调查途径有：向设计单位和建设单位调查，向专业机构（勘察、气象、交通运输、建材供应等单位）调查，实地勘察，市场调查和企业内部经营能力调查（经营能力指由企业的人力资源、机械装备、资金供应、技术水平、经营管理水平等合理组合形成的施工生产能力，生产发展能力，盈利能力、竞争能力和应变能力等）。

在编制施工方案时，在编制依据章节中描述时，不一定按上述内容一一列举，但主要的编制依据必须描述出来，编制时可以做一简单的选择。

（二）施工工序的准备

做好施工工序的准备工作是很好的完成一项工序的开始。方案的准备工作不同于施工组织的准备工作，工序的施工准备工作内容较多，同时方案的出台一般与工序的样板施工同时进行，准备大致可分为以下几个方面：

(1) 技术规划准备。包括熟悉、审查图纸，调查活动，编制技术措施，组织交底等。

(2) 现场施工准备。包括测量，放线，现场作业条件，临时设施准备，施工机械和物资准备，季节性施工准备等。

(3) 施工人员及有关组织准备。施工方案为现场具体实施提供依据，当我们为方案进行策划时，对自身来说，要集结施工力量，调整、健全和充实施工组织机构，进行特殊工种的培训及人员的培训教育的准备等工作。

(4) 材料的准备。方案中一般要描述出本工序所要提供的主要材料，同时说明该材料的主要性能。

一般施工方案的准备工作较多,但主要集个在现场作业条件上,在编制方案时,均要描述出上道工序完成的情况,以及本工序开始要具备的作业条件等。

(三)施工工艺流程

施工工艺流程体现了施工工艺步骤上的客观规律性,组织施工时遵守这个规律,对保证质量,缩短工期,提高经济效益均有很大意义。施工条件、工程性质、使用要求等均对施工程序产生影响。一般来说,安排合理的施工程序应考虑以下几点:

一般组织施工时对于主要的工序之间的流水安排,在施工组织设计中已经做了分析和策划,但对于单个方案来讲,主要是要说明单个工序的工艺流程。

在实际编制中要有合理的施工流向。合理的施工流向是指平面和立面上都要考虑施工的质量保证与安全保让,考虑使用的先后;要适应分区分段,要与材料、构件的运输方向不发生冲突,要适应主导工程的合理施工顺序。

在施工程序上要注意施工最后阶段的收尾、调试、生产和使用前的准备,以便交工验收,前有准备,后有收尾,这才是周密的安排。图12-1是一个关于泥浆护壁灌注混凝土桩施工工艺流程图。

(四)流水段的划分

划分流水段,目的是适应工序流水施工的要求,将单一而庞大的建筑物(或建筑群)

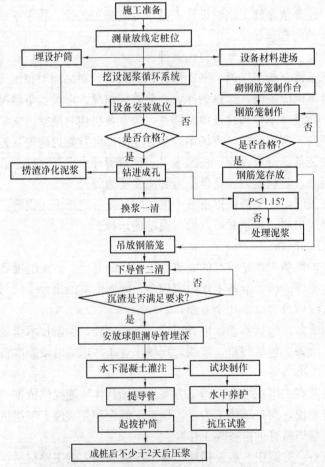

图12-1 泥浆护壁灌注混凝土桩施工工艺流程图

划分成多个部分以形成"假定产品批量"。划分流水段应考虑以下几个主要问题：

（1）有利于施工的整体性和下道工序的连续性，尽量利用伸缩缝或沉降缝、在平面上有变化处以及留槎而不影响质量处。住宅可按单元、楼层划分，厂房可按跨、按生产线划分，线性工程可依主导施工过程的工程量为平衡条件，按长度比例分段，建筑也可按区、栋分段。

（2）分段应尽量使各段工程量大致相等，以便组织等节奏流水，使施工均衡、连续、有节奏。

（3）段数的多少应与主要施工过程相协调，以主导施工过程为主形成工艺组合。工艺组合数应等于或小于施工段数。因此分段不宜过多，过多则可能延长工期或使工作而狭窄；过少则因无法流水而使劳动力或机械设备停歇窝工。

（4）分段的大小应与劳动组织相适应，有足够的工作面。以机械为主的施工对象还应考虑机械的台班能力，使其能力得以发挥。混合结构、大模板现浇混凝土结构、全装配结构等工程的分段大小，都应考虑吊装机械的能力（工作面）。

（五）主要项目的施工方法与机具选择

主要项目的施工方法是施工方案的核心。编制时首先要根据本工序的特点和难点，找出哪些项目是主要控制点，以便选择施工方法有针对性，能解决关键问题。

在选择施工方法时，有几条原则应当遵循：方法可行，条件允许，可以满足施工工艺要求；符合国家颁发的施工验收规范的有关规定；尽量选择那些经过试验鉴定的科学、先进、节约的方法，尽可能进行技术经济分析；要与选择的施工机械及划分的流水段相协调；且必须能够找出关键控制工序，专门重点编制措施。

一般说来，编制主要工序的施工方案应当围绕以下项目和对象：

（1）土石方工程。是否采用机械，开挖方法，放坡要求，石方的爆破方法及所需机具、材料，排水方法及所需设备，土石方的平衡调配等。在该类方案中开挖方法很是关键，要重点描述并要配图表说明。例如开挖路线图等。

（2）混凝土及钢筋混凝土工程。模板类型和支模方法，隔离剂的选用，钢筋加工、运输和安装方法，混凝土搅拌和运输方法，混凝土的浇筑顺序，施工缝位置，分层高度，工作班次，振捣方法和养护制度等。

在选择施工方法时，特别应注意大体积混凝土的施工，模板工程的工具化和钢筋、混凝土施工的机械化。

（3）结构吊装工程。根据选用的机械设备确定吊装方法，安排吊装顺序，机械位置、行驶路线，构件的制作、拼装方法，场地，构件的运输、装卸、堆放方法，所需的机具，设备型号、数量和对运输道路的要求。

（4）现场垂直，水平运输。确定垂直运输量（有标准层的要确定标准层的运输量），选择垂直运输方式，脚手架的选择及搭设方式，水平运输方式及设备的型号、数量，配套使用的专用工具设备（如砖车、砖笼、混凝土车、灰浆车和料斗等），确定地面和楼层上水平运输的行驶路线，合理地布置垂直运输设施的位置，综合安排各种垂直运输设施的任务和服务范围，混凝土后台上料方式。

（5）装修工程。围绕室内装修、室外装修、门窗安装、木装修、油漆、玻璃等，确定采用工厂化、机械化施工方法并提出所需机械设备，确定工艺流程和劳动组织，组织流水施工，确定装修材料逐层配套堆放的数量和平面布置。

（6）特殊项目。如采用新结构、新材料、新工艺、新技术，高耸、大跨、重型构件，以及水下、深基和软弱地基项目等，应单独选择施工方法，阐明工艺流程，需要的平面、剖面示意图，施工方法，劳动组织，技术要求，质量安全注意事项，施工进度、材料、构件和机械设备需用量。

施工机具选择应遵循切实需要、实际可能、经济合理的原则，具体要考虑以下两点：

（1）技术条件。包括技术性能，工作效率，工作质量，能源耗费，劳动力的节约，使用安全性和灵活性，通用性和专用性，维修的难易程度，耐用程度等。

（2）经济条件。包括原始价值、使用寿命、使用费用、维修费用等。如果是租赁机械应考虑其租赁费。要进行定量的技术经济分析比较，以使机械选择最优。

（六）技术组织措施

技术组织措施是指在技术、组织方面对保证质量、安全、节约和季节施工所采用的方法，确定这些方法是施工方案编制者带有创造性的工作。一般在方案编制中，均对质量、安全、文明施工做专门章节描述。

1. 保证质量措施

保证质量的关键是对施工方案的工程对象经常发生的质量通病制订防治措施，要从全面质量管理的角度，把措施落到实处，建立质量保证体系，保证"PDCA循环"的正常运转。对采用的新工艺、新材料、新技术和新结构，须制定有针对性的技术措施，以保证工程质量。在方案编制中，还应该认真分析本方案的特点和难点，针对特点和难点中存在的质量通病进行分析和预防。

2. 安全施工措施

由于建筑工程的结构复杂多变，各施工工程所处地理位置、环境条件不尽相向，无统一的安全技术措施，所以编制时应结合本企业的经验教训，工程所处位置和结构特点，以及既定的安全目标，并仔细分析该方案在实施中主要的安全控制点来专门描述。例如：在坡屋面防水方案中就要针对高空作业制定专门的防滑措施，同时要制定防火措施。

3. 降低成本措施

降低成本措施的制定应以施工预算为尺度，以企业（或基层施工单位）年度、季度降低成本计划和技术组织措施计划为依据进行编制。要针对工程施工降低成本潜力大的（工程量大、有采取措施的可能性、有条件的）项目，充分开动脑筋，把措施提出来，并计算出经济效果和指标，加以评价、决策。这些措施必须是不影响质量的，能保证施工的，能保证安全的。降低成本措施应包括节约劳动力、节约材料、节约机械设备费用、节约工具费，节约间接费，节约临时设施费，节约资金等措施。一定要正确处理降低成本，提高质量和缩短工期三者的关系．对措施要计算经济效果。

4. 季节性施工措施

当工程施工跨越冬期和雨期时，就要制定冬期施工措施和雨期施工措施。制定这些措施的目的是保质量，保安全，保工期，保节约。

雨期施工措施要根据工程所在地的雨量、雨期及施工工程的特点（如深基础，大量土方，使用的设备，施工设施，工程部位等）进行制定。要在防淋、防潮、防泡、防淹、防拖延工期等方面，分别采用"疏导"、"堵挡"、"遮盖"、"排水"、"防雷"、"合理储存"、

"改变施工顺序"、"避雨施工"、"加固防陷"等措施。

冬季因为气温、降雪量不同,工程部位及施工内容不问,施工单位的条件不同,则应采用不同的冬期施工措施。北方地区冬期施工措施必须严格,周密。要按照《冬期施工手册》或有关资料(科研成果)选用措施,以达到保温防冻、改善操作环境、保证质量、控制工期、安全施工、减少浪费的目的。

12.2 建筑施工计划的编制

单位工程施工进度计划以施工方案为基础,根据规定工期和技术物资的供应条件,遵循各施工过程合理的工艺顺序,统筹安排各项施工活动。它的任务是为各施工过程指明一个确定的施工日期(即进出场的时间计划),并以此为依据确定施工作业所必须的劳动力和各种技术物资的供应计划。

12.2.1 施工进度计划的表达方式

施工进度计划通常采用水平图表(横道图)或网络图表达。施工进度计划图表应该完整地反映单位工程施工设计的主要内容。

(一)横道图进度计划

横道图是一种最简单、运用最广泛的传统的进度计划方法。尽管有许多新的计划技术,横道图在建设领域中的应用还是非常普遍。

通常横道图的表头为工作及其简要说明,项目进展表示在时间表格上,如图12-2所示。横道图的另一种可能的形式是将工作简要说明直接放在横道上,这样,一行可以容纳多项工作,这一般运用在重复性的工作上。

横道图计划表中的进度线(横道)与时间坐标相对应,这种表达方式较直观,易看懂计划编制的意图。

(二)工程网络计划

国际上,工程网络计划有许多名称,如 CPM、PERT、CPA、MPM 等。

	工作名称	持续时间	开始时间	完成时间	紧前工作
1	基础完	0d	1993—12—28	1993—12—28	
2	预制柱	35d	1993—12—28	1994—2—14	1
3	预制屋架	20d	1993—12—28	1994—1—24	1
4	预制楼梯	15d	1993—12—28	1994—1—17	1
5	吊装	30d	1994—2—15	1994—3—28	2,3,4
6	砌砖墙	20d	1994—3—29	1994—4—25	5
7	屋面找平	5d	1994—3—29	1994—4—4	5
8	钢窗安装	4d	1994—4—19	1994—4—22	5
9	二毡三油一砂	5d	1994—4—5	1994—4—11	7
10	外粉刷	20d	1994—4—25	1994—5—20	8
11	内粉刷	30d	1994—4—25	1994—6—3	8,9
12	油漆、玻璃	5d	1994—6—6	1994—6—10	10,11
13	竣工	0d	1994—6—10	1994—6—10	12

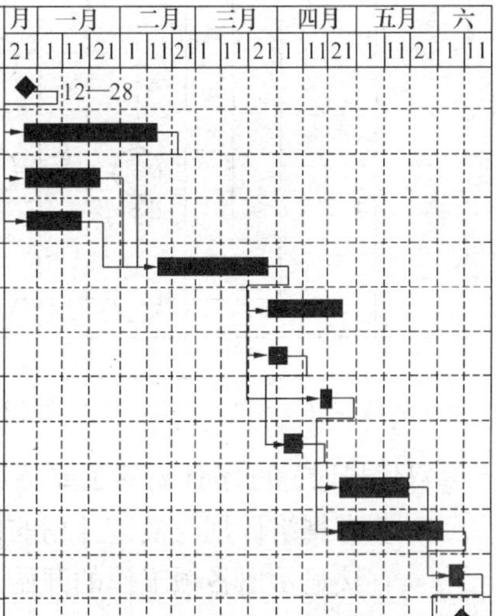

图 12-2 横道图

我国《工程网络计划技术规程》(JGJ/T 121—1999) 推荐的常用的工程网络计划类型包括：双代号网络计划、单代号网络计划、双代号时标网络计划和单代号搭接网络计划。

1. 双代号网络图

双代号网络图是以箭线及其两端节点的编号表示工作的网络图，如图 12-3 所示。

图中箭线表示工作，节点是网络图中箭线之间的连接点。有三个类型：起点节点、终点节点和中间节点。在各条线路中，有一条或几条线路的总时间最长，称为关键线路；其他线路长度均小于关键线路，称为非关键线路。

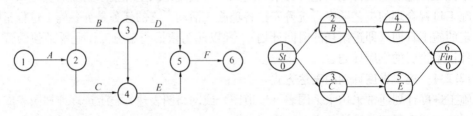

图 12-3　双代号网络图　　　　　　图 12-4　单代号网络图

2. 单代号网络图

单代号网络图是以节点及其编号表示工作，以箭线表示工作之间逻辑关系的网络图，如图 12-4 所示。

3. 双代号时标网络计划

双代号时标网络计划是以时间坐标为尺度编制的双代号网络计划，如图 12-5 所示。实箭线表示工作，虚箭线表示虚工作，以波形线表示工作的自由时差。

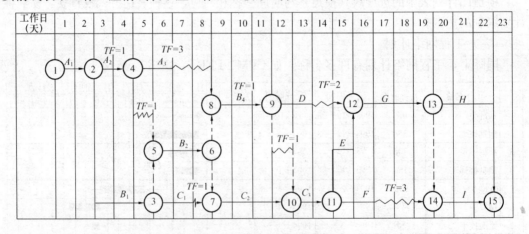

图 12-5　双代号时标网络计划图

双代号时标网络计划的主要特点如下：

- 兼有网络计划与横道计划的优点，能清楚地表明计划的时间进程，使用方便；
- 直接显示出各项工作的开始与完成时间、工作的自由时差及关键线路；
- 可以统计每一个单位时间对资源的需要量，以便资源优化和调整；
- 由于受时间坐标的限制，当情况发生变化时，对网络计划的修改比较麻烦。

12.2.2 施工进度计划的编制方法

施工进度计划编制的一般步骤如下：

1. 确定施工过程

对于大型的工程项目，它往往包括许多子项目，因此首先应对项目的进度目标进行分解，确定施工的总体部署，并确定为实现进度目标的里程碑事件的进度目标（或称其为控制节点的进度目标），作为进度控制的依据。

通常运用项目结构图的方式对项目进行工作分解。项目结构图（Project Diagram，或称 WBS-Work Breakdown Structure）是通过树状图的方式对一个项目的结构进行逐层分解，以反映组成该项目的所有工作任务。

项目结构的分解应与整个工程实施的部署相结合，并与将采用的合同结构相结合。居住建筑开发项目，可根据建设的时间，如第一期工程、第二期工程和第三期工程对项目的结构进行逐层分解等；工业建设项目则往往按其生产子系统的构成对项目的结构进行逐层分解。

图 12-6 是某市地铁一号线工程项目结构图示意图。

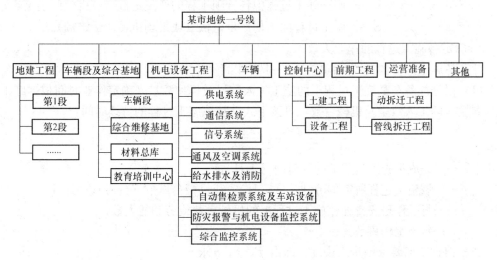

图 12-6　某市地铁一号线工程项目结构图

2. 计算工程量

工程量计算应根据施工图和工程量计算规则进行。为了便于计算和复核，工程量计算应按一定的顺序和格式进行。工程量计算的方法与工程预算类似。

在实际工作中一般先编制工程预算书，如果施工进度计划所用定额和施工过程的划分与工程预算书一致时，则可直接利用预算的工程量，不必重新进行计算。若某些项目有出入，或分段分层有所不同时，可结合施工进度计划的要求进行变更、调整和补充。

3. 确定劳动量和机械台班数

根据施工过程的工程量、施工方法和地方颁发的施工定额，并参照施工单位的实际情况，确定计划采用的定额（时间定额和产量定额），以此计算劳动量和机械台班数，见式 (12-1)

$$p=\frac{Q}{S} \text{ 或 } p=\frac{Q}{H} \tag{12-1}$$

式中　p——某施工过程所需劳动量（或机械台班数）；

Q——该施工过程的工程量;

S——计划采用的产量定额(或机械产量定额);

H——计划采用的时间定额(或机械时间定额)。

使用定额,有时会遇到施工进度计划中所列施工过程的工作内容与定额中所列项目不一致的情况,这时应予以补充。通常有下列两种情况:

施工进度计划中的施工过程所含内容为若干分项工程的综合,此时,可将定额作适当扩大,求出平均产量定额,使其适应施工进度计划中所列的施工过程。平均产量定额可按下式计算:

$$\overline{S} = \frac{\sum_{1}^{n} Q_i}{\frac{Q_1}{S_1} + \frac{Q_2}{S_2} + \cdots + \frac{Q_n}{S_n}} \quad (12-2)$$

式中 $Q_1, Q_2, \cdots, Q_n$——同一施工过程中各分项工程的工程量;

$S_1, S_2, \cdots, S_n$——同一施工过程中各分项工程的产量定额(或机械产量定额);

$\overline{S}$——施工过程的平均产量定额(或平均机械产量定额)。

4. 确定各施工过程的作业天数

计算各施工过程的持续时间的方法一般有以下两种:

(1) 根据配备在某施工过程上的施工工人数量及机械数量来确定作业时间根据施工过程计划投入的工人数量及机械台数,可按下式计算该施工过程的持续时间:

$$T = \frac{p}{nb} \quad (12-3)$$

式中 T——完成某施工过程的持续时间(工日);

p——该施工过程所需的劳动量(工日),或机械台班数(台班);

n——每工作班安排在该施工过程上的机械台数或劳动的人数;

b——每天工作班数。

(2) 根据工期要求倒排求进度,即由 T,p,b 求 n

$$n = \frac{p}{Tb} \quad (12-4)$$

即可求得 n 值。

确定施工持续时间,应考虑施工人员和机械所需的工作面。人员和机械的增加可以缩短工期,但它有一个限度,超过了这个限度,工作面不充分,生产效率必然会下降。

5. 编制施工进度计划

编制施工进度计划的一般方法,是首先找出并安排控制工期的主导施工过程,并使其他施工过程尽可能地与其平行施工或作最大限度的搭接施工。

在主导施工过程中,先安排其中主导的分项工程,而其余的分项工程则与它配合、穿插、搭接或平行施工。

在编排时,主导施工过程中的各分项工程,各主导施工过程之间的组织,可以应用流水施工方法和网络计划技术进行设计,最后形成初步的施工进度计划。

无论采用流水作业法还是采用网络计划技术,对初步安排的施工进度计划均应进行检查、调整和优化。检查的主要内容有:是否满足工期要求;资源(劳动力、材料及机械)

的均衡性；工作队的连续性；以及施工顺序、平行搭接和技术或组织间歇时间等是否合理。根据检查结果，如有不足之处应予调整，必要时应采取技术措施和组织措施，使有矛盾或不合理、不完善处的工序持续时间延长或缩短，以满足施工工期和施工的连续性（一般主要施工过程应是连续的）和均衡性。

12.2.3 施工资源计划的编制

单位工程施工进度计划确定之后，可据此编制各主要工种劳动力需要量计划及施工机械、模具、主要建筑材料、构件、加工品等的需要计划，以利于及时组织劳动力和技术物资的供应，保证施工进度计划的顺利执行。

1. 主要劳动力需要量计划

将各施工过程所需要的主要工种劳动力，根据施工进度的安排进行叠加，就可编制出劳动力需要量计划，如表 12-1 所示。它的作用是为施工现场的劳动力调配提供依据。

2. 施工机械需要量计划

根据施工方案和施工进度确定施工机械的类型、数量、进场时间。一般是把单位工程施工进度表中每一个施工过程、每天所需的机械类型、数量和施工日期进行汇总，以得出施工机械模具需要量计划，如表 12-2 所示。

劳动力需要量计划表　　　　　　　　　　表 12-1

序 号	工程名称	总劳动量	每月需要量（工日）			
			1	2	…	12

施工机械、模具需要量计划表　　　　　　　　表 12-2

序 号	机械名称	机械类型（规格）	需要量		来 源	使用起始时间	备 注
			单位	数量			

3. 主要材料及构、配件需要量计划

材料需要量计划主要为组织备料，确定仓库、堆场面积，组织运输之用。其编制方法是将施工预算中或进度表中各施工过程的工程量，按材料名称、规格、使用时间并考虑到各种材料消耗进行计算汇总即为每天（或旬、月）所需材料数量。材料需要量计划格式如表 12-3 所示。

主要材料需要量计划表　　　　　　　　　　表 12-3

序 号	材料名称	规 格	需要量		供应时间	备 注
			单位	数量		

若某分部分项工程是由多种材料组成。例如混凝土工程，在计算其材料需要量时，应按混凝土配合比，将混凝土工程量换算成水泥、砂、石、外加剂等材料的数量。

建筑结构构件、配件和其他加工品的需要量计划，同样可按编制主要材料需要量计划的方法进行编制。它是同加工单位签订供应协议或合同，确定堆场面积，组织运输工作的依据，如表 12-4 所示。

构件需要量计划表　　　　　　　　表 12-4

| 序号 | 品名 | 规格 | 图号 | 需要量 | | 使用部位 | 加工单位 | 供应日期 | 备注 |
				单位	数量				

12.2.4 施工进度计划技术经济评价

评价单位工程施工进度计划的质量，通常采用下列指标：

1. 工期符合要求

进度计划工期应具有先进性和可能性。单位工程施工进度计划应满足工程施工组织总设计中有关该单位工程的进度控制节点。

2. 资源消耗的均衡性

对于单位工程或各个施工过程来说，每日资源（劳动力、材料、机具等）消耗力求不发生过大的变化，即资源消耗力求均衡。

为了反映资源消耗的均衡情况，应画出资源消耗动态图。在资源消耗动态图上，一般应避免出现短时期的高峰或长时期的低谷情况。

图 12-7（a）、(b) 是劳动资源消耗的动态图，分别出现了短时期的高峰人数及长时间的低谷人数。在第一种情况下，短时期工人人数增加，这就相应地增加了为工人服务的各种临时设施，在第二种情况下，如果工人不调出，则将发生窝工现象，如果工人调出，则临时设施不能充分利用。至于在劳动量消耗动态图上出现短时期的、甚至是很大的低谷（图 12-7c），则是可以允许的，因为这种情况不会发生什么显著的影响，而且只要把少数

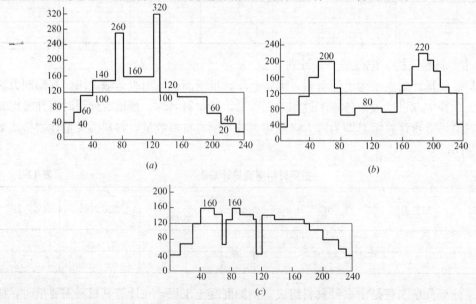

图 12-7　劳动资源消耗的动态图

工人的工作重新安排，窝工情况就可以消除。

某资源消耗的均衡性指标可以采用资源不均衡系数（K）加以评价：

$$K = \frac{N_{\max}}{N} \tag{12-5}$$

式中　$N_{\max}$——某资源日最大消耗量；

　　　N——某资源日平均消耗量。

最理想的情况是资源不均衡系数 K 接近于1。在组织流水施工（特别是许多建筑物的流水施工）的情况下，不均衡系数可以大大降低并趋近于1。

3. 主要施工机械的利用程度

所谓主要施工机械通常是指混凝土搅拌机、砂浆机、起重机、挖土机等。机械设备的利用程度用机械利用率以 γ_m 表示，它由下式确定：

$$\gamma_m = \frac{m_1}{m_2} \times 100\% \tag{12-6}$$

式中　m_1——机械设备的作业台日（或台时）；

　　　m_2——机械设备的制度台日（或台时），由 $m_2 = nd$ 求得。其中，n 为机械设备台数，d 为制度时间，即日历天数减去节假天数。

12.3　建筑施工现场的布置

有的建筑工地秩序井然，有的则杂乱无章，这与施工平面图设计的合理与否有直接的关系。

12.3.1　施工平面图设计内容

单位工程施工平面图通常用1：200～1：500的比例绘制，一般应在图上标明下列内容：

（1）建筑总平面上已建和拟建的地上和地下的一切房屋、构筑物及其他设施的位置和尺寸；

（2）移动式起重机（包括有轨起重机）开行路线及垂直运输设施的位置；

（3）各种材料、半成品、构件以及工业设备等的仓库和堆场；

（4）为施工服务的一切临时设施的布置（包括搅拌站、加工棚、仓库、办公室、供水供电线路、施工道路等）；

（5）测量放线标桩，地形等高线，土方取弃场地；

（6）安全、防火设施。

12.3.2　施工平面图的设计步骤

单位工程施工平面图设计的一般步骤如下：

1. 决定起重机械的位置

起重机的位置直接影响仓库、料堆、砂浆和混凝土搅拌站的位置及道路和水、电线路的布置等。因此要首先予以考虑。

布置固定式垂直运输设备（塔架、龙门架、井架、门架、桅杆等），主要根据机械性能、建筑物的平面形状和大小、施工段划分的情况、材料来向和已有运输道路情况而定。其目的是充分发挥起重机械的能力并使地面与楼面上的水平运距最小。

轨道式起重机的布置方式，主要取决于建筑物的平面形状、尺寸和四周的施工场地的条件。要使起重机的起重幅度能够将材料和构件直接运至任何施工地点，尽量避免出现"死角"。轨道布置方式通常是沿建筑物的一侧或内外两侧布置，必要时还需增加转弯设备，尽量使轨道长度最短。同时做好轨道路基四周的排水工作。

2. 确定搅拌站、仓库和材料、构件堆场的位置

搅拌站、仓库和材料、构件堆场的位置应尽量靠近使用地点或在起重半径范围内，并考虑到运输和装卸料的方便。

首先应根据起重机的类型进行布置，对不同的起重机，搅拌站、仓库、材料构件堆场的布置也有区别。

3. 布置运输道路

现场主要道路应尽可能利用永久性道路，或先建好永久性道路的路基，在土建工程结束之前再铺路面。现场道路布置时要注意保证行驶畅通，使运输工具有回转的可能性。因此，运输路线最好围绕建筑物布置成一条环行道路。道路宽度一般不小于3.5m。

4. 布置行政管理及文化生活福利用的临时设施

为单位工程服务的临时设施一般有工地办公室、工人休息室、加工车间、工具库等临时建筑物。确定它们的位置时，应考虑使用方便，不妨碍施工，并符合防火、保安要求。

5. 布置水电管网

(1) 施工用的临时给水管

一般由建设单位的干管或自行布置的干管接到用水地点。布置时应力求管网总长度最短。管径的大小和龙头数目的设置需视工程规模大小通过计算确定。管道可埋于地下，也可铺设在地面上，以当时当地的气候条件和使用期限的长短而定。工地内要设置消火栓，消火栓距离建筑物不应小于5m，也不应大于25m，距离路边不大于2m。条件允许时，可利用城市或建筑单位的永久消防设施。

(2) 排水设施

为便于排除地面水和地下水，要及时修通永久性下水道，并结合现场地形在建筑物四周设置排泄地面水和地下水的沟渠，如排入城市下水系统，还应设置沉淀池。

(3) 临时供电

单位工程施工用电应在全工地施工总平面图中一并考虑。一般计算出在施工期间的用电总数，如由建筑单位解决，可不另设变压器。必要时根据现场用电量选用变压器。

建筑施工是一个复杂多变的生产过程，各种施工机械、材料、构件等是随着工程的进展而逐渐进场的，而且又随着工程的进展而逐渐变动、消耗。因此，在整个施工过程中，它们在工地上的实际布置情况是随时在改变着的。为此，对于大型建筑工程、施工期限较长或施工场地较为狭小的工程，就需要按不同施工阶段分别设计几张施工平面图，以便能把不同施工阶段工地上的合理布置具体地反映出来。

12.3.3 施工平面图的评价

评价施工平面图设计的优劣，可参考以下技术经济指标：

1. 施工用地面积

在满足施工的条件下，要紧凑布置，不占和少占场地，常见工种工程所需工作面指标见表12-5所示。

常见工种工程所需工作面指标　　　　　表 12-5

工作项目	每个技工的工作面		工作项目	每个技工的工作面	
砌 240 砖墙	8.5	m/人	铝合金、塑料门窗安装	7.5	m²/人
砌 120 砖墙	11	m/人	安装轻钢龙骨吊面	20	m²/人
砌框架间 240 空心砖墙	8	m/人	安装轻钢龙骨石膏板隔墙	25	m²/人
外墙抹水泥砂浆	16	m²/人	贴内外墙面砖	7	m²/人
外墙水刷石面层	12	m²/人	挂墙面花岗岩板	6	m²/人
外墙干粘石面层	14	m²/人	铺楼地面石材	16	m²/人
内墙抹灰	18.5	m²/人	安装门窗玻璃	15	m²/人
抹水泥砂浆楼地面	40	m²/人	墙面刮腻子、涂刷乳胶漆	40	m²/人
钢、木门窗安装	11	m²/人			

2. 场内运输距离

应最大限度地缩短工地内的运输距离,特别要尽可能避免场内两次搬动;

3. 临时设施数量

包括临时生活、生产用房的面积,临时道路及各种管线的长度等。为了降低临时工程费用,应尽量利用已有或拟建的房屋、设施和管线为施工服务;行政、生活福利临时建筑面积参考指标、仓库面积的有关系数和各种管道平面布置最小净距的数据分别如表 12-6、表 12-7、表 12-8 所示。

4. 安全、防火的可靠性

5. 施工工地施工的文明程度

行政、生活福利临时建筑面积参考指标(m²/人)　　　　　表 12-6

序号	临时房屋名称		指标使用方法	参考指标	序号	临时房屋名称	指标使用方法	参考指标
一	办公室		按使用人数	3~4	3	理发室	按高峰年(季)平均人数	0.01~0.03
二	宿舍				4	俱乐部	按高峰年(季)平均人数	0.1
	1	单层通铺	按高峰年(季)平均人数	2.5~3.0	5	小卖部	按高峰年(季)平均人数	0.03
	2	双层床	(扣除不在工地住人数)	2.0~2.5	6	招待所	按高峰年(季)平均人数	0.06
	3	单层床	(扣除不在工地住人数)	3.5~4.0	7	托儿所	按高峰年(季)平均人数	0.03~0.06
三	家属宿舍		按高峰年(季)平均人数	16~25m²/户	8	子弟校	按高峰年(季)平均人数	0.06~0.08
四	食堂		按高峰年(季)平均人数	0.5~0.8	9	其他公用	按高峰年(季)平均人数	0.05~0.10
	食堂兼礼堂		按高峰年(季)平均人数	0.6~0.9	六	小型	按高峰年(季)平均人数	
五	其他合计		按高峰年(季)平均人数	0.5~0.6	1	开水房		10~40
	1	医务所	按高峰年(季)平均人数	0.05~0.07	2	厕所	按工地平均人数	0.02~0.07
	2	浴室	按高峰年(季)平均人数	0.07~0.1	3	工人休息室	按工地平均人数	0.15

计算仓库面积的有关系数 表 12-7

序号	材料及半成品	单位	储备天数 T_e	不均衡系数 K_i	每平方米储存定额 P	有效利用系数 K	仓库类别	备注
1	水泥	t	30～60	1.3～1.5	1.5～1.9	0.65	封闭式	堆高 10～12 袋
2	生石灰	t	30	1.4	1.7	0.7	棚	堆高 2m
3	砂子（人工堆放）	m³	15～30	1.4	1.5	0.7	露天	堆高 1～1.5m
4	砂子（机械堆放）	m³	15～30	1.4	2.5～3	0.8	露天	堆高 2.5～3m
5	石子（人工堆放）	m³	15～30	1.5	1.5	0.7	露天	堆高 1～1.5m
6	石子（机械堆放）	m³	15～30	1.5	2.5～3	0.8	露天	堆高 2.5～3m
7	块石	m³	15～30	1.5	10	0.7	露天	堆高 1.0m
8	预制钢筋混凝土糟	m³	30～60	1.3	0.20～0.30	0.6	露天	堆高 4 块
9	型板梁	m³	30～60	1.3	0.8	0.6	露天	堆高 1.0～1.5m
10	柱	m³	30～60	1.3	1.2	0.6	露天	堆高 1.2～1.5m
11	钢筋（直筋）	t	30～60	1.4	2.5	0.6	露天	占全部钢筋的 80%，堆高 0.5m
12	钢筋（盘筋）	t	30～60	1.4	0.9	0.6	封闭库或棚	占全部钢筋的 20%，堆高 1m
13	钢筋成品	t	10～20	1.5	0.07～0.1	0.6	露天	
14	型钢	t	45	1.4	1.5	0.6	露天	堆高 0.5m
15	金属结构	t	30	1.4	0.2～0.3	0.6	露天	
16	原木	m³	30～60	1.4	1.3～15	0.6	露天	堆高 2m
17	成材	m³	30～45	1.4	0.7～0.8	0.5	露天	堆高 1m
18	废木料	m³	15～20	1.2	0.3～0.4	0.5	露天	废木料约占锯木量的 10%～15%
19	门窗扇	扇	30	1.2	45	0.6	露天	堆高 2m
20	门窗框	樘	30	1.2	20	0.6	露天	堆高 2m
21	木屋架	樘	30	1.2	0.6	0.6		
22	木模板	m²	10～15	1.4	4～6	0.7	露天	
23	模板整理	m²	10～15	1.2	1.5	0.65	露天	
24	砖	千块	15～30	1.2	0.7～0.8	0.6	露天	堆高 1.5～1.6m
25	泡沫混凝土制件	m³	30	1.2	1	0.7	露天	堆高 1m

注：储备天数根据材料来源、供应季节、运输条件等决定。一般就地供应的材料取表中之低值，外地供应采用铁路运输或水运者取高值。现场加工企业供应的成品、半成品的储备天数取最低值，项目部的独立核算加工企业供应者取高值。

各种管道平面布置最小净距(m) 表 12-8

序号	名称	建筑物	铁路 路提路堑	铁路 中心线	公路边缘	围墙	照明电杆(中心)	高压电杆(支座)	管道沟	给水管线 大于200(mm)	给水管线 小于200(mm)	排水 管	排水 沟	电力电缆	压缩空气	乙炔氧气	管道支架
1	建筑物			6	1.5				2~3	5	5	2.5	1.0	0.6	1.5	3	
2	给水管线 大于200mm时	距红线5	路堤坡脚5 路堑坡顶10		1.0	2.5	1.0	3	1.5			5		1.0	1.5	1.5	
	小于200mm时				1.0	1.5	1.0	3	1.5			3		1.0	1.5	1.5	
3	管道沟	2~3		3.5	1.0	1.5				1.5	1.5			2.0	1.5	1.5	
4	排水管	2.5	5		1.5	1.5		3		3	1.5		1.5	1.0	1.5	1.5	2.0
	排水沟	1.0		3.5	1.0	1.0	1.5	3									
5	电力电缆	0.6		3.5	1.0	0.5	0.5	0.5	2.0	0.5	0.5	1.0	1.0				
6	压缩空气管	1.5		3.5	1.0	1.0	1.5			1.5	1.5	1.5					
7	乙炔氧气管	3		3.5	1.5	1.5	1.5			1.5	1.5	1.5		1.0	1.5		

注:(1)表中建筑物距铁路中心线的数字是指房屋有出入口时的净距,当无出入口时为3m,虽然有出入口而设有平行栅栏于其间时为5m。
(2)表中建筑物距排水管的数字是指管子浅于房屋基础时的净距,当管子深于房屋基础时,净距应为3m。
(3)给水管在污水管上交叉通过时,外壁净距应小于0.4m,并不许有接口重叠;在污水管下交叉通过时,饮用水管应加套管,其长度距交叉点每边不小于3m;与其他管道相交时,净距不小于0.15m。
(4)管道过河时,应埋在河底以下大于0.5m处,在航道范围内时应大于1.0m。
(5)铁路中心线至公路边缘最小净距不小于3.75m(同一标高)。

12.4 建筑施工安全管理

"安全为了生产,生产必须安全",建筑施工企业管理生产必须管理安全。建筑施工安全管理,就是工程项目在施工过程中,组织安全生产的全部管理活动。通过对生产因素具体的状态控制,使生产因素不安全的行为和状态减少或消除,不引发为事故,尤其是不引发使人受到伤害的事故,使施工项目效益目标的实现得到充分保证。据统计,2006年1月1日至6月30日,全国共发生房屋建筑与市政工程建筑施工事故380起、死亡456人,分别比去年降低14.41%和下降8.43%。其中高处坠落事故死亡180人,占总数39.47%;施工坍塌事故死亡103人,占总数22.59%;物体打击事故死亡65人,占总数14.25%;起重伤害事故死亡37人,占总数8.11%;触电事故死亡27人,占总数5.92%;机具伤害事故死亡23人,占5.04%;其余类型事故死亡21人,占总数4.61%。建筑工程施工安全管理已引起了各方普遍关注。

12.4.1 建筑施工安全管理概述

1. 施工安全管理的意义

在项目施工活动中,没有危险,不受威胁,不出事故,这就是安全。安全是相对于危险而言,危险事件一旦酿成,便会造成人身伤亡,财产损失。因此安全管理的中心问题,是保护生产活动中人身安全和健康,也包括财产(建筑机械设备、物资等)安全,保证生产顺利进行。宏观的安全管理包括劳动保护、安全技术和工业卫生,相互联系又相互独立的三个方面。

建筑施工现场,大多数是露天高空作业,而且现场作业环境情况多变,又是多工种的立体交叉作业,人机的流动大,劳动条件差,一般安全事故发生率较高。因此,面对这样一些不利因素和条件,安全管理工作就显得十分重要。应把有效地减少各种事故,建立良好的安全生产环境和秩序,作为提高经济效益的一件大事来抓,克服重生产、轻安全;重形式、轻落实;重处理、轻整改的倾向,全方位高标准地做好安全生产工作。

2. 施工安全管理的特点

"安全第一,预防为主"是我国的安全生产方针,它是建筑施工企业进行安全管理工作的指导思想。施工生产现场安全管理不仅要强调这一指导思想,同时必须认真研究安全管理的特点。安全管理有如下特点:

(1) 预防性。安全生产管理以预防为主。应尽一切努力,采取适当措施,消除隐患,防止事故发生。

(2) 长期性。施工生产中的不安全因素是伴随生产活动而产生的,只要生产还在进行,客观上就存在不安全因素。所以,安全管理工作是一项长期的、经常性的、细致的工作。

(3) 科学性。建筑施工生产是建立在现代科学技术基础上的,具有自身的规律性和科学性。只有不断学习有关安全技术的科学知识,总结安全生产的经验教训,完善安全生产的规章制度,才能掌握安全生产的主动权。

(4) 广泛性。安全生产是与全体职工安全与健康密切相关,因而必须建立在广泛的群众基础上。只有人人重视安全,安全生产才有保证。

3. 施工企业安全管理的任务

建筑施工企业首先必须认真做好安全生产工作,明确企业法人代表是企业安全生产的第一责任者,项目负责人是工程项目安全生产的第一责任者,应对安全生产全面负责。必须给施工人员创造良好的、安全可靠的作业环境和条件。

建筑施工企业还必须正确处理五种关系,即安全与危险并存、安全与生产统一、安全与质量包涵、安全与速度互保、安全与效益兼顾;并且在安全管理中要坚持六项基本原则,即管生产同时管安全、坚持安全管理的目的性、贯彻预防为主的方针、坚持"四全"动态管理、安全管理重在控制、在管理中发展提高。

建筑施工企业必须有专职机构和人员负责施工现场的安全管理和监督工作,对违章指挥和违章作业要明令禁止,凡挂靠工程发生事故的,必须追究被挂靠企业及其法人代表的责任。

所有工程在开工前,必须编制施工组织设计或施工方案,其中必须包括有针对性的安全技术措施,并层层交底,认真贯彻落实。

12.4.2 施工现场安全管理的重点

1. 人的不安全行为的管理

施工现场的工伤事故,绝大多数都是由于人的不安全行为所造成。当然,伤亡事故的发生是人所在时空诸多不安全因素相互交织、能量逆反人体所致,但主要因素是人的不安全行为。在施工生产过程中,人的行为对安全起着决定性的作用。

人的不安全行为是生理、心理、动作几方面产生的。人有行动上的自由性,生产时易受工作环境条件诱发的影响而发生错误动作。因此,必须使环境条件最佳化,以合理地发挥人本身所具有的体力和脑力,消除生产过程中的紧张状态,这样必然会减少事故的发生,其结果可提高生产效率。所以,掌握作业环境方面的知识,从保护工人人身安全的观点出发,检查环境作业条件,使之适应于安全的具体情况,就必须对现场人员及操作者进行安全知识教育,使他们对作业领域中的环境条件能够提出适当而具体的安全措施。

在施工过程中对作业空间、作业时间、作业顺序的施工组织安排上,需要充分考虑人的生理、心理的特征,既要考虑人的生理参数和机能,又要考虑人的思想、意志、兴趣和情趣等,使操作者在空间、时间、顺序上配合默契,协调有序。

操作者的劳动负荷时间过长、任务过重,则因消耗能量过多会感到疲劳,使生理、心理的反应处于不稳定状态,视觉首先失去对外界条件的正确判断,运动姿势和轨迹也逐渐紊乱,此时事故发生率就会增加。但是,如果劳动负荷过低也会发生事故。劳动负荷过低,人就会出现松散、麻痹大意,故有"思想麻痹之时,就是事故发生之日"之说。因此,施工现场生产管理就必须使施工操作程序和施工方法合理化,施工生产计划和作业计划均衡,劳动负荷保持恰当、均匀,使操作者的精神和体力保持最佳状态,才能安全而稳定地进行生产。

2. 物的不安全状态的管理

物都具有不同形式、性质的能量,有出现能量意外释放,引发事故的可能性。由于物的能量可能释放引起事故的状态,称为物的不安全状态。物的不安全状态,主要表现在以下三方面:设备装置的缺陷、作业场所的缺陷、物质和环境的危险源。因此,对物的不安全状态进行管理时,应针对施工生产中物的不安全状态的形成与发展,在进行施工设计、工艺安排、施工组织与具体操作时,采取有效的控制措施,把物的不安全状态消除在生产活动进行之前,或引发为事故之前。一切机械能、电能、热能、化学能、声能、光能、生物能、辐射能等能量,如果突然释放,达及人体又超过人体的承受能力,就会酿成伤害事故。因此,在安全管理中,应约束、限制能量意外释放,防止能量与人体接触。

在采取安全技术措施时,应遵循预防性措施优先选择,根治性措施优先选择,紧急性措施优先选择的原则,依次排列,以保证采取措施与落实的速度,即要分出轻、重、缓、急。安全技术措施的优选顺序:根除危险因素→限制或减少危险因素→隔离、隐蔽、连锁→故障→安全设计→减少故障或失误→校正行动。在现场施工生产的一套人、机、环境系统中,要求系统因素合理匹配并实现"机宜人、人适机、人机匹配";通过选择最符合人操作的设备,最适合的工具,最方便使用的机械,最适宜的工作环境,使机、环因素更适应人的生理、心理特征,使人能够正确判断来自人机接口的信息,使人的操作行为能在轻松中准确进行,减少失误,提高工作效率,消除事故。

12.4.3 施工安全制度

生产必须安全,安全为了生产。企业要能达到安全生产,必须有一套保证措施和完善的安全制度。

企业应建立以行政第一把手为首的分级负责的安全生产管理保证体系，有健全的公司、分公司、项目经理部、班组四级安全生产管理网络，公司设有安全科（站、处）。根据建设部规定按企业职工总数的千分之三至五的比例配备专职安全人员，并经建设主管部门培训考核取得安全生产岗位合格证。

根据建筑施工企业实践经验，还必须建立安全检查制度、安全教育制度、安全奖惩制度、事故管理制度、消防管理制度、各工种安全操作规程、防护器具及安全设施管理制度、"五同时"管理制度、危险作业管理制度以及特种作业管理制度等安全管理规章制度。

（一）安全生产责任制

公司经理是企业安全生产的第一负责人，对企业安全工作负全面责任。他们领导、督促企业各级生产负责人共同贯彻"安全第一，预防为主"的安全生产方针，搞好施工现场的劳动保护安全技术和工业卫生等工作。分公司主管安全生产经理或副经理是分公司安全生产的直接领导人。其职责是领导、监督分公司的安全生产工作，定期召开全分公司安全工作会议，组织安全生产大检查，组织、审核、实施施工现场安全计划和落实重大隐患的整改措施等。

项目经理是施工现场负责人。其职责之一是带头严格执行国家、上级部门有关安全的法令、法规；贯彻"五同时"，做到安全与生产相统一；认真开展周安全日活动；加强对机械设备、安全装置、防火设施、生产环境、危险源（点）的管理，及时消除事故隐患等。

班组长处于施工现场安全管理的第一线，是安全生产的直接指挥者。他们对本班组安全生产负全面领导责任，确保班组实现安全生产；贯彻安全生产方针及安全管理制度；对设备、安全设施、作业环境和班组成员的操作行为与精神状态进行认真检查，发现问题立即采取整改措施，并及时上报等。

现场操作人员绘制生产现场岗位事故因素对策图，并记载安全情况、事故隐患和处理结果；班组安全员每天汇总班组安全生产情况，呈报施工现场负责人，遇有重大安全问题，及时报告有关部门处理。

施工现场安全组织对现场所有岗位进行安全评价，找出不安全因素，提出整改方案，对可能发生的事故，采取有效措施加以排除和控制。

实行职工相互监督和相互保证制度，即相互监督按技术规程和标准化规范操作，相互监督正确穿戴和使用劳保用品，相互检查安全信号和设备、工具是否符合安全要求，发现隐患互相提醒并及时采取防范措施。

（二）安全监督检查制度

加强安全监督检查是发现不安全行为和不安全状态的重要途径。是消除事故隐患，落实整改措施，防止事故伤害，改善劳动条件的重要方法。做好安全监督检查工作，关键要强化建筑安全监督机制，最根本的是建立健全建筑安全监督网络，从上至下都要建立安全监督机构。

1. 安全检查的形式

安全检查的形式主要包括定期安全检查、季节性安全检查、临时安全检查、专业性安全检查、群众性安全检查以及安全管理检查等。

2. 安全检查的方法

常用的有一般检查方法和安全检查表法。

(1) 一般常采用看、听、嗅、问、测、验、析等方法。

看现场环境和作业条件，看实物和实际操作，看记录和资料等；听汇报、听介绍、听反映、听意见或批评、听机械设备的运转响声或承重物发出的微弱声等；对挥发物、腐蚀物、有毒气体进行辨别；对影响安全的问题，详细询问，寻根究底；查明问题、查对数据、查清原因，追查责任；测量、测试、监测；进行必要的试验或化验；分析安全事故的隐患、原因。

(2) 安全检查表法

通过事先拟定的安全检查明细表或清单，对安全生产进行初步的诊断和控制。安全检查表通常包括检查项目、内容、检查方法或要求、存在问题、改进措施、检查措施、检查人等内容。安全检查表的格式如表12-9所示。

安全检查表格式　　　　　　　　　　　　　　表12-9

检查项目	检查内容	检查方法或要求	存在问题	改进措施	检查人
安全生产制度	(1) 安全生产管理制度	制度健全，切实可行，进行了层层贯彻，各级主要领导人员和安全技术人员，知道其主要条款			
	(2) 安全生产责任制	各级安全生产责任制落实到单位和部门，岗位安全生产责任制落实到人			
	(3) 安全生产的"五同时"	在计划、布置、检查、总结、评比生产同时，计划、布置、检查、总结、评比安全生产工作			
	(4) 安全生产计划编制	计划编制切实、可行、完整、及时，贯彻认真，执行有力			
	(5) 安全生产管理机构，人员配备	有领导、执行、监督机构、有群众性的安全网点活动，安全生产管理人员不缺员，没被抽出做其他工作			
安全教育	(6) 新工人入厂三级教育	有教育计划、有内容、有记录、有考试或考核			
	(7) 特殊工种的安全教育	有安排、有记录、有考试，合格者发给操作证，不合格者进行补课教育或停止操作			
	(8) 改变工种和采用新技术等人员的安全教育	教育得及时，有记录、有考核			
	(9) 对工人日常教育	有安排、有记录			
	(10) 各级领导干部和业务员安全教育	有安排、有记录			

续表

检查项目	检查内容	检查方法或要求	存在问题	改进措施	检查人
安全技术	(11) 安全技术操作规程	操作规程完善、具体、实用、不漏项、不漏岗、不漏人			
	(12) 安全技术措施计划	单项、单位、分部分项工程都有安全技术措施计划，进行了安全技术交底			
	(13) 主要安全设施	道路、管道、电气线路、材料堆放、临时设施等的平面布置符合安全、卫生、防火要求；脚手架井子架、龙门架、塔台、梯凳等都符合安全生产要求和文明施工要求			
	(14) 各种机具、机电设备	安全防护装置齐全、灵敏、闸阀、开关、插头、插座、手柄等均安全，不漏电；有避雷装置、有接地接零；起重设备有限位装置；保险设施齐全完好等			
	(15) 防尘、防毒、防爆防暑、防冻等措施	均达到了安全技术要求			
	(16) 防火措施当否	有消防组织、有完备的消防工具和设备，水源、方便道路畅通			
	(17) 安全帽、安全带、安全网及其他防护用品和设施	性能可靠，佩戴或搭设均符合要求			
	(18) 安全检查制度	按规定进行安全检查，有活动记录			
	(19) 违纪、违章现象	发现违纪、违章，及时纠正或进行处理，奖罚分明			
	(20) 隐患处理	发现隐患，及时采取措施，并有信息反馈，事故隐患整改做到"三定一落实"			

（三）安全教育和培训

安全教育和培训是建筑施工企业生产现场安全管理的重要内容，是提高职工安全意识、安全技能和遵守劳动纪律的自觉性，贯彻国家安全生产的法律法规，预防事故发生，保证安全生产的重要手段。

安全教育培训的内容有安全思想教育、安全知识教育、安全技术教育、安全法制教育和安全纪律教育等。其形式多样，可以根据不同的企业类型、教育目的和内容选择不同的教育培训形式，常见的有课堂教育、现场教育、宣传鼓动和强化教育等。不同的教育形式所达到的效果也不同。

安全教育培训的内容和形式如图12-8、图12-9所示。

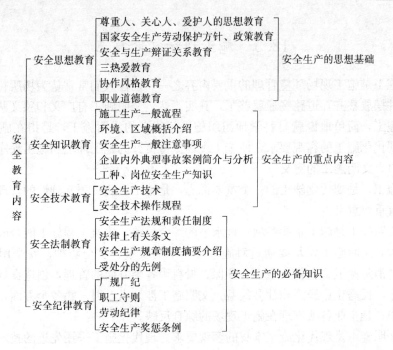

图 12-8 安全教育内容

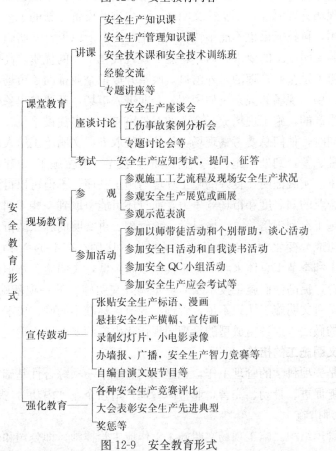

图 12-9 安全教育形式

12.5 施工现场文明施工

文明施工是施工现场环境管理的重要内容之一。以往人们常常认为场所打扫干净,材料及构配件摆放整齐,道路畅通就够了,其实不然。文明施工有广义和狭义两种理解。广义的文明施工,简单地说就是科学地组织施工。狭义的文明施工,是指在施工现场管理中,要按现代化施工的客观要求,使施工现场保持良好的施工环境和施工秩序。

12.5.1 文明施工的意义

文明施工,是现代化施工的一个重要标志,是施工企业一项基础性的管理工作,坚持文明施工有重要意义。

(1) 文明施工是施工企业各项管理水平的综合反映。建筑工程施工能否顺利进行受环境影响很大。文明施工就是要通过对施工现场中的质量、安全防护、安全用电、机械设备、技术、消防保卫、场容、卫生、环保、材料等各个方面的管理,创造良好的施工环境和施工秩序,提高企业经济和社会效益。文明施工涉及人、财、物各个方面,贯穿于施工全过程之中,是企业各项管理在施工现场的综合反映。

(2) 文明施工是现代化施工本身的客观要求。现代化施工采用先进的技术、工艺、材料和设备,需要严密的组织,严格的要求,标准化的管理,科学的施工方案和职工较高的素质等。如果现场管理混乱,不坚持文明施工,先进的设备,新的工艺与新的技术就不能充分发挥其作用,科技成果也不能很快转化为生产力。所以说,文明施工是现代化施工的客观要求。遵照文明施工的要求去做,就能实现现代化生产的优质、高效、低耗的目的。

(3) 文明施工是企业管理的对外窗口。改革开放把企业推向了市场,建筑市场竞争变得日趋激烈。市场与现场的关系更加密切,企业进入市场,就要拿出象样的产品,而建筑产品是在现场生产的,施工现场成了企业的对外窗口。众多建设单位,在每项工程投标之前,在压价的同时,他们总要考察现场,往往以貌取人,文明施工给人以第一印象。如果施工现场脏、乱、差,到处"跑、冒、滴、漏",甚至"野蛮施工",建设单位就不会选择这样的队伍施工。实践证明,良好的施工环境与施工秩序,不但可以得到建设单位的支持和信赖,提高企业的知名度和市场竞争力,而且还可能争取到一些"回头工程"。

(4) 文明施工有利于培养一支懂科学、善管理、讲文明的施工队伍。目前我国建筑施工企业职工队伍成分变化大,农民工已占了很大的比例,在不少企业已成为施工的主力军。农民合同工和季节工总体来看,施工技术素质偏低,文明施工意识淡薄,如何加强农民工管理和教育,提高他们施工技术素质,是搞好文明施工的一项基础工作。另一方面,少数施工企业,对文明施工认识不足,管理不规范,标准不明确,要求不严格。形成"习惯就是标准"的做法,这种粗放型的管理同现代化生产的要求极不适应。

12.5.2 文明施工的措施

文明施工是一项科学的管理工作,也是现场管理中一项综合性基础管理工作。坚持文明施工,必然能促进、带动、完善企业整体管理,增强企业"内功",提高整体素质。

1. 组织管理措施

(1) 健全管理组织。施工现场文明施工工作应主管挂帅,即公司和分公司均成立主要领导挂帅,各部门主要负责人参加的施工现场管理领导小组,在公司范围内建立以项目管理班子为核心的施工现场文明施工管理组织。施工现场分包单位应服从总包单位的统一管理，接受总包单位的监督检查，并负责本单位的文明施工工作。

(2) 健全管理制度。主要有：岗位责任制、经济责任制、检查制度、奖惩制度、持证上岗制度、会议制度以及各项专业管理制度。

(3) 健全管理资料。上级关于文明施工的标准、规定、法律法规等资料应齐全；施工组织设计（方案）中应有质量、安全、保卫、消防、环境保护技术措施和对文明施工、环境卫生、材料节约等管理要求，并有施工各阶段施工现场的平面布置图和季节性施工方案；施工现场应有包含文明施工内容的施工日志；文明施工自检资料应完整，填写内容符合要求，签字手续齐全；文明施工教育、培训、考核记录均应有计划、资料；应有文明施工活动记录及施工管理各方面专业资料。

(4) 开展竞赛。公司之间、项目经理部之间、现场各个方面专业管理之间应开展文明施工竞赛活动。竞赛形式多样，并与检查、考评、奖惩相结合，竞赛评比结果张榜公布于众。

2. 现场管理措施

环境管理措施主要应开展"5S"活动。"5S"活动来源于日本，后推广于西方国家，它是符合现代化大生产特点的一种科学管理方法。近年来，我国许多企业学习推行了"5S"活动，提高了职工素质和企业文明生产活动水平，取得了显著的效果和经济效益。"5S"活动是指对施工现场各生产要素（主要是物的要素）所处状态不断地进行整理、整顿、清扫、清洁和素养。由于这五个词日语中罗马拼音的第一个字母都是"S"，所以简称为"5S"。

整理：所谓整理，就是对施工现场现实存在的人、事、物进行调查分析，按照有关要求区分需要和不需要，合理和不合理，把施工现场不需要和不合理的人、事、物及时处理。这是开始改善生产现场的第一步。整理的范围是建筑物内外，上至作业面下至地下室、地下管沟内，每个工位、食堂、仓库、办公室、更衣室、加工场、堆料场、机械操作室等场区的各个角落，达到现场无不用之物，道路和通道畅通，改善和增大作业与使用面积。同时又在保证施工的情况下实现了库存最少，节约了资金，创造了最佳施工环境，培养了良好作风，提高了工作效率。

整顿：所谓整顿，就是合理定置。通过上一步整理后，把施工现场所需要的人、机、物、料等按照施工现场平面布置图规定的位置，并根据有关法规、标准以及企业安全、质量等规定，科学合理地安排布置和堆码，使人才合理使用，物品合理定置，实现人、物、场所在空间上的最佳结合，从而达到科学施工，文明安全生产，培养人才，提高效率和质量的目的。

清扫：就是要对施工现场的设备、场地、物品勤加维护打扫，发现问题，立即查明原因采取措施加以纠正，并制定、修改、完善管理办法，始终保持现场环境卫生，干净整齐，无垃圾，无污物，并使设备运转正常。开展清扫活动的目的，就是创造一个明快、舒畅的工作、生活环境，以保证安全、质量和高效率地工作。

清洁：就是前三项活动的继续和深入，通过对现场所有场所和空间，进行认真维护、保护现在的完美和最佳状态，从而预防疾病和食物中毒，消除发生安全事故的根源，创造一个良好的施工与生活环境和施工秩序，使职工能愉快地工作。

素养：就是努力提高施工现场全体职工的素质，养成严格执行各种规章制度和文明施工习惯的作风。这是开展"5S"活动的核心和精髓。

开展"5S"活动，要特别注意调动全体职工的积极性，自觉管理，自我实施，自我控制，贯穿施工全过程、全现场，由现场职工自己动手，创造一个整齐、清洁、方便、安全和标准化的施工环境。使全体职工养成遵守规章制度和操作规程的良好风尚。开展"5S"活动，必须领导重视，加强组织，严格管理，要将"5S"活动纳入岗位责任制，并按照文明施工标准检查、评比与考核。

3. 定置管理

合理定置是指把全工地施工期间所需要的物在空间上合理布置，实现人与物、人与场所、物与场所、物与物之间的最佳结合，使施工现场秩序化、标准化、规范化，体现文明施工水平。它是现场管理的一项重要内容，是实现文明施工的一项重要措施，是谋求改善施工现场环境的一个科学的管理办法。搞好合理定置应做好如下工作：

（1）在保证施工顺利进行的前提下，尽量减少施工用地，利用荒地，不占或少占农田。

（2）要尽量减少临时设施的工程量，充分利用原有建筑物及给排水、暖卫管线、道路等，节省临设费用。

（3）要降低运输费用。合理地布置施工现场的运输道路，及各种材料堆放、加工场、仓库位置，尽量使场内运输距离最短和减少二次搬运。

（4）施工现场定置过程中，一定要按照上级和企业关于劳动保护、质量、安全、消防、保卫、场容、料具、环境保护、环境卫生等施工管理标准、规定等要求，一次定置到位。

（5）施工现场各物的布置方案有比较，从优选择，做到有利生产，方便生活，降低费用，使人、物、场所相互之间形成最佳结合，创造良好的施工环境。

（6）在整个施工过程中，依靠群众，自觉实施合理定置方案，并推行 PDCA 循环和考核工作，不断改进、完善定置管理。

4. 目视管理

目视管理就是用眼睛看的管理，亦可称为"看得见的管理"。它是利用形象直观、色彩适宜的各种视觉感知信息来组织现场施工生产活动，达到提高劳动生产率、保证工程质量、降低工程成本的目的。目视管理，有两个特征：第一个是以视觉显示为基本手段，大家一看就知道是正常还是不正常，并且对不正常采取临时性或永久性的措施。第二个是以公开化为基本原则，尽可能地向全体职工全面提供所需要的信息，让大家都能看得见，并形成一种大家都自觉参与完成单位目标的管理系统。目视管理是一种形象直观，简便适用，透明度高，科学组织生产，便于职工自主管理，自我控制的一种有效的管理方式。这种管理方式可以贯穿于施工现场管理的各个领域之中，它既可以减少管理层次和管理手续，又可提高管理效率具有其他方式不可替代的作用。

目视管理以施工现场的人、物及其环境为对象，贯穿于施工的全过程，存在于施工现场管理的各项专业管理之中，并且还要覆盖作业者、作业环境和作业手段，这样目视管理的内容才是完整的。其主要内容与形式如下：

（1）施工任务和完成情况要制成图表，公布于众，使每个工人都知道自行完成任务，按劳分配知多少。

（2）施工现场各项管理制度、操作规程、工作标准、施工现场管理实施细则布告等应该用看板、挂板或写后张贴墙上公布,展示清楚。

(3) 在定置过程中,以清晰的、标准化的视觉显示信息落实定置设计,实现合理定置。

(4) 施工现场分区、片或栋号管理,岗位责任人名单标牌显示,简单易行,有利于群众监督。标牌的制作规格、材质、颜色字体以及放置位置都要标准化。

(5) 施工现场作业控制手段要形象直观,适用方便。目前,我国建筑业最常用的施工作业控制手段有点、线控制,施工图控制,通知书控制,看板控制,旗语、手势等信息传导信号控制等。

(6) 施工现场科学、合理、巧妙地运用色彩,正确使用安全色,安全、消防、交通等标志,并实行标准化管理。

(7) 施工现场管理各项检查结果张榜公布。根据企业管理规定,工地每月都要组织几次施工现场管理综合检查或质量、安全、文明施工、环境卫生等单项检查,每次检查评比结果都要绘成图表张榜公布,并且将现场管理综合检查和进度、质量、安全等专业检查结果与单位和职工个人工资奖金挂钩,奖罚严明,推动文明施工水平向高起点迈进。

(8) 信息显示手段科学化。应广泛应用电视机、广播、仪表、信号等现代化传递信息手段,宣扬教育动员全体职工做好文明施工的同时,搞好企业职工精神文明建设。

12.5.3 文明施工有关规定

建设部15号令《建设工程施工现场管理规定》中有关建筑施工现场安全生产和文明施工的若干规定:

(1) 编制施工组织设计要有安全生产、文明施工、环境保护的内容。

(2) 施工项目现场系统标志管理"五牌一图"。即:施工单位及项目名称牌、安全生产六大纪律宣传牌、防火须知牌、安全无重大事故计数牌、项目主要管理人员名单牌、施工现场总平面图。

(3) 施工现场要按照要求和规定做好围墙或围栏隔离工作。

(4) 打桩或挖土前,要与有关部门联系,查清地下管线情况。

(5) 施工现场要有废水排水措施,不得将泥浆污水直接排入城市下水道;同时,保证工地干爽、无泥浆、无积水、无杂物。

(6) 每天安排专人负责清理余土和建筑垃圾,要做到随产随清,保证工地不留建筑垃圾过夜,为施工工地创造一个清洁、卫生的施工环境。

(7) 装运泥土车辆,不得污染路面有碍市容。

(8) 现场明火坚持审批制度。

(9) 晚间施工,减少噪声,同时必须办好申请手续。

(10) 建立严格的工地纪律,外人不准随便进入工地,要求进入工地的工作人员要衣着整齐,带安全帽作业。

(11) 引进先进技术,减轻笨重的体力劳动,减少湿作业,为文明施工创造一个良好的条件。

本 章 小 结

建筑工程施工是建筑企业的基本任务。施工管理是建筑企业经营管理的重要组成部分。所谓施工管理,就是对完成最终建筑产品的施工全过程所进行的组织和管理,包括建筑施工方案的策划、建筑施工计划的编制、施工现场的布置以及施工安全和环境管理等。

建筑施工管理的目标包括投资目标、进度目标、质量安全目标，三者之间矛盾统一，施工管理的目的即是通过有效的管理，在不增加投资的前提下，缩短工期和提高工程质量，保证工程的安全性。

施工方案包括下列内容：施工流向和施工顺序；施工阶段划分；施工方法和施工机械选择；技术组织措施。其编制的依据主要是施工图纸、施工组织设计、施工现场勘察调查得来的资料和信息等。

建筑施工计划有进度计划和资源计划两种。施工进度计划通常采用横道图或网络图表达，两种各有特点和不同的适用范围；施工资源计划则包括主要劳动力需要量计划、施工机械需要量计划以及主要材料、构配件需要量计划。综合施工进度以及资源计划可对工程施工计划进行技术经济评价，通常采用的指标有：工期、资源消耗的均衡性以及主要机械的利用程度等。

建筑施工现场布置是施工管理中重要的组成部分，施工平面图设计合理与否直接影响了建筑工地的秩序。施工平面图的设计步骤是：确定起重机械的位置——确定搅拌站、仓库和材料、构件堆场的位置——布置运输道路——布置行政管理及文化生活福利用的临时设施——布置水电管网。建筑施工是一个复杂多变的过程，因此整个施工过程中，现场的实际布置情况是根据情况而随时改变的，应综合考虑各方面的因素，统筹布局。

"安全第一，预防为主"是我国的安全生产方针，也是建筑企业进行安全管理工作的指导思想。施工安全管理具有预防性、长期性、科学性和广泛性的特点，其控制的重点为人的不安全行为以及物的不安全状态。施工安全管理要建立健全的安全制度，完善安全生产责任制，加强安全监督检查并进一步展开全面的安全教育和培训活动，将安全责任落实在每个人。

文明施工是施工现场环境管理的重要内容之一，是现代化施工的一个重要标志，具有重大意义。环境管理措施可开展"5S"活动，进行定置管理以及目视管理等。

复 习 思 考 题

1. 建筑施工生产管理的基本任务是什么？
2. 施工平面图应包含哪些内容？
3. 简述单位工程施工平面图设计的基本步骤。
4. 施工方案一般包含哪些具体内容？
5. 划分流水施工段时需要考虑哪些因素？
6. 阅读一份建筑施工分案，并给出你的评价。
7. 进度计划技术经济指标有哪些指标？
8. 建筑施工安全的特点是什么？
9. 请结合实例说一说建筑施工现场安全管理的重点。
10. 如何做好施工现场环境保护工作？

13 建筑企业质量管理

在建筑行业,工程建设质量关系到国家的发展、关系到企业的生存、关系到人们的健康安全。工程项目一次性建设的特点要求工程项目的质量管理必须十分严谨,不允许存在任何侥幸心理。"百年大计、质量第一"是我国多年来工程建设所贯彻的基本方针。

13.1 工程质量与质量管理概述

13.1.1 质量的概念与特征

(一)工程质量

工程质量包括狭义和广义两个方面的含义。狭义的工程质量指施工的工程质量(即施工质量)。广义的工程质量除指施工质量外,还包括工序质量和工作质量。

1. 施工质量

施工的工程质量是指承建工程的使用价值,也就是施工工程的适应性。

正确认识施工的工程质量是至关重要的。质量是为使用目的而具备的工程适应性,不是指绝对最佳的意思。应该考虑实际用途和社会生产条件的平衡,考虑技术可能性和经济合理性。建设单位提出的质量要求,是考虑质量性能的一个重要条件,通常表示为一定幅度。施工企业应按照质量标准,进行最经济的施工,以降低工程造价,提高动能,从而提高工程质量。

2. 工序质量

工序质量也称生产过程质量,是指施工过程中影响工程质量的主要因素,如人、机器设备、原材料、操作方法和生产环境五大因素等,对工程项目的综合作用过程,是生产过程五大要素的综合质量。

为了达到设计要求的工程质量,必须掌握五大要素的变化与质量波动的内在联系,改善不利因素,不断提高工序质量。

3. 工作质量

工作质量是指施工企业的生产指挥工作、技术组织工作、经营管理工作对达到施工工程质量标准、减少不合格品的保证程度。它也是施工企业生产经营活动各项工作的总质量。

工作质量不像产品质量那样直观,一般难以定量,通常是通过工程质量的高低,不合格率的多少,生产效率以及企业盈亏等经济效果来间接反映和定量的。

施工质量、工序质量和工作质量,虽然含义不同,但三者是密切联系的。施工质量是施工活动的最终成果,它取决于工序质量;工作质量则是工序质量的基础和保证。所以工程质量问题,绝不是就工程质量而抓工程质量所能解决的,既要抓施工质量,更要抓工作质量。必须提高工作质量来保证工序质量,从而保证和提高施工的工程质量。

(二)工程质量的特征

由于工程项目施工涉及面广,是一个极其复杂的综合过程,再加上项目位置固定、生产流动、结构类型不一、质量要求不一、施工方法不一、体型大、整体性强、建设周期长、受自然条件影响大等特点,因此,工程施工项目的质量比一般工业产品的质量更难以控制,主要表现在以下几方面:

1. 影响质量的因素多

如设计、材料、机械、地形、地质、水文、气象、施工工艺、操作方法、技术措施、管理制度等,均直接影响施工项目的质量。

2. 容易产生质量变异

因工程项目施工不像工业产品生产,影响质量的偶然性因素和系统性因素都较多,很容易产生质量变异。如材料性能微小的差异、机械设备正常的磨损、操作微小的变化、环境微小的波动等,均会引起偶然性因素的质量变异;当使用材料的规格、品种有误,施工方法不妥,操作不按规程,机械故障,设计计算错误等,则会引起系统性因素的质量变异,造成工程质量事故。

3. 容易产生第一类、第二类判断错误

施工项目由于工序交接多,中间产品多,隐蔽工程多,若不及时检查实质,事后再看表面,就容易产生第二类判断错误;也就是说,容易将不合格的产品,认为是合格的产品。反之,若检查不认真,测量仪表不准,读数有误,就会产生第一类判断错误;也就是说,容易将合格产品,认为是不合格的产品。因此,在进行质量检查验收时,应特别注意。

4. 质量检查不能解体、拆卸

工程项目建成后,不可能像某些工业产品那样,再拆卸或解体检查内在的质量,或重新更换零件;即使发现质量有问题,也不可能像工业产品那样实行"包换"或"退款"。

5. 质量要受投资、进度的制约

施工项目的质量,受投资、进度的制约较大,如一般情况下,投资大、进度慢,质量就好;反之,质量则差。因此,项目在施工中,还必须正确处理质量、投资、进度三者之间的关系,使其达到对立的统一。

13.1.2 质量管理理论与实践的发展

质量管理理论与实践的发展有哪几个阶段,目前有许多种划分的说法,通常说的是三个阶段:质量检验阶段、统计质量控制阶段和全面质量管理阶段。

1. 质量检验阶段

在第二次世界大战以前,人们对质量管理的认识只限于对产品质量的检验。在谁来检验把关方面,也有一个逐步发展的过程:①操作者质量管理。工人既是操作者,又是检验者,制造和检验的质量职能统一集中在操作者身上,因此被称为"操作者质量管理"。②工长质量管理。将质量检验的职能从操作者身上分离出来,由工长行使对产品质量的检验。这一变化分离了操作与检验的职能,强化了质量检验的职能,称为"工长质量管理"。③检验员质量管理。在管理分工概念的影响下,企业中逐步产生了专职的质量检验岗位,有了专职的质量检验员,质量检验的职能从工长身上转移给了质量检验员。后来,一些企业又相继成立了专门的质量检验部门,使质量检验的职能得到了进一步的加强。这一过程称为"检验员质量管理"。

2. 统计质量控制阶段

1924 年 W. A. Shewhart 提出了"事先控制，预防废品"的观念，并且应用数理统计原理发明了具有可操作性的"质量控制图"，用于解决事后把关的不足。H. F. Dodge 和 H. G. Romig 提出了抽样的概念和抽样方法，并设计了可以运用的"抽样检验表"，用于解决全数检验和破坏性检验所带来的问题。

第二次世界大战爆发后，美国政府和国防部组织了一批数学家来研究和解决军需产品的质量问题，推动了数理统计方法的应用，先后制定了三个战时质量控制标准：质量控制指南；数据分析用控制图法；工序控制图法。标志着质量管理在 20 世纪 40 年代进入了统计质量控制阶段。

3. 全面质量管理阶段

1961 年，A. V. Feigenbaum 撰写出版了《Total Quality Control》一书，指出"全面质量管理是为了能够在最经济的水平上并考虑充分满足用户要求的条件下进行市场研究、设计、生产和服务，把企业各部门的研制质量、维持质量和提高质量的活动构成一体的有效体系。"A. V. Feigenbaum 和 J. M. Juran 等人提出的全面质量管理概念，强调了：①质量管理仅靠检验和统计控制方法是不够的，解决质量问题的方法和手段是多种多样的，而且还必须有一整套的组织管理工作；②质量职能是企业全体人员的责任，企业全体人员都应具有质量意识和承担质量责任；③质量问题不限于产品的制造过程，解决质量问题也是如此，应该在整个产品质量产生、形成、实现的全过程中都实施质量管理；④质量管理必须综合考虑质量、价格、交货期和服务，而不能只考虑狭义的产品质量。在吸收这一观念方面，日本是做得最成功的。日本不仅认真学习美国的全面质量管理思想和方法，还结合自己的国情创造出了"全公司性质量管理"的理论和方法，取得了极大的成功。

全面质量管理的理论和实践的发展跨越到了新的世纪，其观念逐步被世界各个国家所接受，并且在实践中又得到了丰富和发展，从 TQC 发展为 TQM (management)，使管理的概念更全面、更人性化、更具有竞争性，极大地推动了世界经济的发展，为人类进步和生活质量的提高作出了巨大贡献。

4. 后全面质量管理阶段

严格地讲，后全面质量管理阶段也属于全面质量管理阶段之中。在上一世纪 80 年代开始，也就是全面质量管理从 TQC 发展到 TQM 的同时，产生了第一部管理的国际标准——ISO9000 族标准；90 年代又掀起了 6σ 管理高潮，并且在许多国家得到关注。前者将质量管理形成标准，努力使对质量管理活动的评判有一把国际统一的"尺"，后者将质量固化到统计概念上，追求质量管理的完美无缺。

13.1.3 质量管理的基本概念

为求得生存和发展，必须积极、有效地开展质量管理活动，这是成功企业的共识，也是发达国家的一些政府长期探索的结论。

1. 质量管理

质量管理是企业为了使其产品质量能满足不断更新的市场质量要求而开展的策划、组织、计划、实施、检查、改进等管理活动的总和，是企业中各级管理者的职责，其具体实施涉及企业内的所有职工，但必须由企业最高管理者领导。由于市场的多变性和对企业发展的导向性，企业的全部质量管理活动都必须围绕着与市场需求相适应、与顾客要求相吻合的质量目标来进行，全面有效地实施质量保证和质量控制，并讲求质量管理活动的经济效果，使企业、顾客、社会三方的利益都得到满足。

2. 质量管理体系

2000版ISO9000族标准对质量管理体系（quality management system）下的定义是：在质量方面指挥和控制组织的管理体系。所谓管理体系（management system）是指建立方针和目标并实现这些目标的体系，而体系（或系统system）则是相互关联或相互作用的一组要素。企业的质量管理是通过制定质量方针和目标，建立、健全质量管理体系并使之有效运行来付诸实施的。所以，质量管理体系是企业有效开展质量管理的核心。

3. 质量控制和质量保证

质量控制（quality control）是指质量管理的一部分，是致力于满足质量要求的活动。企业实施质量控制的目标是确保产品质量能满足企业自身、顾客及社会三方面所提出的质量要求。质量控制的范围涉及产品质量形成的全过程，其目的是通过一系列作业技术和活动对全过程影响质量的人、机、料、法、环（Man、Machine、Material、Method、Environment，简称4M1E）诸因素来进行控制，并排除会使产品质量受到损害而不能满足质量要求的各项原因，以减少经济损失，取得经济效益。

质量保证（quality assurance）是指质量管理的一部分，是致力于提供质量要求会得到满足的信任的活动。质量保证与质量控制是相互关联的。质量保证以质量控制为其基础，进一步引申到提供"信任"的目的。由目的出发，企业的质量保证分为内部质量保证和外部质量保证两类。在企业内部，质量保证的主要目的是向企业最高管理者提供信任，即使企业最高管理者确信本企业的产品能满足质量要求。在合同或其他外部条件下，质量保证是向顾客或第三方提供信任，即使顾客或第三方确信本企业已建立完善的质量管理体系，对合同产品有一整套完善的质量控制方案、办法，有信心相信本企业提供的产品能达到合同所规定的质量要求。

4. 质量改进

产品质量是企业在竞争中取胜的重要手段，为了增强企业的竞争力，有必要进行持续的质量改进。为此，企业应确保质量管理体系能推动和促进持续的质量改进，使其质量管理工作的有效性和效率能使顾客满意，并为企业带来持久的效益。所谓有效性（effectiveness）是指完成策划的活动和达到策划结果的程度；效率（efficiency）是指达到的结果与所使用的资源之间的关系。有效性与效率之间的关系对于企业质量管理活动而言，是密不可分的。另外，质量要求是多方面的，除了有效性和效率外，还有可追溯性等。所谓可追溯性（traceability）是指追溯所考虑对象的历史、应用情况或所处场所的能力。当考虑的对象为产品时，可追溯性可涉及到原材料和零部件的来源、加工过程的历史（如经过的工序和场所、使用过的设备、操作者等）、产品交付后的分布和场所等。为此，企业的质量管理活动必须追求持续的质量改进。

13.1.4 企业质量管理的基础工作

扎实的企业质量管理的基础工作，是企业质量体系顺利运作和不断发展的保证。开展全面质量管理，必须做好以下相应的基础工作。

（一）标准化工作

衡量产品质量的优劣，工作质量的好坏，都离不开统一的标准。标准化是全面质量管理的基础。

所谓标准化，是指产品的品种、规格、质量、性能、工艺、操作、检验技术以及企业的经营管理工作的规范化、统一化和系统化。简而言之，要求企业按统一的标准组织生产和开展各项活动。质量管理，实质上就是贯彻执行各项标准、保证产品的质量达到标准的要求。讲质量首先要讲标准，只有高标准，才会有高质量。

标准化的内容主要有两方面，一是技术标准，二是管理标准。技术标准包括各种设计规范、施工验收规范、工程质量检验评定标准、材料检验标准、操作规程等；管理标准包括企业在经营管理活动中制定的各种制度、工作规程、工作守则等。管理标准保证了技术标准的贯彻执行。

（二）计量工作

全面质量管理的特点之一，是重视数据的作用。而准确的数据来自准确的计量工作。计量工作为质量管理的定量化奠定基础。没有计量，就无法得到准确的数据，无法开展质量管理工作。

加强计量工作，必须抓好下面几个主要环节：保证计量器具、设备的正确使用；严格计量器具、设备的鉴定；搞好计量器具、设备的维修和报废；改造旧的计量器具、设备，推行新的计量手段；培养计量人员；建立完善的计量管理机构。

（三）质量情报工作

质量情报是反映产品质量和企业生产经营各环节工作质量的原始记录、数据、信息以及各种技术经济资料等。开展质量管理，必须随时掌握质量的动态反映。质量情报工作是掌握质量动态的重要手段。通过质量情报工作，企业可以随时掌握产品质量的变化，影响质量的因素，用户对产品质量的要求，国内外同类产品的发展动向等，为加强质量管理提供了依据。

建筑企业的质量情报主要来自两个方面：

1. 企业外部的质量情报

包括市场（用户）对产品质量的信息反馈和国内外同行业质量发展的动向。

（1）市场（用户）对产品质量的信息反馈。一般通过对工程使用情况的回访调查，收集用户意见，得到市场信息。市场信息对改进质量工作有极其重要的意义，因为质量管理最终是为用户服务的。

（2）国内外同行业质量发展的动向。质量竞争，主要是同行业之间的竞争。随时掌握发展动态，能使企业对照同行业的新水平、新技术和发展趋势，找出差距，不断改进质量管理工作，赶上先进水平，在竞争中立于不败之地。

2. 企业内部的质量情报

主要指从施工生产过程和辅助生产过程中收集的各种工作质量和产品质量的信息资料。企业内部质量情报是了解和掌握本企业产品质量和工作质量的原始依据，主要来源有：原材料、半成品、构配件的检验记录、试验记录、验收记录；施工生产过程的操作记录，包括施工日记、隐蔽工程记录、设计更改记录等；分部分项工程验收记录；劳动力、材料、机械设备的使用和消耗记录；质量评定记录等。

建筑企业进行质量情报工作，必须建立完善的组织机构，保证信息收集、传递的准确和完整。

（四）质量责任制

质量责任制是企业质量管理工作有关职责划分的工作制度。建立质量责任制，就是把质量管理的工作落实到企业各个部门、各级机构、各个岗位和具体的人头上，规定其责任并赋予相应的权力，用规章制度把各项质量工作组织起来，形成严密的管理体系，保证活动正常开展。

质量责任制按照质量管理的工作内容分类建立，一般包括以下几点：

1. 企业领导责任制

企业领导（经理）必须对本企业产品的质量负全面责任。把产品质量和企业经理的工作成就挂上勾，作为一项考核经理业绩的指标。质量工作具体由总工程师负责抓，对产品的设计、研制、生产等环节的质量问题负责。

2. 工序质量责任制

将质量工作落实到每道工序，由各工序操作人员具体负责。凡达不到质量要求，一律追究生产人员的责任。

3. 质量检查责任制

在生产班组建立自检互检制度，明确质量责任；设立专门的质检人员和机构，全面负责质量检查工作。

4. 质量事故处理责任制

对于质量事故，要明确责任制，做到"三不放过"（即事故原因不清不放过，事故责任者和群众没有受到教育不放过，没有防范措施不放过）。

5. 质量管理部门责任制

全面质量管理虽然强调全体职工参与，但仍必须有具体的组织者。质量管理部门就是推行全面质量管理的具体组织者，在质量管理中起着十分重要的作用。质量管理部门责任制则是明确质量管理部门职责的规定。

质量管理部门的具体职责包括：编制质量计划，组织实施；监督和协调各部门的质量工作；质量检查、分析和评价；收集质量情况、掌握动态；质量形成过程的控制；组织对用户的回访；改进质量管理体系；对质量人员进行培训等。

（五）质量教育工作

任何质量管理工作，都必须依靠人去做。人是决定产品质量的最关键的因素，对职工进行全员的质量教育，构成全面质量管理的重要基础工作。

1. 对全体职工进行"质量第一"观念的教育

只有全体职工人人都牢固树立起质量观念，坚持质量第一的方针。对企业产品质量有紧迫感，对质量工作有责任感，提高产品质量才有坚实可靠的基础，各项质量管理工作也才可能顺利开展。

2. 技术业务培训

全面质量管理只有把管理方法和技术工作相结合，才能发挥作用。技术工作是质量管理的基础。工人没技术，生产不出高质量的产品；工程技术人员业务水平不提高，则无法完成产品的更新换代，推广新技术，质量上等级也是一句空话。所以，必须对各类人员进行培训，牢固掌握建筑产品的生产技术，为提高产品质量打下坚定的基础。

3. 专业人员和骨干的培训

包括管理部门专业人员的培训和班组质量员的培训。要求专业人员掌握全面质量管理的各种方法，能指导班组开展 QC 活动；班组质量员主要掌握 QC 小组的活动内容和方法，组织质量小组开展活动

13.2 施工生产过程的质量控制

施工生产过程的质量控制是实现工程目的、形成工程质量的重要环节，是实现企业质量目标的重要保证。为此，企业必须抓好生产过程中的每一个环节的质量保证，严格执行，全面达到质量技术标准和管理标准。本节重点介绍施工准备过程、施工过程和辅助服务过程的质量控制。

13.2.1 施工准备过程的质量控制

施工准备，是整个工程施工过程的开始，只有认真做好施工准备工作，才能顺利的组织施工，并为保证和提高工程质量，加速施工进度，缩短建设工期，降低工程成本提供可靠的条件。

施工准备工作的基本任务是：掌握施工项目工程的特点；了解对施工总进度的要求；摸清施工条件；编制施工组织设计；全面规划和安排施工力量；制定合理的施工方案；组织物资供应；做好现场"三通一平"和平面布置；兴建施工临时设施，为现场施工做好准备工作。

施工准备工作要有步骤、分阶段地进行。一般可分为调查研究、施工组织设计及分部分项工程施工方案编制、现场准备等三个阶段。各阶段质量管理的工作内容是：

1. 调查研究阶段

在调查研究阶段，建设单位和设计部门应向施工单位进行建设项目的基本交底，并提供有关规划设计图纸和技术资料。施工单位应积极参加工程设计方案的选定审议，从而弄清设计意图，了解结构特点和关键部位的技术质量要求。施工单位还要认真调查施工所在地区的自然条件、地理环境、地方材料的生产和供应情况，以及工地所需的水、电、交通运输和劳动力资源情况，并了解清楚施工区域内的生活福利设施、商业供应和医疗机构的设置情况等。

调查研究阶段，质量保证的重点是认真的全面的搜集资料，熟悉与施工有关的一切情况，为编制施工组织设计和质量管理计划以及制订质量保证措施，提供可靠的依据。

2. 施工组织设计和施工方案编制阶段

施工组织设计或施工方案，是指导施工的全面性技术经济文件，保证工程质量的各项技术措施是其中的重要内容。这个阶段的主要工作有以下几点：

(1) 签订承发包合同和总分包协议书。

(2) 根据建设单位和设计单位提供的设计图纸和有关技术资料，结合施工条件编制施工组织设计。

(3) 及时编制并提出施工材料、劳动力和专业技术工种培训，以及施工机具、仪器的需用计划。

(4) 认真编制场地平整、土石方工程、施工场区道路和排水工程的施工作业计划。

(5) 及时参加全部施工图纸的会审工作，对设计中的问题和有疑问之处应随时解决和

弄清,要协助设计部门消除图纸差错。

施工组织设计编制阶段,质量管理工作除上述几点外,还要着重制订好质量管理计划,编制切实可行的质量保证措施和各项工程质量的检验方法,并相应地准备好质量检验测试器具。质量管理人员要参加施工组织设计的会审,以及各项保证质量技术措施的制定工作。

3. 施工现场准备阶段

施工现场的准备工作,要以施工组织设计或施工方案中的施工总平面图为指导,有计划、有步骤地分期分批进行。其主要工作内容是:进行现场施工测量,确定并设置永久性的经纬坐标桩及水平基准桩,必要时可建立地下水观测井;清除现场障碍物,进行场地平整;接通施工用水、供电、通信、供气线路;铺设施工道路和铁路专用线;修建为施工服务的大型临时设施和开辟加工场地;集结施工力量,调整和充实施工管理机构;组织材料设备进场,并做好施工机械维修工作。对国外引进项目,还要组织力量对进口材料、设备进行检验和查对工作。

施工现场准备阶段,质量管理工作的重点是:按规定逐级进行施工计划、质量要求、技术措施交底;重点做好全面质量管理的宣传教育;开展必要的技术培训和考核;落实质量改进措施计划,组织质量管理(QC)小组;认真做好经纬仪和水准测量仪器的复核校正,以及各种原材料、半成品、机具设备的质量检验工作。

13.2.2 施工过程中的质量控制

施工过程的质量控制,是工程项目质量管理的核心。

(一)施工过程中质量控制的依据

(1)设计图纸和有关规范。严格按照设计图纸和技术规范中写明的试验项目、材料性能、施工要求和允许偏差等有关规定进行施工,没有监理工程师的同意,不得引用其他任何标准。

(2)合同条款。图纸和技术规范是对工程的具体要求,而合同条款则是要求承包人执行规范,按图纸施工的法律保证,二者结合起来才能保证工程质量达到规定水平。

(二)施工过程中质量控制的基本方法

1. 设立管理点

所谓管理点,就是设置在需要加强质量控制的重点工序(或重点部位)的测试点。正确设立管理点是进行工序质量控制的前提。管理点通常设置在:

- 关系到工程主要性能和使用安全的关键工序或部位;
- 工艺上有特殊要求,对下道工序或后续工程有重大影响的工序或部位;
- 质量不稳定,出现不合格品较多的工序或部位;
- 根据反馈信息,质量不良的部位。

2. 开展质量统计分析。

为了充分发挥施工过程中质量控制的预防作用,必须系统地、经常地掌握各施工处、施工班组在一定时间(月、季等)内产品质量或工作质量的现状及发展动态。为此,就必须开展质量状况的统计分析。

统计分析的指标一般有两类:一类是工程质量指标。主要有优良品率、合格率及其分布情况,用以考核分部(项)工程的质量水平;另一类是工作质量指标。主要有废品率、返修率等。

通过分析，查出发生质量问题的原因，如图纸错误、材料不合格、不按图施工、违反工艺及操作规程、技术指导错误等。在几个原因同时起作用的情况下，则要分清主次。原因力求具体，以便采取预防措施和防范对策。

（三）施工过程质量控制的主要内容

1. 进行技术交底

做好技术交底工作市保证施工质量的重要措施之一。为此，每一分项工程开工前均应进行技术交底。技术交底应由项目技术人员编制，并经项目技术负责人批准实施。作业前应由项目技术负责人向承担施工的负责人或分包人进行书面技术交底，技术交底资料应办理签字手续并归档保存。

技术交底的内容主要包括：施工方法、质量标准和验收标准，施工中应注意的问题，可能出现意外的措施及应急方案，文明施工和安全措施要求以及成品保护等。技术交底应围绕具体施工的材料、机具、工艺、工法、施工环境、具体的管理措施等方面进行，应明确具体的步骤、方法、要求和完成时间等。

2. 测量控制

施工过程中必须认真进行施工测量复核工作，这是施工单位应履行的技术工作职责，其复核结果应报送监理工程师复验确认后，方能进行后续相关工序的施工。

3. 计量控制

计量控制是保证工程项目质量的重要手段和方法，是施工项目开展质量管理的一项重要基础工作。施工过程中的计量工作，包括施工生产时的投料计量、施工测量、监测计量以及对项目、产品或过程的测试、检验、分析计量等。其主要任务是统一计量单位制度，组织量值传递，保证量值统一。

计量控制的工作重点是：建立计量管理部门和配置计量人员；建立健全和完善计量管理的规章制度；严格按规定有效控制计量器具的使用、保管、维修和检验；监督计量过程的实施，保证计量的准确。

4. 工序施工质量控制

施工过程是由一系列相互联系与制约的工序构成，工序是人、材料、机械设备、施工方法和环境因素对工程质量综合起作用的过程，所以对施工过程的质量控制，必须以工序质量控制为基础和核心。

工序施工质量控制主要包括工序施工条件质量控制和工序施工效果质量控制。

（1）工序施工条件控制。工序施工条件指从事工序活动的各生产要素及生产环境条件。工序施工条件控制就是控制工序活动的各种投入要素质量和环境条件质量。控制的手段主要有：检查、测试、试验、跟踪监督等。控制的依据主要是：设计质量标准、材料质量标准、机械设备技术性能标准、施工工艺标准以及操作规程等。

（2）工序施工效果控制。工序施工效果主要反映工序产品的质量特征和特性指标。对工序施工效果的控制就是控制工序产品的质量特征和特性指标能否达到设计质量标准以及施工质量验收标准的要求。工序施工质量控制属于事后质量控制，其控制的主要途径是：实测获取数据、统计分析所获取的数据、判断质量、认可或纠正工序施工质量。

5. 特殊过程的控制

特殊过程是指该施工过程或工序施工质量不易或不能通过其后的检验和试验而得到充分的验证，或者万一发生质量事故则难以挽救的施工对象。特殊过程的质量控制是施工阶段质量控制的重点，对在项目质量计划中界定的特殊过程，应设置工序质量控制点，抓住影响工序施工质量的主要因素进行强化控制。

质量控制点的选择应以那些保证质量难度大的、对质量影响大的或是发生质量问题时危害大的对象进行设置。具体的选择原则是：对工程形成过程产生直接影响的关键部位、工序或环节及隐蔽工程；对施工过程中的薄弱环节，或质量不稳定的工序、部位或对象；对下道工序有较大影响的上道工序；对采用新技术、新工艺、新材料的部位或环节；对施工上无把握的、施工条件困难的或技术难度大的工序或环节；对用户重点部位反馈和过去有过返工的不良工序。

根据上述选择质量控制点的原则，就建筑工程而言其质量控制点的位置一般可参考表13-1设置。

质量控制点的设置位置　　　　　　　　　　　　　　　　　表 13-1

分项工程	质 量 控 制 点
工程测量定位	标注轴线桩、水平桩、龙门板、定位轴线、标高
地基、基础	基坑（槽）尺寸、标高、土质、地基承载力、基础垫层标高、基础位置、尺寸、标高，预埋件、预留洞孔的位置、规格、数量，基础标高、杯口弹线
砌体	砌体轴线、皮数杆、砂浆配合比、预留洞孔、预埋件的位置、数量、砌块排列
模板	位置、标高、尺寸、预留洞孔位置、尺寸、预埋件的位置，模板的强度、刚度和稳定性。模板内部清理及润湿情况
钢筋混凝土	水泥品种、强度等级、砂石质量，混凝土配合比，外加剂比例，混凝土振捣，钢筋品种、规格、尺寸、搭接长度，钢筋焊接、机械连接，预留洞孔及预埋件规格、位置、尺寸、数量，预制构件吊装或出场（脱模）强度，吊装位置、标高、支承长度、焊缝长度
吊装	吊装设备的起重能力、吊具、索具、地锁
钢结构	翻样图、放大样
焊接	焊接条件、焊接工艺
装修	视具体情况而定

质量控制点的选择要准确、有效，要根据对重要质量特性进行重点控制的要求，选择质量控制的重点部位、重点工序和重点的质量因素作为质量控制的对象，进行重点控制和预控，从而有效进行质量控制，保证施工质量。可作为质量控制点的重点控制对象主要包括以下几个方面：

- 人的行为
- 材料的质量和性能
- 关键操作与施工方法
- 施工技术参数
- 技术间歇
- 施工顺序
- 易发生或常见的质量通病

- 新技术和新材料及新工艺的应用
- 产品质量不稳定和不合格率较高的工序
- 特殊地基或特种结构

6. 工程变更的控制

(1) 工程变更的范围。主要包括设计变更、工程量变动、施工时间的变更、施工合同文件的变更等。

(2) 工程变更的程序。提出工程变更的申请——监理工程师审查工程变更——监理与业主、承包商协商——监理审批工程变更——编制变更文件——监理工程师发布变更指令。

(3) 工程变更的控制。工程变更可能导致项目的工期、成本或质量的改变,因此,必须加强对工程变更的控制和管理。在工程变更实施控制中,一是要分析和确认各方面提出的工程变更的因素和条件;二是要做好管理和控制那些能够引起工程变更的因素和条件;三是当工程变更发生时,应对其进行管理和控制;四是分析工程变更而引起的风险。

7. 成品的保护控制

所谓成品保护一般是指在项目施工过程中,某些部位已经完成,而其他部位还在施工,这种情况下,施工单位必须负责对已完成部分采取妥善的措施予以保护,以免因成品缺乏保护或保护不善造成损伤或污染,影响工程的实体质量。加强成品保护,首先要加强教育,提高全体员工的成品保护意识,同时要合理安排施工顺序,采取有效的保护措施。

成品保护的措施一般有防护(就是提前保护,针对被保护对象的特定采取各种保护的措施,防止对成品的污染及损坏)、包裹、覆盖、封闭等几种方法。

13.2.3 竣工验收阶段的质量控制

工程项目的竣工验收,是项目建设程序的最后一个环节,是全面考核项目建设成果,检查设计与施工质量,确认项目是否能够投入使用的重要步骤。竣工验收是我国建设工程的一项基本法律制度,国家的有关法律、法规明确规定,所有建设工程按照批准的设计文件、图纸和建设工程合同约定的工程内容施工完毕,具备规定的竣工验收条件,都要组织竣工验收、未经验收或验收不合格的工程,不得交付使用。

(一)施工项目竣工质量验收的依据

(1) 工程施工承包合同;

(2) 工程施工图纸;

(3) 工程施工质量验收统一标准;

(4) 专业工程施工质量验收规范;

(5) 建设法律、法规、管理标准和技术标准。

(二)施工项目竣工质量验收的要求

(1) 工程施工质量应符合各类工程质量统一验收标准和相关专业验收规范的规定;

(2) 工程施工应符合工程勘察、设计文件的要求;

(3) 参加工程施工质量验收的各方人员应具备规定的资格;

(4) 工程质量的验收均应在施工单位自行检查评定的基础上进行;

(5) 隐蔽工程在隐蔽前应由施工单位通知有关单位进行验收,并应形成验收文件;

(6) 涉及结构安全的试块、试件以及有关材料,应按规定进行见证取样检测;

(7) 检验批的质量应按主控项目、一般项目验收；

(8) 对涉及结构安全和功能的重要分部工程应进行抽样检测；

(9) 承担见证取样检测及有关结构安全检测的单位应具有相应资质；

(10) 工程的观感质量应由验收人员通过现场检查共同确认。

(三) 施工项目竣工质量验收的标准

由于工程建设是复杂的系统工程，涉及多部门、多行业、多专业，而各个部门、各行业、各专业的要求又有所不同，质量验收标准很难以一概全。因此，对各类工程的检验和评定，都有相应的技术标准。对竣工验收而言，总的要求必须依法办事，符合工程建设强制性标准、设计文件和施工合同的规定。为此《建设工程项目管理规范》（GB/T50326—2006）第16.4.6条规定了竣工验收质量标准的原则，即：合同约定的工程质量标准；单位工程质量竣工验收的合格标准；单项工程达到使用条件或满足生产要求；建设项目能满足建成投入使用或生产的各项要求。

(四) 施工项目竣工质量验收的程序

工程项目竣工验收工作，通常可分为三个阶段，即准备阶段、初步验收（预验收）和正式验收。

1. 竣工验收准备

施工单位提交工程竣工申请报告，要求组织工程竣工验收。施工单位的竣工验收准备，包括工程实体的验收准备和相关工程档案资料的验收准备。其中设备及管道安装工程等，应经过试压、试车和系统联动试运行检查记录。

2. 初步验收

监理机构收到施工单位的工程竣工申请报告后，应就验收的准备情况和验收条件进行检查。对工程实体质量及档案资料存在的缺陷，及时提出整改意见，并与施工单位协商整改清单，确定整改要求和完成时间。

建设工程竣工验收应具备下列条件：完成建设工程设计和合同约定的各项内容；有完整的技术档案和施工管理资料；有工程使用的主要建筑材料、构配件和设备的进场试验报告；有工程勘察、设计、施工、工程监理等单位分别签署的质量合格文件；有施工单位签署的工程保修书。

3. 正式验收

当初步验收检查结果符合竣工验收要求时，监理工程师应将施工单位的竣工申请报告报送建设单位，建设单位组织竣工验收会议。

正式验收过程的主要工作有：

(1) 建设、勘察、设计、施工、监理单位分别汇报工程合同履约情况及工程施工各环节施工满足设计要求，质量符合法律、法规和强制性标准的情况；

(2) 检查审核设计、勘察、施工、监理单位的工程档案资料及质量验收资料；

(3) 实地检查工程外观质量，对工程的使用功能进行抽查；

(4) 对工程施工质量管理各环节工作、对工程实体质量及质保资料情况进行全面评价，形成经验收组人员共同确认签署的工程竣工验收意见；

(5) 竣工验收合格，建设单位应及时提出工程竣工验收报告；

(6) 工程质量监督机构应对工程竣工验收工作进行监督。

（五）工程竣工验收备案

建设单位应当自建设工程竣工验收合格之日起 15 日内，将建设工程竣工验收报告和规划、公安消防及环保等部门出具的认可文件或准许使用文件，报建设行政主管部门或者其他相关部门备案。

备案部门在收到备案文件资料后的 15 日内，对文件资料进行审查，符合要求的工程，在验收备案表上加盖"竣工验收备案专用章"，并将一份退建设单位存档。

13.2.4 施工质量事故的处理

（一）工程质量事故的概念

（1）质量不合格。根据我国 GB/T 19000 质量管理体系标准的规定，凡工程产品没有满足某个规定的要求，就称之为质量不合格；而没有满足某个预期使用要求或合理的期望（包括安全性方面）要求，称之为质量缺陷。

（2）质量问题。凡是工程质量不合格，必须进行返修、加固或报废处理，由此造成直接经济损失低于 5000 元的称为质量问题。

（3）质量事故。直接经济损失在 5000 元（含 5000 元）以上的称为质量事故。

（二）工程质量事故的分类

由于工程质量事故具有复杂性、严重性、可变性和多发性的特点，所以建设工程质量事故的分类有多种方法，一般可按以下条件进行分类：

按事故造成损失严重程度划分：

（1）一般质量事故。指经济损失在 5000 元（含 5000 元）以上，不满 5 万元的；或影响使用功能或结构安全，造成永久质量缺陷的。

（2）严重质量事故。指直接经济损失在 5 万元（含 5 万元）以上，不满 10 万元的；或严重影响使用功能或结构安全，存在重大质量隐患的；或事故性质恶劣或造成 2 人以下重伤的。

（3）重大质量事故。指工程倒塌或报废；或由于质量事故，造成人员死亡或重伤 3 人以上；或直接经济损失 10 万元以上的。

（4）特别重大质量事故。凡发生一次死亡 30 人及其以上，或直接经济损失达 500 万元及其以上，或其他性质特别严重的情况之一均属特别重大事故。

按事故责任分类可分为：指导责任事故；操作责任事故。

按质量事故产生的原因分类可分为：技术原因引发的质量事故；管理原因引发的质量事故；社会、经济原因引发的质量事故。

（三）施工质量事故的处理

1. 施工质量事故处理的依据

（1）质量事故的实况资料。包括质量事故发生的时间、地点；质量事故状况的描述；质量事故发展变化的情况；有关质量事故的观测记录、事故现场状态的照片或录像等。

（2）有关合同及合同文件。包括工程承包合同、设计委托合同、设备与器材购销合同、监理合同及分包合同等。

（3）有关的技术文件和档案。主要是有关的设计文件（如施工图纸和技术说明），与施工有关的技术文件、档案和资料（如施工方案、施工计划、施工记录、施工日志现场材料的质量证明、试验报告等)。

(4) 相关的建设法规。

2. 施工质量事故的处理要求及程序

施工质量事故处理的基本要求是：质量事故的处理应达到安全可靠、不留隐患、满足生产和使用要求、施工方便、经济合理的目的；重视消除造成事故的原因；注意综合治理；正确确定处理的范围；正确选择处理的时间和方法；加强事故处理的检查验收工作；认真复查事故的实际情况；确保事故处理期间的安全。

施工质量事故处理的一般程序为：

(1) 事故调查。事故发生后，施工项目事故调查应力求及时、客观、全面，负责人应按规定的时间和程序，及时向企业报告事故的状况，积极地对事故组织调查。以便为事故的分析和处理提供正确的依据。调查结果，要整理撰写成事故调查报告。

(2) 事故的原因分析。要建立在事故情况调查的基础上，避免情况不明就主观分析推断事故的原因。

(3) 制定事故处理的方案。事故的处理要建立在原因分析的基础上，并广泛地听取专家及有关方面的意见，经科学论证，决定事故是否进行处理。

(4) 事故处理。根据制定的质量事故处理方案，对质量事故进行仔细的处理，处理的内容包括：事故的技术处理，以解决施工质量不合格和缺陷问题；事故的责任处罚，根据事故的性质、损失的大小、情节轻重对事故的责任单位和责任人做出相应的行政处分直至追究刑事责任。

(5) 事故处理的鉴定验收。质量事故的处理是否达到预期的目的，是否依然存在隐患，应当通过检查鉴定和验收做出确认。事故处理的质量检查鉴定，应严格按施工验收规范和相关的质量标准的规定进行，必要时还应通过实际量测、试验和仪器检测等方法获取必要的数据，以便准确地对事故处理的结果做出鉴定。事故处理后，必须尽快提交完整的事故处理报告，其内容包括：事故调查的原始资料、测试的数据；事故原因分析、论证；事故处理的依据；事故处理的方案及技术措施；实施质量处理中有关的数据、记录、资料；检查验收记录；事故处理的结论等。

3. 施工质量事故处理的基本方法

(1) 修补处理。当工程某些部分的质量虽未达到规定的规范、标准或设计的要求，存在一定的缺陷，但经过修补后可以达到要求的质量标准，又不影响使用功能或外观的要求，可采取修补处理的方法。

(2) 加固处理。主要是针对危机承载力缺陷质量事故的处理。通过对缺陷的加固处理，使建筑结构恢复或提高承载力，重新满足结构安全性和可靠性的要求，使结构能继续使用或改作其他用途。

(3) 返工处理。当工程质量缺陷经过修补处理后不能满足规定的质量标准要求，或不具备补救可能性则必须采取返工处理。

(4) 限制使用。当工程质量缺陷按修补方法处理后无法保证达到规定的使用要求和安全要求，而又无法返工处理的情况下，不得已时可做出诸如结构卸载或减荷以及限制使用的决定。

(5) 不作处理。某些工程质量问题虽然达不到规定的要求或标准，但其情况不严重，对工程或结构的使用及安全影响很小,经过分析、论证、法定检测单位鉴定和设计单位等认可后可不专门作处理。如后道工序弥补的质量缺陷等。

(6) 报废处理。通过分析或实践,采取上述处理方法后仍不能满足规定的要求或标准,则必须予以报废处理。

13.3 质量控制常用的工具

质量控制中确定和正确应用现代统计方法,是一项极其重要的工作,应建立选择和应用统计方法的文件程序。本节重点介绍过程控制中常用的几种统计方法。

13.3.1 分层法

分层法是质量管理中常用的整理数据的方法之一。所谓分层法,就是把收集到的原始质量数据,按照一定的目的和要求加以分类整理,以便分析质量问题及其影响因素的一种方法。分层的目的是要把性质相同、在同一条件下收集的数据归在一起,以利展开分析。因此,在分层时,应使一层内的数据波动幅度尽可能小,而各层之间的差别则尽可能大,这是应用分层法进行质量问题及其影响因素分析的关键。

过程控制中进行分层的标志常有:操作者、设备、原材料、操作方法、时间、检测手段、缺陷项目等。

【例 13-1】 钢筋焊接质量的调查分析,共检查了 50 个焊接点,其中不合格 19 个,不合格率为 38%。存在严重的质量问题,试用分层法分析治理问题的原因。

【解】 现已查明这批钢筋的焊接是由 A、B、C 三个师父操作的,而焊条是由甲、乙两个厂家提供的。因此,分别按操作者和焊条生产厂家进行分层分析,即考虑一种因素单独的影响,如表 13-2 和表 13-3 所示。

按操作者分层　　　　　　　　　　　　　　　表 13-2

操 作 者	不 合 格	合 格	不合格率 (10%)
A	6	13	32
B	3	9	25
C	10	9	53
合计	19	31	38

按供应焊条厂家分层　　　　　　　　　　　　表 13-3

工 厂	不 合 格	合 格	不合格率 (%)
甲	9	14	39
乙	10	17	37
合计	19	31	38

由表 13-2 分析可见,操作者 B 的质量较好,不合格率为 25%;由表 13-3 分析可见,不论是采用甲厂还是乙厂的焊条,不合格率都很高且相差不大。为了找到问题之所在,再进一步采用综合分层进行分析,即考虑两种因素共同影响的结果,见表 13-4。

235

综合分层分析焊接质量　　　　　　表 13-4

操作者	焊接质量	甲厂		乙厂		合计	
		焊接点	不合格率(%)	焊接点	不合格率(%)	焊接点	不合格率(%)
A	不合格	6	75%	0	0	6	32
	合格	2		11		13	
B	不合格	0	0%	3	43	3	25
	合格	5		4		9	
C	不合格	3	30%	7	78	10	53
	合格	7		2		9	
合计	不合格	9	39%	10	37	19	38
	合格	14		17		31	

从表 13-4 的综合分层法分析可知，在使用甲厂的焊条时，应采用 B 师傅的操作方法为好；在使用乙厂的焊条时，应采用 A 师傅的操作方法为好，这样会使合格率大大提高。

13.3.2 调查表法

调查表也称检查表或核对表，是为了分层收集数据而设计的一类统计图表。调查表法，就是利用这类统计图表进行数据收集、整理和粗略分析的一种方法。操作中，可根据调查目的的不同，采用不同的调查表。常用的调查表有：

（1）缺陷位置调查表。这类调查表是调查产品各部位的缺陷情况，可将其发生缺陷位置标记在调查图表中产品示意图上。不同缺陷采用不同的符号或颜色标出。

（2）不良项目调查表。为了调查产品缺陷的种类及其所占的比重，可对不良项目分门别类地进行调查统计。

（3）不良原因调查表。为弄清不良品发生的原因，以操作者、操作设备、操作方法、加工对象、时间等等为标志进行分层调查统计，找出关键的影响因素。

（4）过程分布调查表。为掌握过程能力，对过程中加工对象的技术特征进行检测和记录，并进行调查数据的分布分析，掌握过程分布的特征。

13.3.3 排列图法

排列图又称主次因素分析图或帕累托（Pareto）图。帕累托（Vilfredo Pareto）是意大利经济学家，有关收入分布的帕累托法则首创者。这一法则揭示了"关键的少数和无关紧要的多数"的规律。这一法则后来被广泛应用于各个领域，并被称为 ABC 分析法。美国质量管理专家朱兰博士把这一法则引入质量管理领域，成为寻找影响产品质量主要因素的一种有效工具。

排列图由两个纵坐标、一个横坐标、几个顺序排列的直方块和一条累计百分率曲线所组成，见图 13-1。排列图横坐标表示影响产品质量的因素或项目。按其影响程度由大到小依次

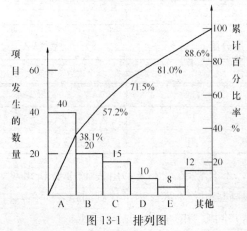

图 13-1　排列图

排列；左纵坐标表示频数（影响程度），如件数、金额、工时、吨位等；右纵坐标表示频率；直方块的高度表示该因素或项目的频数，即影响程度；累计百分率曲线表示各影响因素影响程度比重的累计百分率，称为帕累托曲线。

分析时，把因素分为 A、B、C 三类：A 类，累计百分率在 80% 以内的诸因素；B 类，累计百分率在 80%～90% 中的诸因素；C 类，累计百分率在 90%～100% 的诸因素。A 类因素为质量改进的主要项目。

13.3.4 因果分析图法

因果分析图又称特性要因图、树枝图和鱼刺图，在质量管理中主要用于整理和分析产生质量问题的因素及各因素与质量问题之间的因果关系。因果分析图由质量问题和影响因素两部分组成，图中主干箭头指向质量问题，主干枝上的大枝表示影响因素的大分类，一般为操作者、设备、物料、方法、环境等因素，中枝、小枝、细枝等表示诸因素的依次展开，构成系统展开图。某架空光缆工程，施工过程中发现吊线垂度不符合规范要求，经分析其原因见图 13-2。

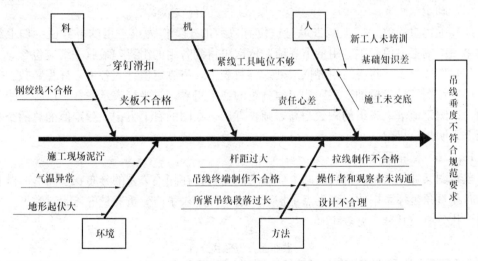

图 13-2　影响吊线垂度不合格的因果分析

因果分析图法，是从产生的质量问题出发，由大类因素找起，一直展开到中因素、小因素直至找到最终原因。然后针对根本原因，制定和采取有效的对策。显然，因果分析图法是一种系统分析方法。

13.3.5 直方图法

直方图法又称质量分布图法，是通过对测定或收集来的数据加以整理，来判断和预测生产过程质量和不合格品率的一种常用工具。直方图是由直角坐标系中若干顺序排列的长方形组成。各长方形的底边相等，为测定值组距，各长方形的高为测定值落入各组的频数。见图 13-3。

直方图的绘制：

(1) 收集 n 个测定值（$n \geq 50$）。

(2) 找出 n 个测定值中的最大值 x_L、最小值 x_s。

(3) 确定测定值的分组数是（参考：$n=50-100$，$k=7$；$n=101-200$，$k=8$；$n=$

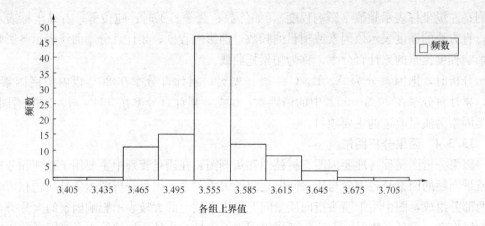

图 13-3 直方图

$201-250$,$k=9$;$n>250$,$k=10-20$)。

(4) 确定组距 h。$h=(x_L-x_s)/k$,按最后一位有效数取整。

(5) 确定组界值。将 x_s 减去最后一位有效数的 1/2 作为第一组的下界值,加上组距成为第一组的上界值和第二组的下界值,依次可得到各组的组界,最后一组应包含 x_L。

(6) 作频数表。将各组组界依次列入频数表中,将测定值计入各组,计算频数。

(7) 作图。横坐标轴上表明测定值分组的各组组界,纵坐标表示频数。以各组组界为底边,以测定值落入各组的频数为高,画长方形。在图的右上方记上测定值的总的个数并在图上表明规范界限。

13.3.6 散布图法

散布图又称相关图,是判断两个变量之间是否存在相关关系的分布状态图形。散布图由分布在直角坐标系中的一系列点子构成,这些点子表示所分析变量的若干对数据。散布图的形状分析及其分布见表 13-5。

散布图典型形状分析　　　　表 13-5

图　形	x 与 y 的关系	图　形	x 与 y 的关系
	强正相关:x 变大时,y 也变大		弱负相关:x 变大时,y 大致变小
	强负相关:x 变大时,y 变小		不相关:x 与 y 无任何规律性关系
	弱正相关:x 变大时,y 大致变大		非线性相关:x 与 y 之间不是线性关系

13.3.7 控制图法

1. 质量波动与控制图

工程质量在各种影响因素制约下,呈现波动特性。工程质量的波动有两种类型:一是正常波动,是由于随机性因素的经常作用而产生的偶然波动;一是异常波动,是由于系统因素引起的系统误差产生的波动。质量控制的任务是消除异常波动,维持正常波动的适度水平。控制图就是质量控制中用以判断有否异常波动存在的有效工具之一。

2. $\bar{x}-R$ 控制图

$\bar{x}-R$ 控制图是 $\bar{x}$ 控制图和 R 控制图联合使用的一种控制图。$\bar{x}-R$ 控制图用于观察过程质量测定值 x 的平均值 $\bar{x}$ 的变动,R 控制图用于观察过程质量测定值 R 的变动。联用后的 $\bar{x}-R$ 控制图,检出过程质量不稳定的能力增强,即检出力比单独使用 $\bar{x}$ 控制图或 R 控制图要大大增强。因此,$\bar{x}-R$ 控制图是过程质量控制中最常用的控制方法。$\bar{x}-R$ 控制图的设计如下:

(1) 收集过程质量测定值数据。收集的数据量一般要求大于 100 个,按时间顺序分组,每一组数据为一个样本,每组的数据个数即为样本大小,常用 n 表示。测定值的记录、分组可采用专门的格式,见表 13-6。n 通常取 4 或 5。

(2) 计算各组平均值 $\overline{X_i}$ 和各组极差 Ri、总平均值 $\bar{\bar{x}}$ 和极差平均值 $\bar{R}$。

测定值数据记录、分组模式　　　　　　　　　表 13-6

日期	时间	分组号	测试数据结果					平均值 $\bar{x}$	极差 R
			X_1	X_2	X_3	X_4	X_5		
		1						$\bar{x}_1$	R_1
		2						$\bar{x}_2$	R_2
		…						…	…
		…						…	…
		k						$\bar{x}_k$	R_k

$$\left.\begin{array}{l} \bar{x}_i = \dfrac{1}{n}\sum_{j=1}^{n} x_{ij} \\ R_i = x_{i\max} - x_{i\min} \end{array}\right\} \tag{13-1}$$

$$\left.\begin{array}{l} \bar{\bar{x}} = \dfrac{1}{k}\sum_{i=1}^{k} \bar{x}_i \\ \bar{R} = \dfrac{1}{k}\sum_{i=1}^{k} R_i \end{array}\right\} \tag{13-2}$$

(3) 计算 $\bar{x}-R$ 控制图和 R 控制图的控制限。假定过程质量测定值 $x(N(\mu,\sigma^2))$,则 $\bar{x} \sim N(\mu,\sigma^2/n)$。于是 $\bar{x}$ 控制图的上、下控制限可推导如下:

$$UCL = \mu + 3\sigma/\sqrt{n} \approx \bar{\bar{x}} + A_2 \bar{R} \tag{13-3}$$

$$LCL = \mu - 3\sigma/\sqrt{n} \approx \bar{\bar{x}} - A_2 \bar{R} \tag{13-4}$$

同样,R 控制图的控制限可推导如下:

$$UCL = \bar{R} + 3\sigma_R = D_4 \bar{R} \tag{13-5}$$

$$LCL = \overline{R} - 3\sigma_R = D_3\overline{R} \qquad (13\text{-}6)$$

式中的系数 A_2、D_4、D_3 见表 13-7。

控制图系数表　　　　　　表 13-7

样本大小	$\widetilde{A}_2$	D_3	D_4	m_3A_2
2	1.880	—	3.267	1.880
3	1.187	—	2.575	1.187
4	0.796	—	2.282	0.796
5	0.691	—	2.115	0.691
6	0.549	—	2.004	0.549
7	0.509	0.076	1.924	0.509
8	0.432	0.136	1.864	0.430
9	0.412	0.184	1.816	0.412
10	0.363	0.223	1.777	0.363

(4) 作 $\overline{x}-R$ 控制图。见图 13-5。

$\overline{x}$ 控制图的控制限为：

$$CL = \overline{\overline{x}}$$

$$UCL = \overline{\overline{x}} + A_2\overline{R}$$

$$LCL = \overline{\overline{x}} - A_2\overline{R}$$

R 控制图的控制限为：

$$CL = \overline{R}$$

$$UCL = D_4\overline{R}$$

$$LCL = D_3\overline{R}$$

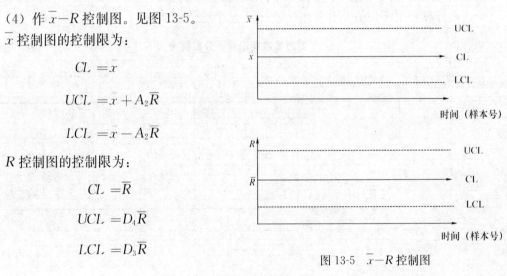

图 13-5　$\overline{x}-R$ 控制图

本　章　小　结

工程项目的建设质量是工程项目管理的重要目标之一。工程建设质量关系到国家的发展、企业的生存以及的人们的健康安全。工程项目一次性建设的特点要求工程项目的质量管理必须十分严谨，不允许存在任何侥幸的心理。"百年大计、质量第一"是我国多年来工程建设所贯彻的基本方针。对于工程建设领域的从业人员来说，确保工程质量是每个人必须铭刻在心的工作准则。

不同于一般的工业产品，工程建设项目的建设周期长，工程质量的影响因素多，任何环节出问题都可能造成无法挽回的损失。本章重点介绍了施工生产过程的质量控制和过程控制中常用的几种工具。

施工生产过程的质量管理可分为施工准备过程、施工过程和竣工验收阶段的质量控制，必须从人、机、料、法、环五大要素入手，建立并严格执行质量技术标准和管理标准。

质量控制最常用的分析方法是分层法、调查表法、排列图法、因果分析图法、直方图法、散布图法和控制图等。

复 习 思 考 题

1. 工程质量（控制）的特征有哪些？
2. 什么是全面质量管理？
3. 如何理解工程质量的概念和质量管理的基本概念？
4. 企业为什么要持续地开展质量改进活动？改进实施计划的内容主要有哪些？
5. 建筑企业质量管理的基础工作主要包括哪些方面？
6. 施工准备过程质量控制的目的是什么？为此必须重点抓哪些工作？
7. 施工过程控制有哪些基本方法？
8. 某批钢材的直径尺寸的技术标准要求为 $\phi 3.50\pm 0.15$mm，从中抽取 100 个样本，其尺寸如下表所示。试作直方图并进行分析。

3.68	3.46	3.43	3.54	3.54
3.47	3.45	3.48	3.51	3.53
3.52	3.51	3.50	3.52	3.51
3.63	3.64	3.49	3.45	3.58
3.56	3.57	3.53	3.46	3.61
3.50	3.45	3.49	3.60	3.48
3.54	3.55	3.53	3.54	3.48
3.65	3.49	3.58	3.57	3.47
3.51	3.57	3.54	3.50	3.54
3.53	3.58	3.47	3.51	3.54
3.52	3.54	3.60	3.59	3.50
3.58	3.46	3.50	3.49	3.47
3.51	3.46	3.46	3.53	3.52
3.49	3.62	3.53	3.46	3.54
3.50	3.56	3.60	3.48	3.58
3.50	3.53	3.49	3.52	3.53
3.53	3.49	3.51	3.54	3.51
3.54	3.53	3.54	3.53	3.60
3.61	3.52	3.57	3.51	3.39
3.44	3.49	3.46	3.59	3.58

参 考 文 献

[1] 尤建新. 管理学概论. 上海:同济大学出版社,1995.
[2] 尤建新,雷星晖,陈守明,林正平著. 高级管理学. 上海:同济大学出版社,2003.
[3] 尤建新,张建同,杜学美编著.《质量管理学》. 北京:科学出版社,2003.
[4] 尤建新等,企业管理概论(第三版). 北京:高等教育出版社,2006.
[5] 黄渝祥. 企业管理概论. 北京:高等教育出版社,2000.
[6] 刘冀生. 企业经营战略. 北京:清华大学出版社,2002.
[7] 蒋景楠等. 现代企业管理. 上海:华东理工大学出版社,2003.
[8] 卢家仪等. 财务管理(第二版). 北京:清华大学出版社,2001年.
[9] 陈茂明. 建筑企业经营管理. 北京:中国建筑工业出版社,2003年.
[10] 丁士昭. 建设工程信息化导论. 北京:中国建筑工业出版社,2005.
[11] 刘伊生等. 建筑企业管理. 北京:北方交通大学出版社,2003.
[12] 田金信. 建筑企业管理学. 北京:中国建筑工业出版社,1998.
[13] GB/T 19000—2000,GB/T 19001—2000,GB/T 19004—2000 质量管理体系标准. 2000.
[14] 石岩. ISO 9001:2000 标准理解、文件编写、案例与实施指南. 北京:中国计量出版社,2001.
[15] 福荣. 质量管理体系认证——理论、标准与实践. 北京:科学出版社,2002.
[16] 张公绪,孙静. 质量工程师手册. 北京:企业管理出版社,2003.
[17] 黄进编著. GB/T 24001—2004 环境管理体系转换实施指南. 北京:中国标准出版社,2005.
[18] 曹吉鸣,林知炎. 工程施工组织与管理,同济大学出版社,2004.
[19] 于庆东,王庆金,王晓灵. 企业可持续发展研究. 北京:经济科学出版社,2006.
[20] 温素彬. 基于可持续发展的企业绩效评价研究. 北京:经济科学出版社,2006.
[21] 一级建造师执业资格考试用书编写委员会. 建设工程项目管理. 北京:中国建筑工业出版社,2004年.
[22] GB/T 28001—2001 职业健康安全管理体系规范. 北京:中国标准出版社. 2001.
[23] 陈志田. 管理体系一体化总论. 北京:中国计量出版社,2002.
[24] 中质协质量保证中心. 整合型管理体系的建立与实施. 北京:中国标准出版社,2003.
[25] 刘凤香. 建筑企业财务. 北京:中国建筑工业出版社,2004年.
[26] 《建筑企业物资管理》编委会. 建筑企业物资管理. 北京:人民铁道出版社,2000.
[27] 陈清远. 建筑企业物资管理与物资成本控制实务手册. 哈尔滨:哈尔滨地图出版社,2003年.
[28] 陈茂明. 建筑企业经营管理. 北京:中国建筑工业出版社,2003年.
[29] 吴健安. 市场营销学. 北京:高等教育出版社,2000.
[30] 李强,冯云廷,朱艳. 经营有方—市场营销案例选粹. 沈阳:东北财经大学出版社,1995.
[31] 甘碧群,市场营销学. 湖北:武汉大学出版社,2002.
[32] 王方华,黄沛. 市场营销管理. 上海,上海交通大学出版社,2003.
[33] 梅阳春,邹辉霞编. 建设工程招投标及合同管理. 武汉:武汉大学出版社,2004.
[34] 吴泽,陈茂明,阎学恭. 建筑企业经营管理. 北京:中国建筑工业出版社,2003.
[35] 施炜. 企业战略思维—竞争中的取胜之道. 中国时代经济出版社 2003.
[36] 约瑟夫·M·朱兰等主编. 朱兰质量手册(第五版). 北京:中国人民大学出版社,2003.

[37] 张汉斌. SA8000 与我国建筑企业. 建筑经济，2006(8).
[38] 黎友焕. SA8000 与中国企业社会责任建设. 广东：中国经济出版社，2004.
[39] 弗雷德·R·戴维著，李克宁译. 北京：战略管理(第八版). 经济科学出版社 2002.
[40] 戴维·J·科利斯等. 公司战略. 中国人民大学出版社、哈佛商学院出版社 2001.
[41] 迈克尔·波特著，陈小悦译. 竞争战略. 北京：华夏出版社 2001.
[42] 乔治·斯坦纳著，李先柏译. 战略划规. 北京：华夏出版社 2001.
[43] 小乔治·斯托尔克等著. 企业成长战略. 北京：中国人民大学出版社、哈佛商学院出版社，1999.
[44] 哈罗德·孔茨等. 管理学. 北京：经济科学出版社，1993.
[45] 高鹏. 企业组织结构设计简论. 经济师，2002(7).
[46] Robbins, Stephen P. and Mary Coulter. Management 7th ed. Prentice Hall, Inc. 2002.
[47] Certo, Samuel C. Modern Management 9th ed. Prentice Hall, Inc. 2003.
[48] Greiner, Larry E. Evolution and revolution as organizations grow. Harvard Business Review, Jul/Aug1972, Vol. 50 Issue 4, p37—46.
[49] Michael Noble. Organizational Mastery with Integrated Management Systems: Controlling the Dragon. New York: John Wiley & Sons, Inc., 2000.
[50] CIOB. Corporate Social Responsibility and Construction. CIOB Information and Guidance Series, 2006.
[51] Business and Society: Corporate Social Responsibility Report. 2002, Department of Trade and Industry, May 2002.
[52] Corporate Sustainability Conference 2002: The Impact of CSR on Management Disciplines. Journal of Business Ethics 44: 89 (R) C93, 2003.
[53] Clarkson. A Stakeholder Framework for Analyzing and Evaluating Corporate Social Performance[J]. The Academy of Management Review 20, 1995, 1, 92—117.